논산두레풍장의
고갱이와 테두리

논산두레풍장의
고갱이와 테두리

❖

김헌선

보고사
BOGOSA

이 책의 제목을 『논산두레풍장의 고갱이와 테두리』로 일컫기로 한다. 굳이 이 책의 제목을 쉬운 한자말로 바꾸자면, 논산두레풍장의 중심과 주변이라고 할 수도 있었다. 처음에는 『논산두레풍장의 멋과 신명』이라고 정하였다가 아직 공부가 모자라서 이를 다시금 고쳐서 이러한 우리 토박이의 말을 가지고 이를 수정하게 되었다.

이 책에 실제 담긴 것들은 충청남도 지역의 농악을 핵심으로 하고 있지만, 크게 보아 중심과 주변을 살피고 가장 근접한 사물놀이의 내력까지 들추는 일을 하게 되었다. 그렇지만 이 책의 사무치는 바와 요달하고자 하는 바는 틀림없이 논산두레풍장이라고 하지 않을 수 없다. 이 책의 제목을 우리말 토박이로 하면서 말의 도사리를 선택하여 구태여 정한 이유가 여기에 있다.

이 책의 중심적인 주제는 논산두레풍장의 신명으로 촉발된 농악에 대한 열정을 펼치자는 것이다. 우리나라 농악의 핵심적 영역을 우리가 잊고 있다가 마침내 아이들처럼 치고 노는 두레풍장을 통해서 두레풍장의 멋과 신명을 내면화하고 동시에 널리 알려야 하겠다고 하는 깨달음 속에서 이 작업을 진행하게 되었다.

논산두레풍장은 나의 학문적 여정 속에서 가장 신명나고 멋진 만남이었고 공부를 멈추어서는 안 된다고 하는 자각을 갖게 하는 인생의 전환점에서 이룩된 학문적 사건이었다. 그 이전에 이루어진 많은 농악의 양태와 달리 흠뻑 음악이라는 갈래, 놀라운 예술적인 감흥이라고 하는 열정 속에서 살게 하는 계기를 부여하였다. 우리나라 농악의 한 모습이 이렇게 멋지고 아름다운 감동으로 이어져 갈채를 자아낼 수가 있구나 하는 점을 새삼스럽게 알 수 있는 계기가 되었다.

필자에게 개인적으로 이룩된 신명의 역사는 20세에 만난 필봉 마을의 논에서 흠뻑 젖어들었던 알 수 없었던 신명의 체험, 그로부터 4년 뒤에 있었던 1984년 6월 3일 한국학중앙연구원에서 이룩된 김용배의 사물놀이 연주를 통해서 망아의 황홀경을 만났던 적이 있었다. 2014년 11월 9일에 만난 논산두레풍장의 신명 체험은 온 생명의 전체 우주를 감싸고 있는 인간의 무한한 가치, 우주보다 더 무거운 인간의 본성에 대한 자각을 하는 계기를 이룩하게 되었다. 찰나적인 신명의 체험이 영원이라고 하는 무한함에 이를 수 있다는 깨달음을 주게 되었다. 그러한 계기를 모두 합치니 나 역시 평범함 속에 비범한 신명의 덩어리를 안고 산다는 점을 알게 되었다. 사소한 것들의 비범한 가치를 알아야 한다.

논산두레풍장을 만나게 된 것은 순전히 우연한 사건이었다. 그렇지만 그 전 단계까지 고려하면 여기에 이르게 되는 몇 가지 인생의 소중한 인연이라고 하는 실타래가 있다는 점을 알 수가 있게 되었다. 반연하면 받당기는 특별한 사연들이 우리의 언저리에 항상 잠재하고 있음이 사실이다. 그것을 우연이라고 하든 필연이라고 하든 우리의 주변에서 끊임없이 설레게 하고 놀라게 하는 이들이 암묵적으로 기다리고 있음이 사실이다.

논산 칠형제두레매기 심사를 하던 날을 지금도 잊지 못한다. 그날은 비가 많이 내리던 날이었다. 2008년 6월 18일은 장마가 시작되는 때인데 이날 많은 비를 맞으면서 두레풍장을 치던 모습이 아직도 선연하게 남아 있다. 이미 부천풍물굿대회에 초청받아 구경을 한 바 있지만, 현장에서 본 신선함은 지금도 잊지 못할 일로 기억된다. 칠형제가 모여서 두레풍장을 치던 일이 지금도 생생하다.

그 신명은 잠재되어 있다가 2014년 11월 9일에 있었던 일을 계기로 새로운 전환을 맞이하게 되었다. 바로 부여군 초촌면 추양리두레풍장 전수관 및 농촌체험관(추양리 고추골 서당산 솔밭)을 여는 개관식장에서 놀라운 일을 경험하게 되었다. 여러 지역에서 온 두레풍장을 치는 사람들이 난장을 하게 된 것을 목격하게 되었다. 목격장부라고 하는 말이 있고, 두구대사라고 하는 말이 있다.

슬쩍 보고도 이 난장에 놀라운 솜씨를 가진 여러 사람이 모여서 마치 한 몸체를 이루듯이 자석처럼 달라붙는 두레풍장의 난장판을 보고 그야말로 두레풍장의 신명이 이러한 것이 아니겠는가 하고 놀라게 되었다. 그곳에는 여러 탁월한 마치꾼이 있었지만 논산의 두레풍장꾼인 김요덕 어르신과 송동의 선생을 만날 수가 있었다. 무엇이라고 형언할 수 없는 놀라운 신명놀이, 탁월한 쇳가락을 통해서 우리는 이들의 진정성을 쉽사리 만날 수가 있었다. 대충 연락처를 구하고서 한번은 반드시 만나 추가적인 조사를 하고 싶었던 마음이 간절하였다.

이 일이 있고나서 상당한 시간이 흐르고 마침내 2017년 2월 말엽에 논산두레풍장을 이끌고 있는 논산연합두레풍물보존회 중심적인 인물 다섯 분을 뵙게 되고 인터뷰를 하게 되었다. 김요덕, 남상빈, 이충하, 김영수, 김홍배, 송동의 등이 구체적인 분들이다. 나는 이분들을 만나서 두레풍장의 속살을 찬찬히 볼 수 있는 여유를 가질 수가 있게 되었다. 그냥 앉아서 이러저러한 인터뷰를 하고 이들에게 더 이상 무엇을 알아내는 것 자체가 불가능하다고 할 정도로 압도당하고 말았다. 더 이상 말이 필요하지 않았다.

그러한 경험을 가지고 지속적으로 여러 작업을 함께 하게 되었다. 가령 이들의 음악을 국악방송에서 음원으로 녹음하기도 하고, 여러 곳에서 연주를 하고 무대화하는 개별적인 열망에 의한 길잡이를 맡아서 하기도 했다. 너나없이 즐거워하고 보는 사람들이 신명이 올라서 어쩌지 못하는 이들의 음악은 공전절후의 기량이라고 하는 점을 부인하기 어려울 정도였다. 그렇게 이들과 정이 들고 이들을 통해서 점점 전인미답의 경지가 있음을 실감하였다.

이 논산 두레풍장을 더 알리고 늦기 전에 이 소박한 가락을 전승하게 하는 것이 화급한 점임을 절실히 알게 되었으며, 그 와중에 멋진 북솜씨를 자랑하시던 김영수 어른이 편찮게 되니 두레풍장의 핵심 구성원 가운데 중요한 이가 하나 빠지는 불운을 겪게 되었다. 두레풍장에 관한 한 놀라운 능력을 가지고 계시고, 아울러서 두레풍장에 남다른 열정을 가지고 계신 어른이 안계시니 암담한 일들이 적지 않다.

문화유산이 지켜지지 않고 망실되는 것은 굳이 간섭할 일은 아니지만 한 때 우리 삶의 모두를 감당하던 것들이 우리 곁을 슬그머니 원치 않는 상황 속에서 없어지는 것은 전혀 바라지 않던 바이다. 그러한 점이 가장 안타까운 일이라고 하지 않을 수 없을 것이다. 수백 년에 걸친 전통이 일거에 없어지는데 손을 놓고 있어야 한다고 하는 것은 매우 큰 불행이다. 현대화를 저주하고 자기 것을 천하게 여기는 이 세태를 어찌해야 할지 속수무책으로 당할 수밖에 없음은 진실로 아쉽고 가슴이 미어지는 사태이다.

논산두레풍장을 소개하는 일이 있게 되었다. 이 놀이패는 어디를 가도 환영을 받는 일이지만 지난 2018년 6월 19일에 있었던 한국 문화의 집인 코우스극장에서 있었던 풍물명인전의 사태는 많은 감명을 주게 된 사건 가운데 하나이다. 이들이 문을 여는 문굿을 치게 된 셈인데, 객석의 반응은 엄청난 것이었다. 고등학교 1학년 학생인 김태형이 이를 두고 논산두레풍장이 무대를 찢어 놓았다고 하였다. 이 말이 무슨 말인지 몰라서 어리둥절하였다. 이 말이 금시초문이라 여러 사람에게 물으니 모두 요즘 아이들이 쓰는 표현법으로 무대를 압도하고 타의추종을 불허할 때에 쓰는 말이라고 하였다. 그 신명의 에너지가 놀라운 것이어서 뒤에 나올 풍물명인들을 기선제압하고 객석을 압도했다고 하는 말로 이해되는 진실로 놀라운 감동의 표현임을 알게 되었다.

문득 이 말을 두고 곰곰이 생각하다가 마침내 우리의 위대한 언어 숲에서 나온 노름마치라고 하는 말과 깊이 맥락이 닿은 것임을 새삼스럽게 깨닫게 되었다. 노름마치는 부여 추양리 판굿이나 남사당패에서 쓰는 것으로 노름은 놀이이고, 마치는 놀이판을 마치게 하는 것으로 곧 최고의 기량을 가진 예능인을 지칭하는 것을 말한다. 다른 사람들이 더 이상의 마당에 서게 할 수 없는 기량을 이렇게 표현하면서 굳어진 말이다. 농투산이나 천한 패거리들의 말이라고 깔보지 말고 우습게 여길 것은 전혀 아니다. 논산두레풍장을 연주하는 논산연합두레풍물보존회의 풍장꾼인 김요덕, 김영수, 이충하, 김홍배, 남상빈, 송동의, 차영호 등이 논산두레풍장의 노름마치임을 굳이 부정하지 말자. 이들이 연주하는 논산두레풍장의 전통은 새롭게 보는 눈, 아이와 같은 깨끗한 마음을 가진 이들의 눈과 마음을 통해서 새삼스럽게 재발견되고 경이롭게 재인식된다고 하지 않을 수 없다. 결국 전통의 발견과 재인식은 아이들과 만나야만 진실한 면모를 알 수 있다고 하는 점을 절실하게 깨달을 수 있었다.

이 책은 논산두레풍장을 출발점으로 하여 이들의 고갱이를 살짝 들여다보고, 더 나아가 이들을 에워싸고 있는 여러 주변의 테두리를 살펴보는 것을 목적으로 한다. 이 주변을 두고 크게는 공간적으로 서산을 중심으로 하는 내포지역, 아래로는 익산의 성당포의 농악과 비교하는 구색을 갖추고, 시간적으로 농악과 사물놀이, 두레풍장을 견주는 시간적 길이와 깊이를 함께 탐구할 예정이다. 이 책에서 두레풍장 하나로만 그 책자를 구성하는 것이 쉽지 않은 점을 인정하게 된다. 두레풍장에 대한 아름다운 책자를 다음 작업으로 약속하고, 논산두레풍장의 멋과 신명이 거듭 이어지기를 마음 속 깊이 빌어마지 않는다.

논산 관촉사의 은진미륵 앞에 서면 항상 그리운 옛날이 떠오르게 된다. 헐벗고 가난하게 살면서도 은진미륵의 원력을 믿으면서 이곳 반야산에서 두레풍장을 치던 이들이 용당기 또는 용기를 들고서 잠시나마 신명을 달래면서 반야산 관촉사의 솔밭에서 이를 빌어마지 않던 일들이 남의 일은 아니다. 불교 속에서 우러나왔으면서도 불교와 다른 불교의 신앙심을 근간으로 하는 신명의 저변에서 백성들이 탐구하던 자신만의 위안, 일의 고통을 덜어내고 신명을 승화 발전하는 이들만의 남다른 노력이 오늘날의 논산두레풍장으로 귀결되었다.

백제에서 고려로 이어지던 자락과 무늬 위에서 미륵신앙의 하생처가 관촉사의 거상으로 널리 퍼져 있는 고을, 미륵하생신앙의 놀라운 용화수 아래 회처가 곧 이 땅 논산이고, 충청남도 부여의 대조사와 같은 곳에서 백제의 신명과 웃음을 떠올리는 것은 결코 우연한 일은 아닐 것이다. 사람들을 만나서 이들과 신명을 나누는 일이 가장 아름다운 일이라고 하는 점을 분명하게 인식할 수 있다.

　논산두레풍장의 연주를 듣고 있으면 왠지 아이들의 장난처럼 소박하고 순수한 마음으로 돌아가게 하는 힘이 있다. 아이들의 울음소리 같기도 하고, 아이들의 원력으로 돌을 세워 올리는 듯한 은진미륵의 비정형과 비대칭의 기괴한 모습을 떠올리게 한다. 불쑥불쑥 끼어들면서 거대한 돌덩어리를 쌓아 올리는 아이와 같은 마음의 순수를 찾아가게 한다. 맵자하게 꽉 어울리는 듯하면서도 저마다의 목소리로 울리는 두레풍장의 신명이 극치를 이룬다.

　논산두레풍장의 아름답고 신명난 소리가 실제로 그렇게 많은 것을 환기하고 생각하게 하느냐고 묻는다면 이렇게 마주하여 대답하고자 한다. '물맛을 알고자 한다면 냇가에 흐르는 청수 한 모금을 떠서 직접 드셔보시라고….' 논산두레풍장의 신명을 직접 보지 않고서는 도저히 말로 다 할 수 없다. 다만 필자의 어리석고 모자라고 무딘 말로 부끄럽게도 논산두레풍장의 면모를 전달하고자 하였으니 이처럼 갑갑한 일이 어디에 있는가? 신명의 경지를 확 열어젖힌 논산연합두레풍물보존회원들과 필자를 새롭게 이끌어주신 어르신들께 다만 송구할 따름이다. 그저 복잡한 일을 잊게 하는 이들의 신명이 우리를 살리고 생명의 근원을 성찰하게 하는 신명의 소리임을 반드시 기억하고자 한다. 그리고 행복한 날들이 신명 속에서 이어졌으면 하는 마음 간절할 따름이다.

2018년 7월 23일
논산두레풍장의 신명을 기리며
김헌선

차례

머리말 ··· 5

제1부 농악 두레풍장 사물놀이

1. 농악(農樂)의 유래와 정의 ··· 19

2. 두레풍장 ··· 34

3. 사물놀이 ··· 65

제2부 논산두레풍장의 고갱이

1. 논산두레풍장의 요체와 두레풍장패 ··· 81

2. 논산의 문화적 유산: 놀메, 은진미륵, 논산두레풍장 ·············· 91

3. 논산두레풍장의 노름마치 ··· 111

4. 논산두레풍장의 경이로운 재발견 ·· 128

   1) 두레풍장의 발견, 온당한 재인식 필요 ······························ 128

   2) 논산두레풍장을 치는 사람들: 현지제보자의 면모 ·············· 142

   3) 논산 두레풍장의 얼개와 아름다움 ································· 148

5. 두레풍장의 고갱이, 논산두레풍장의 농악학적 기여 가능성 ·· 160

6. 논산 두레풍장의 계승 방향과 향후 과제 ··························· 176

제3부 논산두레풍장의 테두리

1. 충남 부여 추양리 두레풍장 ················· 181
   1) 1981년 두레풍장의 면모 ················· 182
   2) 추양리 농악의 갈래 ················· 197

2. 충남 부여 세도리 두레풍장 ················· 215
   1) 세도두레풍장의 전통 ················· 215
   2) 두레의 얼개, 논농사, 농요, 농악 ················· 223
   3) 두레전통이 뻗을 자리 ················· 246

3. 전북 익산 성당포농악(聖堂浦農樂) ················· 249
   1) 성당리 월명 마을 농악의 가치 ················· 249
   2) 성당포농악의 특징, 문화지리적 접변, 문화권역론적 해명 ···· 253
   3) 성당포농악의 의의 ················· 277

4. 충남 서산 내포제 문화 ················· 281
   1) 서산지역 내포제 문화의 재인식 ················· 281
   2) 내포제 소리문화의 세 가닥 ················· 288
   3) 내포제소리문화의 역사적 의미 ················· 315

[부록] 논산두레풍장 관련 자료 ················· 318
   1. 이색(李穡, 1328~1396)「관촉사」, 『목은고(牧隱藁)』 권24 ···· 318
   2. 관촉사사적비(灌燭寺事蹟銘) ················· 320

참고문헌 ··· 332

제1부

농악 두레풍장
사물놀이

1. 농악農樂의 유래와 정의

농민들이 타악기로 연주하는 음악으로 치배와 잡색으로 구분하여 여러 기능에 맞춰 연주하는 음악을 농악이라고 한다.

농악이라는 용어의 성격과 역사에 대해 먼저 밝힐 필요가 있다. 전통적으로 농악을 이르는 말이 사용되었던 기록이 있었지만, 농악의 한자식 표현이 지니는 포괄적 성격과 그 기록 자체가 상층의 산물이라는 이유로 배척당하고 온당하게 평가받지 못했던 것이 저간의 사정이다.

농악이라고 하는 용어의 근본 내력은 선명하게 집약되어 있으며 전통적으로 아주 오래된 용어라는 것을 다음 기록을 통해 확인할 수 있다. 농악의 이른 기록으로 17세기에 이미 농악의 용어가 사용된 전례를 확인할 수 있다. 1657년 전라도 장흥 일대에 보성의 선비로 일흔 여덟까지 살았던 남파(南坡) 안유신(安由愼, 1580~1657)이 남긴 농악에 대한 기록이다. 안유신은 출사를 하긴 했지만 유배를 간 경력이 있고, 처사의 삶을 견지하면서 살았던 것으로 알려졌다. 안유신의 문집인 『남파유고(南坡遺稿)』(1967)에 농악과 관련한 시문과 여러 기록이 전하고 있다.

流頭觀農樂　　유두절에 농악을 보다
匆旗一建颶東風　우뚝 선 한 깃발에 새바람이 휘몰아 칠 때

擊鼓郊原舞綵童　너른 들에 북 치며 쾌자 입은 무동들이 너울너울
　　　　　　　　춤추네
邊事已平農事早　변방 일 이미 평안하고 농사철 벌써 빨라지니
始覺吾君聖德鴻　나라님의 크나 큰 덕을 비로소 깨달았네

　농악의 기록 가운데 더욱 소중한 기록은 18세기의 문헌에서 발견된
다. 18세기 초엽에 기록된 것으로 옥소(玉所) 권섭(權燮, 1671~1759)의『옥
소고(玉所稿)』의 자료를 통해서 농악에 대한 기본적 면모와 용어를 추출
하고자 한다. 권섭은 음악의 사회적 파악을 통해서 중점적으로 지속성
을 파악하려는 견해를 지녔다. 음악이 위계적으로 구성되면서 하나의
사회적 음악으로 구성된다고 한 견해는 매우 주목할 만한 것이라고 하
겠다. 사회적 위계에 의한 음악을 제악(祭樂)·군악(軍樂)·선악(禪樂)·여
악(女樂)·용악(傭樂)·무악(巫樂)·촌악(村樂)·농악(農樂) 등 여덟 가지로
파악하였다.

　祭樂肅 壹氣於神與天地同流 軍樂整 勇夫豎髮 志士定襟 禪樂定 如
見三代上威儀 女樂則蕩 傭樂則悽 巫樂則淫 村樂則亂 農樂則佚 亦皆
各有節奏 有條理 似雜而不雜 吾則甚喜農樂與軍樂.
　제악(祭樂)은 정숙하다. 신령에서의 한 기운이 천지와 더불어서 동류
이다. 군악(軍樂)은 정돈되어 있다. 용부가 머리털을 드리고 뜻있는
선비는 옷깃을 반듯이 여미게 한다. 선악(禪樂)은 선정에 들게 하는데
마치 삼대상의 위의를 본 듯하다. 여악(女樂)은 질탕하다. 용악(傭樂)은
처연하다. 무악(巫樂)은 음란하다. 촌악(村樂)은 산란하다. 농악(農樂)
은 편안하다. 또한 모두의 음악이 각기 절주가 있고, 조리가 있다. 난잡
한 듯하여도 난잡하지 않다. 나는 곧 농악과 군악을 심히 즐겨한다.

  농악의 현장에서 사용하는 용어들의 용례와 내력이 있으며, 이를 살펴보고 위의 기록과 합쳐서 재론할 필요가 있다. 이는 농악과 풍물굿의 대립적 인식에 대한 것이다. 농악의 시대를 보내고 풍물굿의 시대를 연 것이 바로 농악과 풍물굿의 전환이었다. 이 전환은 1970년대와 1980년대 민중 예술의 정점에서 발생한 논점의 인식과 깊은 관련이 있다.

  ‘풍물굿’이라는 용어는 종래 학술적 용어로 쓰던 ‘농악’이라는 용어를 대신해 특정한 고장의 용어를 확대하여 적용한 용어이다. 당시 이 용어를 대학생들이 발굴하고 의미 부여를 하는 과정에서 불가피하게 선진성과 혁신성을 부여하고 제정한 용어이다. 이는 농악의 현장에서 사용하는 ‘풍장’, ‘기물(器物)’, ‘굿’이라는 의미를 총괄적으로 합친 것임을 알 수 있다.

  풍장은 두레풍장과 같은 것에서 절실하게 활용되는 용어의 내력을 갖추고 있다. 풍장굿, 두레풍장, 들풍장, 가는풍장 등의 면모를 온전하게 가지고 있는 것임을 알 수 있다. 다음으로 풍물이라고 하는 것은 기물이나 연장 등을 지칭하는 용어이다.

  굿은 포괄적인 용어이다. 굿의 다면적 의미를 말하는 것인데 농악을 굿친다고도 하고, 굿물이라고 하는 용어가 있어 더욱 다양하고 풍부한 의미를 가진다. 농악에서 특정한 굿이 있으니 당산굿, 판굿 등이 위계가 높은 용어이다. 오채질굿이라는 용어로 위계를 낮추면 특정한 굿거리를 지칭하며, 삼채굿이라고 한다면 특정한 장단의 총체를 굿이라고 할 수 있다. 따라서 풍물굿은 세 가지 상이한 용어를 합쳐서 총괄적으로 이르는 용어의 조합 결과이다.

  농악이라고 하는 용어는 지역적 다양성과 의미를 보여 주는 풍부하고 다면적인 의미를 가진 소중한 전통적 용어이다. 굿은 전라도나 경상도 일대에서 가장 많이 사용하는 용어이다. 다른 고장에서도 사용하는 굿친다, 굿물친다, 굿한다 등의 문맥은 이 용어가 매우 소중한 것임을 말해준다 하겠다.

매구는 특정하게 다면적인 의미를 가지고 있는 것으로 농악기를 지칭하기도 하고, 특정한 절차에서 하는 세시적인 의미를 가지고 사용하기도 한다. 쇠를 치는 것을 매구친다고 하고, 아울러 마당밟이에서 매구친다고 하는 것을 이르는 말이기도 하다. 풍장은 두레풍장과 같은 용례에서 확인된다. 그러한 점에서 풍장은 두레풍장, 배치기풍장, 풍장친다, 가는풍장, 들풍장, 풍장굿 등의 의미 맥락에서 다양하게 확인되는 용어이다.

두레는 두레굿, 두레풍장, 두레놀이, 사두레 등의 용어에서 발견되는 특정한 용어이다. 농민들의 특정한 조직을 이르는 말인데, 이것이 농악을 대신하는 말로 쓰이고 있는 점을 알 수 있다. 금고와 취군은 상층의 기록에서 등장하는 것으로 악기를 지칭하기도 하고 그것으로 연주하는 음악을 이른다. 금고는 쇠로 된 북이니 꽹과리와 징 등을 말하는 것이고, 이 용어를 통해서 새삼스러운 의미를 발견하고 의미 부여를 할 수 있는 것이다. 취군은 취타를 하면서 행진하는 음악으로 인식하는 결과물로 보인다. 전통사회에서 풍물굿을 지시하는 명칭은 지역에 따라 굿, 매구, 풍장, 풍물, 농락, 두레, 금고, 취군 등이 있다.

또한 아울러 이를 가지고 연행하는 여러 가지 문화적 행위들이 존재한다. 이 역시 문화적 의미 맥락에서 농악이나 풍물굿을 다양하게 인식하는 절차라고 판단된다. 따라서 풍물굿이나 농악이 지니고 있는 용어들 또한 다시 재규정하고 살펴야 하겠다. 그러한 용례를 일정하게 열거하게 되면 이것의 문화적 의미가 선명하게 드러난다.

1. 당산굿은 당산(里社)에서 하는 굿을 뜻한다. 정월이나 특정한 고장의 전통에 입각한 세시 절차에서 마을의 수호신을 향하여 비는 행위의 굿을 당산굿이라고 한다. 마을의 수호신은 여러 가지 당목, 당사의 본향신, 당집 형태의 것을 당산이라고 한다. 이곳에서 당산굿으로 풍물굿이나 농악을 연주한다.

2. 매굿과 걸궁 역시 농악의 문화적 의미를 함축하고 있는 중요한 용어이다. 매굿은 매구에 의한 굿을 지칭한다. 걸궁이라고 하는 용어역시 농악의 문화적 맥락을 해명할 수 있는 기록이다. 18세기 권섭의 기록에 따르면 매굿을 어떻게 쳤는지 절차와 방식을 경상남도 삼가현의 기록에 따라 기록하고 있음을 알 수 있다.

3. 마당밟이는 농악의 집단적 의례를 구성하고 있는 핵심적인 수단이 된다. 집집마다 돌아다니면서 마당밟이를 하면서 종래의 터전을 혁신하고 정화하는 의미를 지니고 있다. 마당밟이는 집굿의 형태를 농악으로 확장하면서 의미를 가지도록 하는 특성을 구현하고 있다. 마당굿, 조왕굿, 샘굿, 장독굿(철륭굿), 터주굿 등이 적절한 대상이 된다.

4. 걸립굿은 특정한 목적을 가지고 하는 일종의 걸궁의 방식을 말한다. 집을 짓거나 마을에서 공동 사용하는 특정한 장소를 마련하기 위해서 하는 굿이나, 이와 달리 다른 이유 때문에 하는 공동의 추렴 형태로치는 굿을 걸립굿이라고 할 수 있다. 걸립굿을 치면서 공동의 경비를 마련하고 동시에 걸립의 목적을 달성하고 신앙적, 연희적 일체감을 가지고 있다.

5. 노디굿은 다리와 같은 것을 놓으면서 걸립을 하고 경비를 조달하기 위해서 쳤던 풍물굿을 이르는 용어이다. 노둣돌을 놓아서 다리를놓는 행위를 공동의 운력과 노동이 아니고서는 조달하기 힘든 것이어

서 걸립을 통해서 일정하게 의례를 거행하고 농악을 울렸던 전통이 있다. 그렇기 때문에 노디굿은 색다른 전통의 용어라고 하지 않을 수 없다.

6. 절굿은 절걸립패들의 굿과 절을 짓기 위한 건사굿을 둘 다 이르는 말이다. 절걸립패는 절의 신표를 받아서 권선문을 통한 시주를 뜻하는 것으로 절굿패들이 여러 가지 풍물을 연주하고 고사를 하면서 하는 굿을 절굿이라고 한다. 그런 점에서 본다면 절굿은 절을 짓기 위한 것이 기본이었지만 나중에 이러한 전통이 타락한 것으로 볼 수 있다.

7. 두레풍장과 8. 배치기풍장은 같은 용례이지만, 각기 의미를 달리한다고 할 수 있다. 두레풍장은 두레를 내면서 하는 굿이고, 배치기풍장은 배치기를 하면서 하는 풍장이라고 할 수 있다. 배치기풍장은 배치기 또는 에밀량과 직접적인 연관성을 가지고 있는 가락이다. 두레굿의 두레풍장은 논바닥에서 이루어지는 굿을 의미한다.

9. 판굿은 마당굿의 막판에서 치는 연희성이 높은 농악 가락을 지칭한다. 가무악희가 극도의 고도한 밀집을 이룩하고 연예성이 조합되는 특정한 형태의 예능 음악을 판굿이라고 한다. 각각의 다양한 쓰임새를 통해서 농악의 여러 가지 면이 기능적으로, 문화적으로 정해지지만 이 대목은 그러한 점에서 소중한 전통을 구성하고 있는 것이다.

이것은 명칭들이 지시하는 의미가 풍물굿으로 벌이는 당산굿, 매굿, 마당밟이, 걸립굿, 노디굿, 절굿, 두레풍장, 배치기풍장, 판굿 등과 같은 문화 행위와 일치하는 데서 알 수 있다. 이처럼 위와 같은 문화 행위로 연행되는 여러 풍물굿을 수렴한 것이 판굿이다.

문헌에 전승되는 농악의 용어가 단순하지 않고 다양한 의미를 지니면서 활발하게 쓰인다는 사실은 다음 도표를 통해 확인된다.

손재 양상	세분	명칭	수록 문헌	문면	저자와 시기
문헌 기록	농악 (農樂)	農樂	『남파유고』 (南坡遺稿)	流頭觀農樂	안유신(安由愼) 1580~1657
		農樂	『옥소고』 (玉所稿(堤川本))	農樂則佚	권섭(權燮) 1671~1759
		農樂	『갑년기사』 (甲午記事)	村民大動擊農樂日	최덕기(崔德基) 1874~1929
		農樂	『매천야록』 (梅泉野錄)	盖野鄕夏月 農人擊錚 以相鋤耘 謂之農樂	황현(黃玹) 1855~1910
		農樂	『연석산방미정시고』 (燕石山房未定詩藁)	漸以繁音暢	이정직(李定稷) 1841~1910
		農樂	『조선의 연중행사』 (朝鮮の年中行事)	農樂なろものを組織し	오청(吳請) 1931
		농악	신문 및 잡지 기사	1921. 10. 18. 『개벽』16호 농군들이 전 야에서 山歌를 부르며 농악을 奏하야 1926. 3. 7. 『조선일보』 도선장 방축코 저 농악으로 순회 收捐 1926. 5. 11. 『동아일보』 주당 마집 신부 위해 농악치고 괴도 안는다고 욕한 것 기 동괴 1927. 2. 21. 『조선일보』 농악에 발 맞쳐 3천농민 회합 1928. 5. 3. 『조선일보』 농악을 울리며 당일을 기념한 마산의 농민 1932. 12. 1. 『삼천리』 제4권 제12호 농 기 들고 농악노리 1934. 8. 29. 『동아일보』 농악을 선두로 염열아래 맹활동 1933. 3. 4. 『동아일보』 농악을 두다리 며 禁酒斷煙 선전 1933. 7. 3. 『조선일보』 충주 농악단 충 돌사건 피검자 19명 중 11명은 석방 1933. 7. 30. 『동아일보』 농촌생활단상 농악소리 들릴 때 1934. 2. 27. 『동아일보』 농악으로 集金 1935. 3. 5. 『동아일보』 일동노동자들 농악으로 동정	

				1937. 6. 6. 『동아일보』 농악대 등 민속놀이를 열다 1937. 6. 23. 『동아일보』 영화에 수록된 강릉농악대 1937. 9. 24. 『동아일보』 상후리 농악대회 1938. 1. 4. 『동아일보』 강릉의 농악대 롱림패 상쇄와의 일문일답기 1938. 4. 25. 『조선일보』 향토 문화의 새 폭발 농악 전라도 걸궁패 1938. 5. 23. 『동아일보』 강릉농악경연대회 1938. 5. 24. 『동아일보』 강릉농악경연 건전한 오락을 조장 농악예술의 정화 1938. 5. 30. 『동아일보』 강릉농악경연대회 역원도 결정 1938. 7. 19. 『동아일보』 농악대 便戰되어 9명 중경상	
농악(農樂)	농악	신문 및 잡지 기사			
문헌기록	類似用語	방매귀(放枚鬼)	『용재총화』(慵齊叢話)	鳴鼓鈙而驅出門外 曰放枚鬼	성현(成俔)1439~1504
		세서(洗鋤)	『석천선생시집』(石川先生詩集)卷之二	何以云洗鋤	임억령(林億齡)1496~1566
		매귀유(埋鬼遊)	『여지도서』(興地圖書)	埋鬼遊 每年正月望日閭里之人建旗擊鼓謂之埋鬼遊 蓋儺禮遺風除祓之義	1757~1765
		걸공/매귀극(乞供/魅鬼劇)	『봉성문여』(鳳城文餘)	*十二月十九日夕, 邑人設魅鬼劇于鳳城門外, 例也.*魅鬼劇之流行村落, 求索米錢者, 亦名曰 '乞供'.	이옥(李鈺)1760~1812
		법고/화반(法鼓/花盤)	『동국세시기』(東國歲時記)	僧徒負鼓入街市搖動謂之法鼓濟州俗凡於山藪川池丘陵墳衍木石俱設神祠 每自元日至上元巫覡擎神纛作儺戲 錚鼓傳導出入閭里 民人捐財穀以賽神名曰 花盤	홍석모(洪石謀)1781~1857(1840년경 전후)
		사고/무동패(社鼓/舞童牌)	『해동죽지』(海東竹枝)	醉舞鼕鼕社鼓聲	최영년(崔永年)1859~1935(1921)
		걸공희/세서(乞供戲/洗鋤)	『총쇄록』(叢鎖錄)『계곡집』(谿谷集)	興國寺僧徒乞功戲述卽事(1898)老少男婦聚飲 謂之洗鋤	오횡묵(吳宏默)조선후기장유(張維)1587~1638

문헌 기록	類似 用語	풍물(風物)	『묵재일기』 (默齋日記)	昨日合風物絃六條吹笛二人來事，爲 士遇爲之.	이문건(李文楗) 1494~1567
		풍물	『노상추일기』 (盧尙樞日記) 3	二十九日丙申 午余騎牛，渡新楓津， 往大芚寺，日已暮止宿. 寺僧三十餘 名, 具風物乞穀村閭十八日, 而今日始 還寺云.	순조이년임술일 기(純祖二年壬戌 日記) 1802
		풍물	신문 및 잡지 기사	1921. 5. 1.『동아일보』마산의 메이데이 풍물을 두다리며 행렬 1923. 8. 19.『동아일보』노동야학 설치 에 필요한 경비를 얻고자 풍물을 치고 다니던 중 1927. 3. 14.『동아일보』꽹가리 중 장구 할 것 업시 여러 가지 풍물을 맞추어 침니다 1932. 2. 25.『중앙일보』풍물 흥행하고 경찰에 피검 1938. 1. 5.『동아일보』동리마다 풍물 을 치고 큰 기빨을 날리며 1938. 8. 7.『동아일보』농악대원들은 풍물을 끈젓다	
구비 전승	현지 용어	굿 매구 풍상 풍물 능력 두레 금고 쳉군			

위의 도표를 통해 포괄적인 성격을 지닌 용어가 곧 농악임이 분명하게 드러난다. 농악이라는 용어가 급격하게 쓰인 것은 20세기 전반에 나타나지만, 그 용어의 내력이 심층적이고 다면적인 것임은 분명하다. 유사한 용어는 매구, 걸궁, 호미씻이, 풍물 등이다.

한국 농악의 역사는 현재의 농악과 관련지어 연관성을 찾는 것으로부터 시작해야 할 것으로 보인다. 농악의 기원에 대해서 여러 가지 설이 분분하지만 그 기원을 다각도로 논의하자면 이 설들은 대체로 세 가지로 압축된다.

1. 농사안택축원(農事安宅祝願)
2. 군악(軍樂)
3. 불교관계(佛敎關係)

1. 집 안의 여러 지킴이 신인 가신에게 기원을 하고, 농사를 위한 풍농 기원의 의례를 드리는 것이 발견되는 현상의 전부라고 해도 과언이 아니다. 농사풀이 농악과 같은 것들은 이러한 농악의 면모를 보여 주는 핵심적 절차 중 하나다. 농사를 잘 되게 하는 것과 집 안의 가신에게 안택을 드리는 것은 별도의 사실이지만 깊게 연관되어 있다. 농사안택축원은 농사 절기와 깊은 관련이 있으며 음력의 세시 절기를 통해 구현된다.

2.의 군악과 농악의 연결 가능성은 여러모로 제기된 바 있다. 농악의 치배들이 입는 복색 구성, 악기의 원초적 면모와 기능, 농악대가 하는 일련의 진풀이, 농악대 가운데 진굿을 표방하는 일련의 농악대 음악 등은 주목할 만하다. 군사 훈련으로 하는 적절한 몇 가지 절차가 있는데 가령 진굿이나 군악의 특색으로 말하는 수박치기와 진굿에서 하는 대진풀이에서 군악의 성격을 적절하게 확인할 수 있다.

3.에서 보이는 불교 관계 설 역시 일정하게 지지받을 수 있는 것 가운데 하나이다. 불교의 유래와 농악이 생성되는 것은 영향 관계를 지니고 있었을 것으로 보인다. 불교와의 습합 과정에서 농악이 유래된 것이라는 점을 인정하면서 이 설에서 사물이나 금고 이상의 악기, 특정한 절 걸립패들이 관여한 것으로 보인다는 점에서 과연 어느 정도 의의를 부여할 수가 있는지 의문의 소지가 없지 않다.

농악의 원래 형태를 몇 가지로 상정하였다. 이를 구실삼아 이 농악의 형태에 구체적인 예증을 병기하면서 이를 인용한다.

    1. 축원농악형태-당산굿, 매구굿
    2. 노작농악형태-못방고, 두레굿, 호미씻이, 두레풍장
    3. 걸립농악형태-동냥승, 정월걸립치기, 낭걸립, 절걸립,
       사당패, 남사당패
    4. 연예농악형태-포장걸립, 여성농악, 대성목재농악단,
       한국민속촌농악단

축원농악형태로 되어 있는 전형적인 것들은 당산굿, 매구굿, 지신밟기, 마당밟이, 뜰볿이 등으로 지칭되는 농악이다. 이 농악은 전형적으로 세시 절기와 깊은 관련이 있어서 음력 정월달에 마을 전체의 축원과 집돌이를 핵심으로 한다.

노작농악형태는 농사일을 할 때 농악을 활용한 것이고, 일을 잘 하도록 독려하기 위해서 필요하다. 일을 할 때 풍류와 흥취를 고취하고, 일을 효율적으로 하는데 두레풍장과 같은 것은 절대적인 기능을 한다. 신에게 사정을 고하고 신대 또는 서낭대 구실을 하는 농기를 앞세우고 이것을 통해서 일정한 절차를 부여하게 된다. 호미씻이 또는 호미씨세에서 하는 농악처럼 바로 주술적인 기원의 뜻을 간직하고 있는 것도 있다. 이것의 구체적인 행위로 구현된 것이 농사풀이, 농사놀이, 농식놀이 등으로 일컬어지는 것이다.

걸립농악형태는 아주 오랜 시기부터 행해졌지만 조선후기에 이르러 집중적으로 나타난 농악의 형태이다. 걸립을 하면서 마을을 돌아다닌 존재로 이들의 농악은 흔히 조선후기 유랑 연예인 집단의 형태와 같은 것임을 알 수가 있다. 이들 집단은 단일하지 않았으며, 역사적 기원이

나 내용도 흔하게 되어 있는 점이 드러난다. 그러므로 이 농악의 연희패들을 통해서 일정하게 농악의 형태를 관장하는 것은 상업적 사회의 출현과 깊은 관련이 있다.

연예농악의 형태는 자본주의 사회가 도입되고 이 사회에 적응하면서 이루어진 농악의 형태를 말한다. 산업사회에 응용하면서 농악을 통해서 연예 재능을 팔고 이들에 입각하여 농악의 형태를 유지하는 것을 말한다. 이들은 한결같지 않으며 다양한 경로를 통해서 현대의 사회에 적응하여 가능하게 된 농악 형태를 말한다.

한국 농악의 지역 유형을 농악의 특징적인 구분과 내용에 따라 정리하면 다음과 같다. 첫 번째는 길군악칠채가 중심이 되는 지역이 있다. 하한선은 천안―대전 등을 중심으로 하며, 상한선은 경기도 동두천―강원도 강릉 등을 중심으로 하는 권역을 크게 하나의 권역으로 규정하고 있다. 뜬쇠들이 길군악칠채의 세련된 가락을 구사하면서 이른 바 멍석말이로 구현한다. 두렁쇠들은 길군악칠채의 특정한 요소를 온전하게 드러내지 못하면서 흔들리고 이완되는 점이 특징적으로 드러난다.

두 번째는 호남좌도굿의 것으로 충청남도 금산 지역을 시발점으로 진안, 무주, 장수, 전주, 진안, 필봉, 남원, 곡성, 구례 등지까지 이어지는 가락이 우리나라 농악의 판도에서 지역적 특색을 드러낸다고 할 수 있다. 이 지역에서 두드러지는 현상은 채굿, 영산굿, 소리굿 등이 주축을 이룬다는 것이다. 가진열두가락(금산), 가진열두가지가락(진안) 채굿에서 일채에서 칠채까지 가락 등이 한 편에서 중요한 차별성을 보여주고 있다.

세 번째는 호남우도굿의 것으로, 오채질굿―오방진굿―호호굿―구성놀이 등으로 전개되는 것이 기본적인 특색이다. 우도굿은 정형성을 지니고 있으며, 이 정형성은 판굿에 근거한다. 우도굿의 정형성에서 가장 긴요한 사실은 특정한 굿거리를 맺는 결말 방식이다. 이 결말 방식은 매듭, 매답, 매도지 등으로 지칭한다. 특히 진풀이와 미학적 신명풀이 방식이 일치한다. '안팟담' 또는 '안밖담'이라고 하는 진풀이가 구성된다. 안에서는 미지기 형식으로 진행하며, 밖에서는 원진의 형식으로 제자리에서 도는 진을 짜게 된다.

네 번째는 각별하게 차별성을 드러내는 것으로 경상북도 내륙인 김천에서 시작하여 거창, 함안, 합천, 구미, 진주시와 삼천포에 이르는 지역까지 발견되는 지역적 특색을 발견할 수 있다. 이 지역의 특색은 전반적 전개는 호남좌도굿과 유사하나, 차이가 나는 점은 쇠잽이의 구실이다. 쇠잽이가 원진의 형태 속에서 안으로 들어가 상쇠, 부쇠, 종쇠(달쇠) 등 일정하게 가락을 이끌어가면서 각각의 치배와 가락, 춤사위, 몸짓, 놀이 등을 주도한다는 점이 특징이다.

지역적으로 두드러지는 특색의 다섯 번째는 두레굿의 전통을 고수하는 곳에서 행하는 농사풀이 농악의 형태라는 것이다. 두레굿에 기초하는 농사풀이 농악의 형태는 판제로 하는 판굿의 형식과 일정하게 관련된다. 농사 과정을 충실하게 이행하고, 호미씻이와 같은 특정한 형태의 놀이 기간에 그 과정을 농악 가락에 맞춰서 재현한다.

4. 강릉농악

2. 평택농악

7. 김천빗내농악

3. 이리농악

5. 임실필봉농악

6. 구례잔수농악

1. 진주삼천포농악

〈한국 농악의 중요무형문화재와 지역유형〉

농악은 한국의 고유한 굿이고, 굿은 농악과 긴밀한 관련을 지니고 있다고 해도 과언이 아니다. 우리의 굿, 중국의 나희(儺戱), 일본의 신악(神樂, かぐら)과 마츠리(祭り, まつり) 등이 적절한 비교의 대상이 된다. 세 가지는 의례적인 절차라고 하는 점에서 뚜렷한 공통점이 있다. 우리의 경우처럼 가무악희가 가장 중요한 연행 요소인 점에서 동일한 사례가 밝혀졌다. 이 가운데 음악적 요소에서는 차별성이 발견된다. 일본과 중국의 타악기 음악은 단순박자로 2소박 4박자 계통이 우세하다. 그러나 우리의 음악은 전혀 다른 체계를 가지고 있다. 앞에서 풍물과 굿의 특징을 논하면서 지속적으로 논의했던 단순박자, 복합박자, 혼합박자 등이 다양하게 활용된다. 장단이 단조로운 반복을 피하고 느린 장단에서 빠른 장단으로, 동시에 한 장단을 다양하게 구사하는데 전통적인 용어로 '장단이 집을 지으면서 활용하는 것'이 특징이다. 장단의 변화가 음악에서 구현되는 것은 다른 가무악희 가운데 노래, 춤, 몸짓과 행위를 다채롭게 구성하는 특징을 갖게 한다. 음악적 다양성이 새로운 형식적 다양성을 거듭 만들어 내는 것을 볼 수가 있다. 동아시아 삼국의 비교를 통해서 본다면 우리의 연희물에 독창적인 요소가 있음이 분명하게 확인된다. 이러한 음악적 창조력이 기반이 되어서 결과적으로 새로운 이해의 다양성이 마련된다.

2. 두레풍장

두레풍장은 우리의 소중한 문화유산이다. 논산지역에서 행해지는 두레풍장을 다른 대립적인 것들과의 관계 속에서 정의하는 방법이 있다. 두레풍장에 대한 분할적인 접근이 가능하지만 그러한 작업은 다른 곳에서 이미 한 바 있으므로 굳이 이를 반복할 필요가 없을 것으로 본다. 다만 새롭게 찾고 발굴한 자료에 입각하여 이들의 용례를 확인하면서 두레풍장의 용어를 검토하는 것도 한 가지 방식일 수기 있을 것으로 보인다.

두레굿은 두레를 하면서 치는 여러 가지 의례를 총칭하는 것으로 흔히 논매기를 하면서 치는 음악을 두레굿이라고 한다. 세시절기에 의해서 이룩되는 여러 가지 굿이 있으나 논농사와 직접적인 관련을 가지고 있는 것이 바로 두레굿이다. 사회적 조직이면서 신성한 의례집단의 성격도 지니고 있어서 경제성과 신성성을 중시하는 것이 두레굿의 핵심이다. 사회적 조직이므로 좌상, 공원 등을 조직하고, 경제적 특성이 있으므로 경제적인 품삯을 정하는 규칙이 있다. 종교적 조직이므로 이들은 두레기를 내세우고 일정한 놀이를 하는 것으로 등장한다.

두레굿은 종래의 연구사에서 주목되지 않았던 것으로 당산굿 뒤에 하는 일련의 마당굿과 같은 것들이 확장되어서 일정하게 확대판이 된 것과 차별화된다. 판굿이 연행론적 관점에서 하는 것으로 예술성을 높지만 이것의 기본 실상을 말하는 것으로 이른 바 두레굿은 종종 일과 소리, 그리고 놀이의 성격을 가진 것으로 소박하면서 시원적인 농악의 특성을 알 수 있는 것인데 이것이 강조되지 못한 것은 연구사에서 아쉬운 면모로 파악된다. 두레굿이 가장 기본적 양상을 드러내는 것이다.

합두레굿은 두레를 하는 과정에서 함께 하는 것으로 형제관계나 위아래 관계를 확립하면서 두레기를 가지고 함께 노는 놀이를 겸하는데, 두레싸움을 하면서 하는 두레굿의 실상을 구현하는 용어 가운데 하나이다. 합두레굿은 그러한 과정을 체현하면서 직접적인 의미를 구현하고 굿의 실상을 다양하게 전개하는 것으로 중요한 굿이라고 할 수 있다. 두레풍장, 두레굿, 두레싸움 등을 긴밀하게 연결하며 깊은 심층을 보여주는 적절한 예증이 될 것으로 보인다.

두레풍장은 두레에 쓰는 풍장을 말하는 것인데 바로 두레농악을 지칭한다. 두레풍장은 두레에서 쓰는 악기를 말하는 것이기도 하지만 악기를 치면서 연주하는 음악을 곧 두레풍장이라고 하는 것이다. 두레풍장이라고 하는 말은 토박이말일 것이고, 두레가 극성하게 전개된 고장에서 쓰는데 주로 충청도 지역에서 이러한 말을 많이 쓴 것으로 나타난다.[1]

---

1) 필자의 현지조사와 함께 특별하게 이걸재의 저작이 많은 도움이 되었다.
　　이걸재, 『공주말사전-공주사투리·민속·속담·생활용어사전』, 민속원, 2009. 이 사전에 수록된 수많은 현지조사의 결과가 이러한 글을 구성하는데 도움이 되었다. 이걸재 선생님과 현지조사의 인터뷰는 두 차례에 걸쳐서 이루어졌다.
　　2018년 6월 23일 한남대학교 사범대학 캠퍼스 앞에서 여러 가지 풍장의 가락과 기능에 대한 면담을 한 바 있다.
　　2018년 7월 5일 세종시 금남면 성강리 467-23 범어사굿당에서 두레풍장을 비롯하여 여러 가지 가락과 인근의 민속에 대한 면담을 하면서 생각을 바로잡을 수 있었다.

두레풍장은 둘레, 둘개 등의 사투리 용례를 보면 특정한 것이라고 할 수가 있으며, 여러 사람이 모여서 일정하게 행위나 동작을 일치시키는 것을 두레풍장이라고 하는 것으로 보인다. 풍장은 풍물이나 풍악과 관련이 있는 용어로 추정되는데 정확한 의미를 파악하기는 어렵다고 판단된다. 풍장이 풍물, 풍악 등과 관련을 가지고 있으면서 농악기와 농악을 의미하는 말로 발달하였던 것으로 보인다. 농악의 기능을 원형대로 충실하게 보여주는 예증 가운데 하나가 바로 두레풍장이다.

두레풍장과 유사한 말이 바로 두레풍물이다. 두레풍물이라고 하는 말은 두레와 풍물이 합쳐진 말인데 풍물은 농악을 이르는 말이고, 풍물역시 악기를 지칭하는 것이기도 하다. 필봉두레풍물굿과 같은 것이 있어서 이 용례가 충청도와 전라도 일대에서 널리 쓰인 말 가운데 하나임을 알 수가 있다. 두레풍장은 두레굿, 두레풍장, 두레풍물, 두레농악등의 용례가 서로 겹치면서 사용된다. 풍장과 풍물은 서로 깊은 관련이 있으므로 이들의 관련성 속에서 일정하게 의미를 가지고 있는 것으로보인다. 두레풍물 역시 두레풍장과 비등하게 사용되는 어휘 가운데 하나일 것이다.

두레고지는 이중적인 의미를 가지고 있어서 쉽사리 준별할 필요가있다. 두레가 엄격한 의미의 조직임을 말하는 결정적인 용어 가운데 하나임을 알 수가 있을 것이다. 두레고지는 두레의 품삯을 온전하게 받지 못할 정도로 공동작업에 손상을 내는 벌금을 말한다. 두레의 품삯을 참여하지 못하여 벌금으로 내는 것을 정하는 말이다.

두레고지의 다른 뜻으로 공동노동의 대상이 되는 논의 범위와 한계를 정하는 것을 의미하는 말이라고 할 수가 있을 것이다. 두레논으로 선정되는 것은 논의 마지기와 수리 시설 등을 조절하여 일정하게 일거에 해치우는 두레논을 핵심으로 한다. 두레논을 정하는 것과 함께 두레 매기의 대상이 되는 논은 공동노동의 범위에 드는 것이지만 논 가운데 천수답과 같은 영농의 주기를 따르지 않는 것은 흔히 두레고지의 범위에서 벗어난다. 그 한계를 정하고 공동노동의 범위를 정하기 위해서 이러한 말을 하게 된 것으로 보인다.

두레의 종류와 갈래가 나뉘는 것은 이 일의 선후, 서열, 회차 등에 의한 구분을 갈라서 말하기 때문에 생겨나는 것이다. 두레 가운데 흥미로운 것은 선두레와 후두레의 구분이다. 선두레는 두레를 짜기 위한 전략과 일의 순서, 품값을 정하는 것으로 흔히 이 일을 꽁배먹는 날이라고 하여 특정하게 구분한다. 선두레는 두레의 운영과 진행 절차를 이른다. 이와 달리 이러한 과정이 없이 바로 진행하는 것은 후두레라고 이른다. 이 말은 흔히 다른 마을의 차별화된 면모를 강조하기 위해서 이러한 밀을 하는 깃을 볼 수가 있다.

두레가 한 마을에만 있는 것은 아니고 인접하고 있는 여러 마을에서 두레를 세우기 때문에 두레 사이의 역사적 시간, 규모 등에 의해서 두레의 서열이 정해지는 것은 흔한 일이며, 들이 넓은 지역에서는 이러한 두레의 규모에 의한 서열에 남다른 모습을 구사하기도 한다. 그러한 과정에서 파생되는 것이 바로 두레의 형제관계나 기에 의하여 서열을 정하는 일이다. 언니두레와 아우두레, 마루두레와 꼬리두레, 칠형제두레매기라고 하는 것이 벌어지고 놀이를 하는 것은 이러한 사연과 무관하지 않다. 으뜸두레를 마루두레라고 하고, 그 서열이 낮은 쪽은 꼬리두레라고 하는 말을 하게 된다.

두레는 논매기와 깊은 관련이 있어서 논매기를 통해서 일정한 의미를 가지는 조직이다. 그렇기 때문에 논매기의 횟수나 절차, 곧 회차에 의해서 두레의 성격을 결정하기도 한다. 처음에 논매기를 하는 것은 아시논매기, 두 번째 매는 논매기는 이듭논매기, 세 번째 매는 논매기는 만물이라고 한다. 세 번째 논매기를 흔히 만물두레, 두 번째 하는 논매기의 두레를 두벌두레 등으로 구분하기도 한다. 두레를 할 때에 호미로 매는가 손으로 매는가 하는 등의 구분을 하기도 한다.

두레먹기는 '두레먹는 날'을 이른 말이다. 두레를 다하고 이른 바 여러 가지 형태의 놀이와 잔치를 하는 것으로 두레를 먹는 날은 따로 정하지 않지만 대체로 음력으로 칠월 칠석에 하는 것에서부터 칠월 백중일까지 하는 것이 관례이다. 농사를 짓는 일에 대한 노고를 치하하고 기리면서 일정한 놀이를 하는 것이 요점이다. 풍장을 치고 놀이를 하면서 여러 가지 음식을 먹고 노는 것을 말한다. 흔히 호미를 씻는 날이라고 하여 이를 호미씻이, 호미씨세 등으로 말하는데 이것은 지역에 따라서 한정되어 있으므로 두레먹는 날과 서로 일치히는 것은 아니다.

두레군은 달리 '두레꾼'이라고도 한다. 두레를 구성하는 구성원을 이르는 것이지만 이 말에는 약간의 어폐가 있다. 두레의 구성원으로 당연직을 구현하고, 동시에 두레 구성원의 일련의 면모를 강조하는 용어이다. 공동 작업을 하고 품값을 온전하게 받지 못하는 구성원임을 강조하는 과정에서 이러한 용어를 쓰는 것을 볼 수가 있다. 품삯을 받지 못하고도 당연하게 구성원으로 행해지는 것을 이르는 말이다.

두레상은 두레를 먹는 날에 사용하는 상을 지칭한다. 두레를 먹게 되는 날은 마을의 공터나 당산 등을 비롯하여 충청도 지역에서는 두레마당이나 두레바탕에서 먹게 되는데, 그때에는 땅바닥에서 밥을 먹거나 특정한 곳에서 바닥에 놓고 밥을 먹게 된다. 그렇지만 일정한 두레의 좌상, 공원, 소임을 가지고 있는 인물들은 두레상에다 밥을 먹는 것이 일반적인 양상이다. 그러므로 두레상은 다른 하나의 권위를 말하고 있는 것이면서 동시에 일정한 지위를 가지고 있는 인물임을 증거 하는 것이라고 할 수 있다.

이와 유사한 것으로 두레바가치와 같은 것이 있다. 두레바가치는 두레에서 공동으로 사용하는 음식을 먹는 그릇을 말하는 것이다. 변변치 않은 살림으로 함께 먹는 새참이나 샛거리에서 먹는 그릇을 일러서 두레바가치라고 한다. 두레상과 대조되는 것으로 두레바가치의 가치는 중요한 의미를 가지고 있으며, 이들의 내력은 두레의 형편과 사정을 일러주는 말로서 긴요한 구실을 하는 것이다.

두레벌은 두레에서 정한 공동의 규약이나 이념을 저버렸을 경우에 마을두레의 이름으로 가하는 징벌과 함께 벌을 내리는 것을 이른다. 두레벌은 엄격성과 함께 마을의 공동윤리를 정한 것에 대한 의의를 가지고 있는 것이므로 여러 가지 종류의 벌이 따로 존재한다. 이러한 벌을 통해서 두레의 엄중함을 인지하고 공동구성원으로서의 가치를 가질 수 있도록 하는 것을 요점으로 한다. 그러한 점에서 두레벌은 매우 주목할 만한 특징을 가진 강제성이 존재한다.

두레매는 특별한 용어이다. 공동의 규약이나 의무를 위반할 때에 가하는 처벌을 뜻한다. 두레에서 온당한 일을 하지 못하거나 동시에 마을의 윤리에 반하는 일을 할 때 공동체의 이름으로 징벌을 가하는 것이 두레매이다. 두레매는 두레벌의 하나이다. 회초리로 사람을 때리는 것을 말한다. 마을 사람들이 공동의 매를 때리는 것을 멍석말이라고 하는데 그와 유사한 성격을 가진 것을 말한다. 두레벌의 종류로 흔히 거론되는 것들이 공주 지역에서는 호맹이 빨래줄, 깽매기 벌주, 송아지 따비, 농기 지둥, 두레매, 멱두레 등인데 모두 두레매의 종류로 거론되는 것들이다.

두레매의 다른 뜻으로는 두레의 일감인 논의 터전에서 이루어진 것들을 중심으로 하는 잡초인 김의 질적 상태와 함께 논바닥의 상태를 말하는 것으로 추정된다. 상매, 중매, 하매 등이 이러한 것들을 판별하는 기준이 된다. 상매는 김이 적고 땅이 물러서 논매기 또는 김매기하기가 좋은 것을 이르는 것이고, 이와 달리 하매는 김이 많고 땅이 굳어서 논매기나 김매기를 하기에 힘든 것을 이르는 말이다. 중매는 그 사이의 것을 말하는 것이다. 두레매의 기준이 있는 것에서 일감이나 김매기가 남다른 점을 말하는 것임을 알 수가 있다.

두레댕기는 두레의 구성원 가운데 마지막에 있는 사람을 지칭하는 말이다. 두레댕기는 꿩배, 꽁배, 꽁댕이와 같은 말이다. 이것이 의례적인 의미도 있어서 한 구성원으로서의 자격을 가지는 것을 흔히 꽁배먹는 날이라고 해서 온전한 자격 여부를 가지는 것을 심사하기도 한다. 그렇지만 꽁배먹는 날은 다양한 의미를 가지고 있어서 단순한 뜻만으로 되어 있지 않고, 두레와 유기적 구성을 가지고 있다. 꽁배먹는 날은 선두레로 모내기, 품값잡기 등 다른 고장의 그것과 연관된 의미를 다양하게 잡는 것임을 알 수가 있다.

두레댕기풀이는 두레군으로서의 자격을 가지는 것을 점검하는 의미로 일종의 성인의식을 겸하는 것을 요점으로 하고 있다. 성인의례로서 가지는 의미를 마을의 뜅돌을 드는 것과 같은 형태로 하는 경우도 있고, 이와 달리 일정하게 값을 지불하면서 꽁배로서의 자격을 가지는 것을 하기도 한다. 술추렴을 하고 꽁배로서의 인사를 내는 경우도 있다.

두레떡, 두레생편, 두레인절미 등은 공동 음식 분배에 의한 것이다. 두레떡은 두레의 품값을 넉넉하게 남아돌 때에 만드는 것으로 떡을 하여 집집마다 골고루 분배하여 나누는 깃을 요점으로 한다. 그와 같은 것으로 두레셍편이나 두레인절미도 같은 기능을 한다. 인절미, 시루떡, 송편 등을 매개로 하여 여러 사람과 나누는 일을 하는 것이 핵심이다. 공동노동으로 하는 것에 공동분배를 하고 공동이익의 결과를 공유하는 특별한 방식이라고 할 수가 있을 것이다.

두레바탕은 두레마당과 같은 것으로 두레를 성립하는 일정한 공간을 이르는 말이다. 두레바탕을 중심으로 느티나무와 같은 나무 그림자의 쉼터 구실을 하거나 쉬면서 농막과 같은 장소가 두레바탕 노릇을 하는 것을 이러한 과정에서 보여주고 있는 것이 가장 소중한 것이라고 하지 않을 수 없을 것이다. 두레바탕을 통해서 이룩되는 여러 가지 놀이와 쉼터 장소로 두레의 공동 장소 노릇을 하는 전통을 잊어버릴 수 없을 것으로 보인다. 두레바탕은 한 곳만 있는 것이 아니라 여러 곳이 있음을 상기할 필요가 있을 것이다.

두레바탕을 중심으로 두레굿이 성립되고 두레굿의 신명난 놀이도 겸하고 있는 것을 흔하게 볼 수가 있다. 말뚝풍장이 성립하는 것은 이러한 각도에서 의의를 지니고 있으며, 두레풍장의 진면목을 이러한 과정에서 확인할 수 있는 장소라고 할 수가 있을 것이다. 당산굿의 마당굿이나 판굿이 발달한 것과 깊은 관련이 있는 점이 확인된다. 두레바탕을 중심으로 여러 가지 두레농악의 다양한 기교가 발달하는 점은 주목할 만한 것이라고 하지 않을 수 없을 것이다.

두레싸움은 두레간의 이념과 경향이나 생활습관의 가치를 달리하고 별도의 신들을 모시는 것이므로 이들 사이의 충돌은 불가피하다. 두레싸움에서 가장 중요한 것은 신들의 신앙체계와 주신이 다른 현상 때문에 생기는 현상임을 말하는 것이다. 두레싸움을 통하여 신들의 전쟁,

신들을 믿는 신앙민의 전쟁, 일꾼들의 전쟁이 일어나는 것이다. 그렇지만 이러한 싸움에 목숨을 걸고 싸우는 것은 아니다.

싸움의 형태는 대체로 기를 가지고 절을 하거나 꿩장목을 빼앗는 형태의 것을 중심으로 하는 것이고 그 중심 복판에 바로 풍장으로 겨루는 것이 요점적으로 생기는 것을 볼 수가 있다. 두레싸움의 본령이고 이 주제의 확장으로 두레싸움에 대한 각양각색의 의미를 환기할 수 있는 것이 두레싸움이라고 하는 점을 부인할 수 없을 것으로 보인다. 남성 공동집단의 형태로 된 이들의 싸움이 중요한 구실을 하고 이를 통해서 일정한 놀이를 하는 것을 놓고 볼 때에 이들의 다툼은 여러 가지 절차나 복잡한 형태가 있으나 자세하게 소개할 수 없는 사정이다.

두레풍장가락은 두레를 치면서 만들어 내는 풍장가락을 말하는데 지역적인 차이가 극심하고 풍장가락의 형태를 통해서 이룩하는 가락의 변화무쌍함을 적절하게 알 수 있다는 점에서 주목할 만한 가치를 부여해도 될 것으로 보인다. 풍장가락은 복잡하고 다양하게 발전하지 않고, 가락의 소박함을 내세워서 다양하게 발전시키는 특성이 있어서 주목되는 바이다. 공주, 부여, 논산 등지의 가락이 일정하지 않고 지방마다 다양한 형태의 가락을 발전시키는 것이 특색이다.

두레풍장가락은 공주지역의 경우 두렁거리 또는 두렁거리풍장, 만물풍장, 늦을마치풍장, 세마치풍장, 오방진세마치, 물풍딩이, 칠채, 칠채몰이, 눈꿈쩍이, 발작풍장, 춤장단, 질나래비, 다르래기, 상사풍장, 정자나무가락 등으로 일컫기도 하고, 논산에서는 걸겅가락 또는 이채, 가는풍장, 자진마치, 세마치 등으로 몇 가지 안 되는 가락을 구사하지만 매우 의미가 높은 가락을 연주하는 것이 기본적 특징이라고 할 수가 있다. 부여에서는 이와 같은 가락에 꽃나부풍장과 같은 것이 있기도 하는데 이 가락은 주로 칠채의 변형가락이라고 할 수 있다.

두레풍장고지는 두레풍장이 극심하게 성한 지역을 이르는 말로 단순하게 두레만을 중심으로 하여 이루어지는 것이었다. 그러나 이들 두레풍장이 극렬하여 장터까지 진출하면서 이들의 가락이 일정하게 전문적으로 기량화하면서 장터를 전전하게 되기도 하였다고 전한다. 그러한 점에서 두레풍장고지의 구실을 근대 두레풍장의 역사에서 중요하게 행한 바 있다.

두레풍장의 의미를 살피는데 있어서 풍장은 더욱 중요한 구실을 하는 용어이다. 다양한 용례를 중심으로 풍장이 들어간 의미를 두루 확인할 필요가 있다. 먼저 풍장은 세 가지 의미를 가지고 있다. 첫째는 악기를 지칭한다. 연장의 의미로서 악기를 지칭할 때에 이것을 풍장이라고 하는 점을 분명하게 한다. 농악의 악기를 군물, 연장, 농악기 등으로 밀히는 것과 상통하는 점을 보이고 있다.

둘째로는 풍장은 가락을 의미하는 것으로 특정한 두레풍장의 악기로 연주하는 음악의 장단을 풍장이라고 하는 것이다. 구체적으로 가는풍장과 같은 것이 적절하며, 유사한 용례로 두렁거리풍장, 만물풍장, 발작풍장, 상사풍장 등의 용례를 이르는데 있어서도 긴요한 구실을 하는 것으로 볼 수가 있을 것이다. 그러한 용례가 많아서 문제인 것은 아니지만 이러한 말이 두루 쓰이는 점을 주목해야 할 것으로 보인다.

셋째로는 특정한 형태의 농악을 지칭하는 것으로 총체적인 개념으로 두레풍장과 같은 것은 소박하게 두레에서 연주하는 음악 자체를 두레풍장이라고 하는 것을 볼 수가 있을 것이다. 그것이 전이되어서 이른바 두레풍장이나 장터풍장과 같은 용례가 있으므로 이러한 말은 의미가 있을 것이다. 사당풍장이라고 하는 말도 일부 사용하는 것을 들을 수 있으므로 이는 그러한 세 번째 의미로 가치가 있음이 확인된다.

지게풍장은 지게 작대기와 지게를 두드리면서 연습 삼거나 실제로 이를 연주하면서 하는 것이 요점이다. 이를 지게풍장이라고 한다. 지게 풍장을 통해서 우리는 여러 가지를 유추해낼 수가 있다. 풍장이 귀하던 시절에 이를 연습 삼아 하는 풍장의 면모를 과시하기 위해서 이를 활용하였을 가능성을 배제할 수가 없을 것이다.

입풍장은 입으로 하는 풍장이다. 처음에 풍장을 배울 때에 이러한 풍장을 흉내 내는 것은 흔한 일이다. 이와 함께 체화하기 위해서 이를 무릎으로 두드리면서 하는 것이 긴요한 일 가운데 하나임을 알 수가 있다. 그렇기 때문에 손과 무릎, 입으로 함께 서로를 연결하는 것이 가장 중요한 업적이다. 그렇게 해서 입풍장을 통하여 가락을 전수하고 이어가는 것임이 확인된다.

달그락풍장은 풍장을 능숙하게 치지 못하고 소리만 내는 것으로 모자라는 풍장가락을 치는 사람을 이를 때에 하는 비유이다. 가락을 이어 받아서 유장하고 푸짐하게 맛이 나게 해야 하는 것인데 그렇지 못하는 점을 일러서 말할 때에 이렇듯 달그락풍장이라고 하는 용어를 활용하면서 쓰는 것이 등장한다. 그러한 점에서 달그락풍장은 가치가 있고 의미가 있는 용어이다.

도굿대풍장은 원박만을 중심으로 치면서 가락이 원만하게 부드럽고 구성지게 풀리지 못하는 가락을 이르는 것이다. 도굿대풍장은 도굿대춤과도 맥락이 닿는 것으로 부드럽게 치지 못하고 절굿대 공이로 절구를 치는 것처럼 뻣뻣하게 나오는 풍장을 도굿대풍장이라고 하는 말로 이르는 것임을 볼 수가 있을 것이다. 그러한 점에서 도굿대풍장은 가치가 있는 것이라고 할 수가 있을 것이다.

풍장골은 풍장을 성행하게 치는 고을을 말한다. 고을과 마을 가운데 풍장골이라고 하는 말은 주로 넓은 지역을 이르는 것이므로 이러한 것은 풍장이 성행한 지역에서의 풍장을 높이는 뜻에서이기도 하지만 달리 풍장을 통해서 다양한 의미를 추구한 것으로 보인다. 풍장을 숭상하고 일을 알심 있게 하는 이들의 고장을 일러서 하는 말일 것으로 보인다.

풍장고지는 두레풍장고지와 같은 용례여서 달리 긴 말을 할 필요가 없을 것으로 보인다. 그렇지만 풍장을 많이 치고 여러 고장을 중심으로 하여 마을마다 풍장을 성행하여 치는 곳을 일러서 고지라고 하는 것은 주목할 필요가 있는 표현이라고 할 수가 있을 것이다. 풍장고지는 마을의 작은 공동체 가락이 중심이고, 거기에 풍장을 주로 일으키고 감당한 인물이 있어서 이를 씨종자로 하여 발전한 것들이 있으므로 주목된다.

풍상고사는 풍꿍을 치면서 고사를 지내는 것을 이르는 말이다. 고사를 지내는 것은 여러 가지 경우가 있으며, 여러 경우로 정월달에 하는 것, 단옷날에 하는 것, 칠월 칠석에 하는 것들이 다양하게 이루어진다. 단잡기 위한 풍장은 전혀 다른 경우이므로 이에 속하지 않는다. 고사축원을 하면서 하는 풍장을 이렇게 이르는 점을 보게 된다. 풍장고사는 풍장을 치면서 고사를 지내는 것을 중심으로 하는 점에서 각별한 의미를 가지고 있다. 고사를 드리면서 독경의 방식과 다른 점을 강조하면서 연행하는 것을 핵심으로 하고 있다.

글립풍장은 걸립풍장을 이르는 것으로 걸립을 하기 위해서 풍장을 치는 것이다. 두레풍장과 격이 다른 것이지만 일정한 순서와 절차에 입각하여 풍장을 치는 점에서 남다른 모습을 가지고 있다. 걸립을 위해서 풍장을 치는 전통은 각별하게 존재하는데 이를 '글립풍장'이라고 하여 특별하게 의미를 가지도록 하는 점에서 의의가 있다고 할 수 있다. 그 점에서 글립풍장이라고 하는 용어는 특별한 의미를 가지고 있다.

풍장고사와 기원풍장은 거의 같은 말일 수 있다. 풍장을 치면서 기원을 드리고 이를 달성하도록 하는 여러 가지 소리를 하는 것이 기본적 양상이 된다. 기원을 하면서 풍장을 하는데 적절한 것이 바로 고사소리이다. 고사소리인 비나리를 하면서 특정한 노래를 하고 이를 통해서 일정한 기원을 드리던 방식은 주목할 만한 것이라고 하지 않을 수 없으며 풍장고사의 전례와도 맞물리는 용례이다.

풍장집은 풍장이나 기명을 보관하는 집을 말한다. 마을의 특정한 곳이 있기도 하고 농막과 같은 곳을 풍장집으로 이용하기도 한다. 두레에 관한 한 풍장이 얼마나 긴요하게 취급되고 있는지 알 수가 있는 적절한 예증이 된다. 다른 고장에서는 이를 농청이나 신청 등으로 지칭하면서 특별하게 보관하고 있는 것을 볼 수가 있다.

두레풍장 가운데 말뚝풍장, 제자리풍장, 장터풍장은 각별한 의미를 가지는 것으로 이해된다. 말뚝풍장은 말뚝처럼 붙박이로 머물면서 가락을 연주한다고 하여 이를 말뚝풍장이라고 한다. 특정한 진풀이나 춤사위를 하지 않고 그 자체로 연행을 하는 것을 요점으로 하고 있다. 말뚝처럼 붙박이로 연행하면서 가락의 멋과 신명을 극대화하여 증가하는 것이 이 풍장의 성격을 단적으로 말해주는 것임을 알 수 있다.

제자리풍장은 제자리에서 가만히 서서 치는 풍장이라고 하여 이를 제자리풍장이라고 한다. 앞에서 말한 것처럼 진풀이나 특정한 춤사위가 없이 일단 악기를 들고 함께 연행하면서 가락을 신명나게 치는 것을 핵심으로 하기 때문에 제자리풍장은 극도의 가락에 대한 아름다움을 요점으로 하고 있으며, 그것이 기본적 도달점이라고 할 수가 있다. 제자리풍장은 가장 강력한 의미를 가진 풍장이라고 해도 지나치지 않다.

장터풍장은 각별하게 주목되는 말이다. 장터에서 연행하는 풍장을 말한다. 이들은 대체로 마을 출신의 풍장꾼들도 있을 수 있지만 떠돌이 패로 여러 고을과 마을을 전전하는 풍장꾼들이 대부분이다. 이들을 사당풍장이라고 하는데 사치가락을 연주하면서 돌아다니기 때문에 이들의 풍장이 두레풍장과 서로 준별되는 지점과 경계면을 형성한다. 장터풍장은 사치가락과 사당풍장을 핵심으로 한다. 또한 이러한 가락이 주된 의미를 가지고 있으며, 마을의 두레풍장에 어지간한 영향을 미치고 있어 남다른 특성을 가지고 있음이 확인된다.

가락이나 장단에 의한 풍장의 용례를 수많게 들을 수가 있을 것이다. 위의 사례에서 풍장의 용례를 이미 검토한 바 있으므로 이를 생략해도 무방할 것으로 보인다. 풍장이라는 용어가 이처럼 장단에 의해서 이룩뙤는 깃을 븐다면, 얼마나 이 용어가 생동감이 있게 쓰일 수 있는지 우리는 피부에 와 닿을 정도로 많은 다양성을 만날 수 있을 것이다.

가락 가운데 특별하게 기억하고 두레풍장의 진정한 면모를 만날 수 있는 가락을 들어서 일정하게 이들의 가치와 의의를 말하는 것이 필요하다. 물풍딩이풍장, 발뒤꾸머리풍장, 절뚝배기풍장, 가는풍장, 질라래비풍장 등이 가장 긴요한 풍장 가락 가운데 하나이다. 이밖에도 더욱 다양한 풍장 가락이 많지만 이들의 장단을 일일이 예거할 수 없으며, 장차 연구의 과제로 남겨야 할 문제라고 생각한다.

물풍딩이풍장은 논바닥의 물에서 풍덩거리면서 치는 장단으로 알려져 있으며, 가락이 풍성하고 푸짐한 것이 기본적 특징이다. 발뒤꾸머리풍장은 구경꾼이 참여하면서 이룩하는 특정한 발뒤꿈치를 보면서 치는 장단으로, 가락이 있는 것은 아니고 구경꾼이 놀이꾼이 되는 개

방된 참여 형식에서 나온 가락을 이르는 것으로 총괄적인 의미를 가지고 있다.

절뚝배기풍장은 좁은 논두렁을 걷거나 특정한 가락을 일으키는 과정에서 등장하는 것으로 자연발생적으로 악기별로 가락을 개별적으로 일으키다가 전체를 합쳐서 연주하는 것으로 이른 바 특정한 가락을 조합하여 완성하는 가락을 지칭한다. 두레풍장의 가락을 일구는 것으로 가장 긴요한 것이라고 하지 않을 수 없을 것이다.

절뚝배기풍장 가락은 전국적으로 유일한 것은 아니다. 이와 함께 비교될 수 있는 것이 전라북도 농악 가운데 이른 바 참굿가락과 같은 것들을 유례로 선정하여 논의할 수 있을 것으로 보인다. 참을 먹거나 쉴참이 있으면 여러 치배들이 흩어져 있다가 쇳가락을 치면서 이 가락을 낸다. 그러면 여러 악기들이 동참하면서 가락을 일구는 모습이 흔하게 발견되기 때문이다. 금릉빗내농악에서도 모듬채 또는 모치는가락을 내면서, 늦은정저굿가락 또는 잦은덧배기가락을 연행하면서 이러한 가락을 일으키는 것이 흔하게 등장한다. 다른 점이 있다고 한다면 여럿이서 어울리는 것과 달리 두레풍장은 고유하고 소박한 맛이 있다고 보는 편이 적절할 것이다.

가는풍장은 장풍장 또는 늘풍장 등으로 일컫는데 여러 가지 가락 가운데 행진을 하면서 연행하는 점에서 가장 인상적인 모습을 보이고 있음이 두드러지게 확인된다. 아마도 가장 소박하면서 신명나는 모습을 연출함에 있어 이처럼 중요한 가락은 없을 듯하다. 그러한 점에서 가는풍장의 기능은 두레풍장에서 다대한 면모를 가지고 있다. 질라래비풍장은 길군악이나 가능풍장과 같은 기능을 하는 점에서 두레풍장의 중요한 구실을 하는 것으로 보인다.

두레풍장의 가락은 소박함에 기초하면서도 다양한 모습을 지니고 있는 점이 확실하게 드러난다. 그러면서도 다른 지역의 가락과 진행이나 절차에서는 상통하면서도 두레풍장 고유의 맛을 가지고 있음도 사실이다. 그렇기 때문에 이러한 가락을 총괄적으로 정리하고 음악적으로 해석하는 점이 시급한 과제이다. 과거의 기억을 가지고 있는 것들을 찾아내서 체계적으로 정리하는 일도 잊지 않아야 할 것으로 판단된다. 두레풍장 가락의 용어만으로도 우리는 이 가락의 중요성을 새삼스럽게 파악할 수 있다.

이상으로 우리는 위에서 예거한 두레풍장에 대한 용어를 실제의 용례들 속에서 정리하여 살펴보았다. 두레풍장이 생활 속에서 다양하게 쓰이면서 저마다의 소중한 구실을 한 것으로 이해된다. 아울러서 두레풍장이 지니고 있는 아름다움을 인식하고 이를 적극적으로 활용하는데 있어서 가상 소중한 전통을 확인하는 계기를 가질 수가 있었던 것으로 보인다. 이제 위에서 예거한 것을 일목요연하게 살필 필요가 있다. 그 특징과 의의를 정리하고자 한다.

연번	특징	용어	두레풍장의 용례와 의의	총괄 정리
1	두레	두레굿	두레굿의 특징이 드러나며 차별화된 용어	상위의 갈래로 두레굿의 총체적인 면모를 드러낸다. 두레풍장이 중요한 위치를 점하고 있으며, 그 실상을 보여주고 있다.
2	형태	합두레굿	두레굿의 형태를 지칭한다	
3	어의	두레풍장	두레굿에서 치는 농악을 말한다	
4		두레풍물	두레굿에서 치는 농악을 말한다	
5	범위	두레고지	두레를 하는 논의 범위를 말한다	두레의 다양한 어의를 점검할 수 있는 것을 구체적으로 예증 삼을 수 있다. 두레를 통해서 각양각색의 조직이나 위계 음식 등
6	갈래	두레의 종류와 갈래	두레에 관련된 여러 가지 갈래와 종류를 거론	
7	놀이	두레먹기	두레를 마치고 두레를 막음하는 것을 말한다	
8	구성	두레군	두레의 일꾼을 지칭한다	

9	위계	두레상	두레를 먹을 때에 일정한 상을 받는 것	의 용례로 풍부하게 사용
10		두레바가치	두레의 음식을 먹을 때에 공동 사용하는 그릇	되는 사실을 구체적으로
11	징벌	두레벌	두레벌이 두레매의 상위 개념이다	확인할 수 있다. 두레의 전
12		두레매	두레벌의 하위 개념이 두레매이다	통 속에서 두레를 하며, 두
13	의례	두레댕기	두레의 초보 구성원이 성인식을 하는 절차	레를 놀리는 것은 주목할
14		두레댕기풀이	두레구성원이 하는 성인식의 구체적 절차	만한 것이다. 두레에 대한
15	음식	두레떡	두레를 하면서 남은 자금으로 떡을 하는 것	포괄적인 정리나 해석도
16		두레생편	두레떡의 하위 개념	긴요하지만 다양한 사례
17		두레인절미	두레떡의 하위 개념	를 현장의 용어로 밝히는
18	장소	두레바탕	두레를 하는 쉼터와 일터, 놀이터를 말함	것이 가장 급선무이다. 두
19	대결	두레싸움	두레의 위계에 의해서 다투는 양상	레는 농민의 의식사이고,
20	가락	두레풍장가락	두레에서 치는 여러 가지 장단	농민의 살아 있는 경제, 사
21	마을	두레풍장고지	두레를 잘하는 여러 곳의 마을을 이른다	회, 민속, 정신, 예술의 온 상지임을 이로써 실증할 수가 있을 것이다.
22	어의	풍장	악기, 장단, 두레에서 하는 농악의 뜻	풍장이라고 하는 말의 다
23	비유	시세숭상	지게와 작대기로 하는 풍장	양한 용례를 실감할 수가
24		입풍장	입으로 치는 구음의 풍장	있는 여러 가지 예증을 풍
25		달그락풍장	온전한 소리를 못내는 풍장	부하게 확인할 수 있다. 풍
26		도굿대풍장	고정적으로 판박이로 하는 풍장	장의 경우에는 악기, 가
27	마을	풍장골	풍장이 드센 고을	락, 눈두렁의 두레를 할 때 에 연주하는 가락이 가장
28		풍장고지	풍장이 센 마을	중심에 있음을 우리는 실
29	의례	풍장고사	고사소리를 하면서 치는 풍장	감할 수가 있으며, 이러한
30		글립풍장	걸립하면서 치는 풍장	용례를 통해서 일정하게
31		기원풍장	기원을 하면서 치는 풍장	풍장이 생활 속에서 우러 나온 다양한 사례의 풍장
32	장소	풍장집	풍장을 보관하는 집이나 농막	가락이나 의미를 강화하
33	특징 예능	말뚝풍장	말뚝처럼 움직이지 않으면서 하는 풍장	는 것임을 우리는 절감하 게 된다. 다양한 용례를 통
34		제자리풍장	제자리에서 치는 풍장	해서 풍부하게 구현된 것 은 풍장이라고 하는 용어
35		장터풍장	장터에서 치는 풍장	일 것이고, 풍장의 다양한 예증을 통해서 두레에 못

36		꽃나부풍장	길군악7채로 하는 풍장 가락, 무동가락
37		풍장가락	풍장으로 치는 가락
38		두렁거리풍장	논두렁을 거닐면서 치는 가락
39		장풍장	가는풍장을 이르는 말
40		늘풍장	장풍장을 달리 해석하는 가락
41		만물풍장	만물두레에서 치는 가락
42		세마치풍장	3채라고 하는 가락
43	가락 장단	상사풍장	논매기에서 소리를 하면서 치는 가락
44		발작풍장	풍장판을 옮길 때에 치는 가락
45		물풍덩이풍장	4채라고도 하며 논물에서 풍덩거리며 치는 가락
46		눈꿈쩍이풍장	굿거리와 관련이 있는 특정한 가락
47		발뒤꾸머리풍장(장단)	발뒤꿈치에 뛰어들어 참여하는 가락
48		절뚝배기풍장	악기별로 나누었다가 합치면서 치는 가락
49		가는풍장	논두렁을 옮겨가면서 치는 가락
50		질라래비풍장	길군악과 상통하는 것으로 이동하면서 치는 가락
51		늘굿거리풍장	느린 장단으로 치는 굿거리 가락

지 않는 다양성과 통일성을 추구한 것을 우리는 알 수가 있을 것으로 판단된다. 풍장이 기본 용어이고 이에 의한 여러 가지 말들이 합쳐지고 활용되면서 우리네 풍장의 역사를 입증하고 있음을 우리는 다시 생각하지 않을 수 없으리라고 본다. 풍장을 가락이라고 보는데 다면적인 성격을 찾을 수가 있을 것으로 보인다. 그러한 점에서 풍장의 실례를 구체적으로 확인하는 작업을 총괄적으로 시도해야 마땅하다. 두레가락이 소중한 농악의 유산으로 되어야 하는 점을 이로써 분명하게 인식할 수 있다.

두레풍장의 다양한 사례를 활용하는 것은 농민들이 이룩한 진정한 역사적 산물임을 재인식할 필요가 있다. 기억으로 써왔던 역사적 유산이 두레풍장의 화석으로 강력하게 남아 있다. 땅을 일구고 땅을 파면서 땅으로 빚어낸 아름다운 무늬가 두레풍장의 역사적 유산으로 강력하게 살아남아 있다. 과거 이들을 일컬어 '시골 무지렁이'라고 하고 '무식하다'고 한 것은 말이 안 되는 비하이다.

두레풍장은 말로 빚어내고 말로 써내려온 우리 농민들의 무늬와 빛깔이다. 두레풍장의 소박하지만 세찬 역사를 기억하고 이들의 역사를 그들에게 되돌려주면서 가꾸어야 할 책무가 후손인 우리에게 남아 있는 셈이다. 두레풍장의 온당한 모습을 제자리로 되돌려주고 기억의 말뚝을 찾아서 정리하는 것이야말로 이들의 삶을 소중하게 간직하는 우리들의 몫임을 절감하게 된다.

우리는 농악이나 풍장의 역사를 살펴보는데 있어서 이따금씩 놀라곤 한다. 문서 더미에 있는 다양한 용례는 세서(洗鋤)이다. 이는 호미씻이 내지 호미시세를 말한다. 두레를 마치고 두레를 먹는 것을 진행하는 의례적인 절차를 세서라고 표현하는 것을 감지할 수 있겠다. 그러한 예증에도 불구하고 한자로 표기되지 않는 점을 통해서 우리는 많은 부분을 잃어버리고 망실하였다. 두레를 삶의 근간으로 삼았던 농업대국에서 이러한 전통을 한자로 표현하지 못하고 심지어 그들의 의례적인 두레농사를 이해하지 못하고 이를 활용하지 못하는 잘못을 저지른 셈이다. 그 때문에 그들의 삶에 녹아 있는 두레굿의 전통이나 두레의 실상은 상당 부분 마멸되는 숙명을 거칠 수밖에 없었다.

두레와 풍상의 나양한 용례를 통해서 우리는 삭기 어떠한 누레풍장 이해의 빛을 얻을 수가 있을 것인가? 두레와 풍장이 다양하고 용례가 많아도 결국 이것이 어떠한 점에서 의미를 가지는지 재정리가 필요하다. 두레풍장은 두레를 하면서 이룩한 풍장이고, 농악문화의 중요한 요소 가운데 하나임을 부정할 수 없다. 두레풍장을 이룩한 문화권에서 가장 선명하게 보여주고 있는 것은 농악에 대한 전면적 재인식이 필요하다고 하는 점을 분명하게 한다. 그렇다면 두레풍장은 무엇을 어떻게 재인식하고 달리 살펴볼 수 있는 계기를 부여한다는 말인가?

두레풍장은 전방위적으로 사용된 중요한 기능을 하는 농악의 일종이었음을 알 수가 있다. 농업에 의한 생업을 핵심으로 하는데 있어서 농악이 절대적인 기능을 했고, 그것이 바로 두레풍장이었음을 분명하게 알 수가 있다. 오늘날과 같은 두레풍장의 면모를 갖추게 된 것은 그 기원이 오래일 것이지만 현재와 같은 형태를 갖추게 된 것은 일찍이 잡아도 조선후기였을 개연성이 많다. 두레풍장의 면모를 우리는 영조 시대에 부안현감인 안복준이 했던 일을 통해서 간접적으로 증거 삼을 수가 있다.

두레풍장의 구체적인 글쓰기 형태로 나타난 것은 다음과 같은 기록 에서 드러난다. 영조 14년 11월 17일에 있었던 기록을 옮겨오게 되면 이 점을 분명하게 알 수가 있을 것이다. 편철을 귀속한 것에 대한 사리 사욕을 탄핵한 것이 핵심이지만 이 과정에서 농민들에게 풍장과 기치 가 어떠한 의미가 있는지 선명하게 드러낸 기록이라는 점에서 주목할 만하다.

　　호남어사 남태량(南泰良)이 전 부안현감(扶安縣監) 안복준(安復駿) 이 탐도(貪饕)하여 불법으로 속공(屬公)한 꽹과리와 징을 취하여 파쇄 하여 편철(片鐵)을 만들어서 사사로이 자신의 전대(橐)를 채워 착복하 였음을 논변하여 탄핵하였다. 영조가 이에 대하여 놀라서 잡아다가 죄 를 탄핵하도록 전교하였다. 남태량이 이에 곧 말하기를 전 어사 원경 하(元景夏)가 관에 귀속시킨 바, 징 북 깃발 등을 마땅히 백성들에게 되돌려 주어야 한다고 말했다. 영조가 묻기를 농부들이 꽹과리와 징을 어디에다 쓰느냐고 했다. 이에 대해서 우의정 송인명(宋寅明)이 말하 기를 논이나 밭의 들판에서 김매기를 하다가 행동거지가 피곤하게 되 어서 더러 혹은 힘을 쓰지 않는 자가 있다면 꽹과리를 두드려서 그 기운을 북돋우고자 하는 것이라고 하였다.[2]

2)『朝鮮王朝實錄』英祖實錄 47권, 英祖 14년 11월 17일 乙丑 1번째 기사 1738년 淸

아주 짧은 기록임에도 불구하고 이 정보를 해석할 단서들이 풍부해 거듭 논란이 되는 장면들이 다수 내포되어 있다. 이것은 단순하게 착복한 것만이 문제가 되는 것은 아니다. 오히려 상층에서 인지하고 있는 것들을 재조립하고 걸러서 본다면 무엇을 말하고자 하는 것인지 알 수 있고 동시에 이들 기록을 통해서 두레풍장의 진정한 면모를 알 수가 있기 때문에 소중한 기록이라고 할 수가 있을 것이다.

위의 문면에서 가장 중요한 것은 두레풍장의 원래 모습이 무엇인가 하는 점을 인지할 수 있는 증거가 있다는 사실이다. 부안이라고 하는 고장에 두레풍장이 성행하였고, 그러한 점에서 두레풍장의 풍장을 모두 압수하고 이를 관에 귀속한 일이 발단이 되었을 것으로 보인다. 부안은 저포팔읍과 관련되는 지역이고 이 고장에서 흔하게 두레풍장이 발달한 고장임을 말해주는 증거가 바로 이 기록에 있음이 드러난다. 두레풍장에 최소한으로 쓰였을 법한 풍장을 압수하고 여기에 쓰이는 농기 또는 두레기를 몰수한 일이 발단이 되었을 것으로 보인다.

원경하가 압수하여 관에 귀속시킨 것들을 원래의 주인인 민간 곧 백성들에게 돌려주어야 한다는 말을 할 때에 왜 이러한 것들이 백성에게 필요한 것인지 하는 의문을 영조가 갖고 있다. 이에 대한 송인명의 해명에 의해서 논매기를 할 때에 두레풍장이 행해지고 풍장의 힘에 의해서 농사의 논매기가 수월하게 진행되고 그들의 기운을 북돋아주는데 두레풍장만큼 절실한 수단이 없음을 알게 하는데 필요한 것이 논매기의 풍장이 되는 점을 분명하게 밝히고 있다.

乾隆 3년 泰良論劾前扶安縣監安復駿貪饕不法 至取屬公之錚鉦 碎作片鐵歸私橐 上駁之 命逮問 泰良仍言 前御史元景夏所屬公錚鈸旗幟 宜還給民間 上問曰 農人之用錚鉦何也 右議政宋寅明曰 田野之間 勞於擧趾 或有懶不力作者 則擊金鈸以振其氣

우리는 적어도 이러한 기록에 입각하여 볼 때에 논매기가 성행하고 두레가 성립하였으며, 두레의 핵심적인 수단으로 두레풍장이 행해졌을 가능성을 여기에서 찾을 수가 있겠다. 두레풍장이 고스란히 실록의 한 장면으로 잡혀 있지만, 실제로 위에서 살핀 두레풍장의 모습을 우리는 직접적으로 찾을 수가 있으며, 문헌의 기록이나 구전의 기억과 엄격하게 일치함을 쉽사리 알 수가 있게 된다. 두레풍장의 음악이 어떠한 기능을 하는지 우리는 문자의 표현과 구전의 말이 일치하는 점을 통해 절실하게 깨달을 수가 있다.

18세기의 두레풍장은 17세기부터 19세기에 이르는 경직도의 한 장면으로 선명하게 되살아나게 됨을 보게 된다. 경직도는 원래는 관념적인 산수화를 그리던 전통 속에서 비롯되었다. 남성의 밭 갈기와 여성의 베 짜기를 중심으로 하는 백성들의 세계를 그리는 것이 일반적인 화제의 양상이었다. 이른 바 농사짓고 길쌈하면서 이를 화제로 삼는 것이 이 그림의 생생한 현장을 말해주는 것이다. 경직도의 한 장면 가운데 두레풍장이 성행하고 있음이 발견된다.

경직도의 전통 속에서 농사일이나 가정 일이 형성된 것은 아니지만 이 전통이 공유되고 있는 점만은 분명한 사실이다. 경직도의 전통이 있고 나서 이룩된 것은 아니다. 그러나 분명하게 동아시아문명권의 생업 환경이 비슷한 나머지 이와 같은 민속문화적 공질성을 유지하고 있었음이 사실이기 때문에 경직도의 전통을 살피지 않을 수 없다. 문명권의 공통점을 경직도와 같은 상층문화의 전통 속에서 계승하면서도 실제로 우리 민중이나 백성이 향유한 전통을 개입시키고 실제를 반영하면서 고유한 경직도를 이룩한 것은 18세기 이후의 경직도에서 발견되는 특징이라고 할 수가 있을 것이다.

　동아시아의 문명권적 공질성을 유지하는 경직도는 중국에서 성립되어 마련되었다. 경직도와 유사한 그림들이 여럿 존재하는데, 빈풍칠월도, 농가사시도, 농가십이월도 등이 그것이다. 그 가운데 가장 중요한 것이 경직도이다. 조선전기와 조선후기에 일반적인 화제로 승계되면서 다양하게 여러 가지 작품이 제작되었고 경직도가 주된 농사의 모습을 보이는 전고로 작동하였다.

　경직도(耕織圖)는 중국 남송 시대에 항주부 시어잠(時於潛, 오늘날의 臨安市)을 다스리고 있었던 현령인 누숙(樓璹, 1090~1162)이 당시 황제인 고종에게 바친 그림을 말한다.[3] 백성들이 사는 면모를 상층의 지배자에게 밝혀 그려서 이를 감계 삼고자 하는 의미를 가지고 있다. 이 경직도를 그려서 바친 사람의 이름을 지칭하여 이를 〈누숙경직도(樓璹耕織圖)〉라고 일컬으며 이러한 경직도가 한 시대의 화제와 화풍으로 크게 성생하게 된다.

　정나라 시대인 1696년에 강희제는 〈누숙경식노〉를 보완하고 제재를 일부 고쳐서 대량의 출간물 형태인 판화로 제작하여 이를 널리 반포하게 되는데 경직도의 중세 후기적 확장 현상을 이르게 된다. 이때에 경직도를 간행하게 하는데, 이러한 경직도를 〈패문재경직도(佩文齋耕織圖)〉라고 일러 말한다. 〈패문재경직도〉는 간행된 이듬해인 1697년에 조선에 전래되며, 다양하게 재창조되고 계승 발전되는 과정을 겪는다. 경직도의 유례는 발전적으로 드물게 빨리 중국 문물이 조선에 전파된 예이다.

---

　3) 정병모, 「豳風七月圖流 繪畫와 조선조 후기 俗畵」, 『고고미술』 174, 고고미술사학회, 1987; 정병모, 「경직도」, 『한국민족문화대백과사전』, 한국정신문화연구원, 1990; 정병모, 「조선시대 후반기의 耕織圖」, 『미술사학연구』 192, 한국미술사학회, 1991.

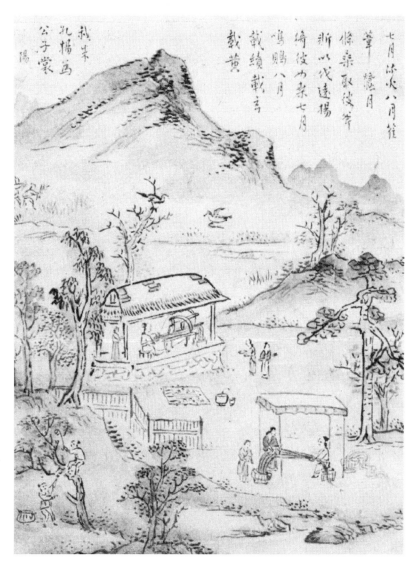

李昉運의 『豳風七月圖』 가운데 한 장면이다. 제화에 "七月流火 八月萑葦 蠶月條桑 取彼斧斨 以伐 遠揚"라는 말이 적혀 있다. 그 말뜻은 칠월이면 대화성이 기울어 흐르고 팔월엔 갈대를 벤다. 누에치는 달 뽕나무가지를 저 도끼를 가지고 길게 뻗은 가리를 친다.

조선조 숙종의 지시에 의해 판화로 제작된 〈패문재경직도〉를 당시
궁중화원인 진재해(秦再奚, 1691~1769)가 그림으로 제작하였다. 그 가운
데 〈잠직도(蠶織圖)〉가 현재 국립중앙박물관에 전하고 있다. 이는 길쌈
하는 세 장면을 산수를 배경으로 하여 재구성한 작품이다. 〈잠직도〉의
구성을 본다면 그림의 설채와 묘사에 있어서 밝은 채색과 섬세한 필치
가 17세기에 유행한 화풍을 짐작하게 할 정도이다. 이후에 김홍도와 유
운홍(劉運弘, 1797~1859)을 비롯하여 이한철 등의 화풍으로 경직도의 전
통이 계승되는 점을 보게 된다. 김득신과 이한철 등이 이러한 그림의
전통을 충실하게 그리면서 조선화한 것이 이어진다.

〈누숙경직도〉는 『시경』의 '빈풍칠월편(豳風七月篇)'을 그린 '빈풍칠
월도'를 모범으로 하여 보다 체계화시킨 것으로, '경작도(耕作圖)'와 '잠
직도(蠶織圖)' 두 권으로 이루어졌는데 경작도와 잠직도로 구성되며, 대
체로 21장면도와 24장면도로 구성된다. 이렇듯 전체적 배열을 중심으
로 하는 일련의 장면이 구성되어 체계화되는 것을 볼 수가 있다.

'경작도'는 남성 중심의 세계는 논을 중심으로 그리는 것으로 되어
있는데, 대체로 이러한 장면은 몇 가지로 전형화 되어 있다. 제1도인
침종(浸種: 씨 불리기)으로부터 시작하여 경(耕: 논갈이)·파누(耙耨: 거친 써
레질)·초(杪: 고운 써레질)·녹독(碌碡: 고무래질)·포앙(布秧: 씨뿌리기)·어음
(淤陰: 거름주기)·발앙(拔秧: 모찌기)·삽앙(揷秧: 모심기)·일운(一耘: 애벌매
기)·이운(二耘: 두벌매기)·삼운(三耘: 세벌매기)·관개(灌漑: 물대기)·수예
(收刈: 벼베기)·등장(登場: 볏단 쌓기)·지수(持穗: 도리깨질)·시양(簸揚: 벼
까불기)·농(礱: 맷돌갈기)·용대(舂碓: 방아찧기)·사(채 거르기)·입창(入倉: 창
고들이기) 등의 순서로 되어 있다.

이와 달리 여성 중심의 실내 구성을 중심으로 하는 '잠직도'는 욕잠

(浴蠶: 누에씻기)·하잠(下蠶: 떨어놓기)·왜잠(餧蠶: 누에먹이기)·일면(一眠: 첫잠)·이면(二眠: 두 번째 잠)·삼면(三眠: 세 번째 잠)·분박(分箔: 잠상나누기)·채상(采桑: 뽕잎따기)·대기(大起: 잠깨기)·제적(提積: 걸어쌓기)·상족(上簇: 올림)·구박(灸箔: 잠상막기)·하족(下簇: 내림)·택견(擇繭: 고치고르기)·교견(窖繭: 고치저장)·연사(練絲: 실뽑기)·잠아(蠶蛾: 누에나방)·사사(祀謝: 제사)·낙사(絡絲: 실감기)·경(經: 세로짜기)·위(緯: 가로짜기)·직(織: 베짜기)·반화(攀花: 무늬넣기)·전백(剪帛: 비단자르기)의 순서로 구성된다.

　송나라와 청나라에서 마련된 경직도의 전통에서 분명하게 확인되는 것은 사람들의 생활문화적 패턴이 일정하게 관계되는 것이다. 인간의 먹거리를 중심으로 하는 주된 산물은 바로 벼이고 벼를 중심으로 하는 쌀 문화의 전통을 고수하면서 벼를 재배하고 쌀을 얻어가는 결실의 과정은 대체로 논농사가 중심이었다. 논농사의 대부분 내용은 우리가 알고 있는 그것과 그렇게 다르지 않는 것으로 파악된다. 경직도에서 그 점을 강조한 것은 논농사의 방식에서 보이는 일반적 특징 때문일 것으로 보인다. 자포니카의 벼를 키우면서 수리농업을 이루는 것이 동아시아문명권의 핵심적 공통점임을 부정할 수 없을 것으로 보인다.

　벼농사의 핵심은 문화생활의 기반이 되었으며, 밥을 먹고, 밥의 찰기를 극복하기 위해서 숟가락과 젓가락 문화를 이룩했다고 하는 점은 널리 알려진 사실이다. 양념의 기본 간을 간장으로 하고, 간장과 함께 잔을 사용하는 문화적 전통을 이룩했다고 하는 것 또한 널리 알려진 동아시아문명권의 생활문화적 특징이다.[4] 그러한 과정에서 이루어진

---

4) Albert Kolb. Transl. by C. A. M. Sym, *East Asia : China, Japan, Korea, Vietnam ; Geography of a cultural region*(London : Methuen. 1971)

문화와 문명의 공통점을 우리는 기억할 필요가 있을 것으로 보인다. 특히 역사적 공통점은 주목할 만한 것이다.5) 조공과 책봉의 관계를 정치외교적 관점에서 논한 견해를 통해서 동아시아문명권의 질서를 파악하게 된다.6)

그렇지만 이 관계를 통해서 정신문화적 관계를 고찰하는 데까지 이르지 못했으나 중요한 공질성을 지적한 것으로 이해된다. 동시에 한문과 함께 지리적 인접성을 이룩하면서 동아시아문명권을 형성한 것은 이례적인 일이다. 여기에 경직도의 전통을 통해서 생활문화적 기반이 함께 하는 점을 볼 수가 있을 것이다. 단순하게 정치외교적 관계를 맺는 것은 아니다. 오히려 정신문화적 공통점을 가지고 관련을 가지는 것이 중요하다.

동아시아의 의생활문화에서 중심을 차지하는 것이 옷이고, 옷을 비단으로 만드는 전형적 사례를 잠직도에서 찾는 것은 중요한 의식적 공질성일 수 있다. 옷을 만들어서 입고 이를 가공하고 자연을 개조하는 것에서 누에를 기르고, 누에고치로 실을 뽑아서 이를 가공하는 것 역시 중요한 과업이었기 때문에 이를 여성생활 노동의 일환으로 다루는 것은 중요한 의미를 가지게 된다. 잠직도의 방편으로 이를 채택한 것은 긴요하고 베틀로 베를 짜고 길쌈을 하는 것과 구분되는 요소이기는 하지만 명을 잣고 비단을 짜는 것이 또 하나의 방편이므로 이 역시 주목되었던 것으로 이해된다.

---

5) Edwin O. Reischauer & John K. Fairbank, *East Asia: The Great Tradition*, Houghton Mifflin Company, 1960.

6) John King Fairbank(Editor), *The Chinese World Order*, Harvard University Press, 1968.

　두레풍장의 본질적인 문제로 되돌아오게 되면, 두레풍장의 모습을 선명하게 요약하고 있는 하나의 장면을 우리는 경직도의 두레풍장에서 찾을 수가 있다고 하는 점이다. 두레풍장의 면모가 그림으로 등장하고 있다는 사실은 가장 주목되는 점 가운데 하나라고 할 수가 있을 것이다. 두레풍장을 통해서 우리는 농민들의 기억의 역사도 알 수 있지만, 농민들이 실제로 했던 두레풍장의 모습을 경직도에서 실제적이고 확정적으로 찾아낼 수 있다고 하는 사실은 다시 환기할 필요가 있을 것이다.

　이한철이 그린 경직도의 구성을 보게 되면 위의 장면에 대한 일반적인 전형을 찾을 수가 있다. 아래의 그림은 두 장면을 구현한 것이다.

하나는 모심기 장면을 보여주는 것인데 위의 제시와 달리 조선화하는 특성을 명확하게 보여주고 있어서 주목된다. 다른 하나 역시 조선의 정취를 물씬 나게 하면서 이 장면을 선명하게 이해할 수가 있는 중요한 진전을 이룩하게 된다. 그것이 두레논매기의 장면을 보여주고 있다.

위의 두 그림을 두레풍장의 현지 관점에서 다시 살펴보자. 왼편의 그림은 이한철이 그렸다고 전하는 것으로 이른 바 모내기를 하는 장면이다. 모내기 작업은 크게 두 가지로 나누어서 진행한다. 모찌기와 모내기 또는 모심기가 그것이다. 모심기를 하는 장면에 많은 것들이 함축되어 그려져 있다. 논바닥을 중심으로 하여 하단에서는 논삶이를 하고 있으며, 중단 좌편에서는 모심기를 한다. 모심기에서 특별한 현상은 남녀가 갈려서 유별한 모습으로 남성과 여성이 각기 편을 나누어서 모심기를 하고 있다는 것이다. 우편에서는 논바닥을 고르고 있는 모습이 발견된다.

그림의 상단에서는 모내기꾼에게 줄 요량으로 새참이나 점심참을 지고나오는 모습을 보이고 있기도 하다. 주인네 여인과 짐꾼이 지게에 점심을 지고 여인네가 점심을 이고나오는 형국이 모심기 소리의 그것과 다르지 않음이 확인된다. 여기에 집에서 기르던 개도 빠지지 않고 있으며, 길라잡이를 하고 있는 모습은 각별하게 기억되는 모습이라고 할 수가 있을 것이다. 이들이 냇물을 건너서 가지고 오는 모습은 각별한 것이라고 하지 않을 수가 없을 것이다.

그림의 좌편 하단이 더욱 주목된다. 모내기를 감역하고 있는 인물이 담뱃대를 물고 있으며, 옆에 깃발을 꽂았는데 그 성격이 불분명하다. 두레기일 수 없을 것으로 보이는데 그런지 안 그런지 확신이 서지 않는다. 두레기를 통해서 이룩되는 특정한 것은 아닐 것이고, 모심기의 전통으로 본다면 품앗이가 확실할 것이므로 이를 그렇게 해석하는 것은 온당하지 않을 수 있다. 하나의 그림에 더욱 많은 정보를 담고 있으며, 적어도 우리가 아는 한에 있어서 오늘날의 그것과 무관하지 않다.

이러한 그림의 이면은 현재 전하는 전통에 입각하여 본다면 품앗이로 하는 것이 전례이고, 모찌기와 모심기를 한데 합쳐서 이르는 고유한 말이 있다. 그것이 바로 특별하게 소리나 용어의 전통에 남아 있을 따름이다. 두레풍장에 관련된 것으로는 못방고 또는 못방고소리에 남아 있으며, 다른 고장에서도 이와 유사한 것으로 모정자소리 등에서도 동일한 현상이 발견된다. 못방고에서는 모찌기와 모심기를 합쳐서 이르거나, 모찌기만을 특정한다. 이와 달리 못방고소리는 북을 치면서 하는 소리이다. 모정자소리에서는 모찌는소리와 모심는소리를 둘 다 이르는 말이다.

오른편 그림은 더욱 주목할 만한 것이다. 이한철이 그린 것으로 두레풍장을 치면서 두레논을 매는 것을 형상화한 그림이다. 이 그림처럼 두레풍장의 실제를 확실하게 그려서 보여주는 그림이 그렇게 많지 않은 듯하다. 두레풍장에서 주목되는 것은 바로 논매기를 하고 논매기에서 두레풍장을 치는 것이다. 앞에서 보여주는 이른 바 두레풍장의 소용을 말했던 영조실록의 그것과 다르지 않다. 단숨에 말하는 그야말로 요점적인 모습을 가장 선명하게 구하고 있는 것이 바로 그림의 실제이다. 그러한 점에서 본다면 오른편 그림은 조선후기 두레풍장과 두레논을 대변하는 그림으로 보아도 지나치지 않다.

그렇지만 이 그림에서 쉽사리 납득되지 않는 점도 있다. 그것은 바로 논매기를 하는 주된 인물들이 바로 여성이라고 하는 사실이다. 두레의 전통에 입각하여 본다면 가장 소중한 것이 바로 남성들의 업무인데 과연 여성들이 논매기에 참여했는지 의문이 적지 않다. 논매기에서 보여주는 전통적인 업무는 남성들의 고유한 모습을 가지고 있는데 여성들이 논매기의 모습을 하고 있어서 이를 과연 온당하게 여길 수 있는지 하는 문제가 있다. 그렇지만 이러한 결함에도 불구하고 두레풍장의 실상을 가장 선명하게 집약하고 있다는 점에서 이 그림은 주목할 만한 것이라고 할 수가 있을 것이다.

우리는 두레풍장에 대한 재인식을 여러 각도에서 다시 해야 하는 점을 이상의 검토를 통해서 알 수가 있었다. 두레풍장의 신명나는 전통을 일깨우고 이를 통해서 일련의 작업을 새롭게 해야 하는 사실을 강조할 필요가 있다. 단순하게 이를 공부하지 않고 입체적인 연구를 하는 점이 긴요하다. 두레문화의 전통과 유산을 강조하면서 두레의 멋과 신명을 강조하는 일이 가장 소중한 것이라고 하지 않을 수 없다. 그러한 점에서 두레풍장의 전통을 자각하고 이를 활용하는 것이 필요한 시점에 이르렀다.

3. 사물놀이

　농악에서 쓰는 네 가지 타악기인 꽹과리, 장구, 북, 징 등으로 홑으로 편성하여 농악 가락을 정밀하게 다시 짜서 앉음반의 형태로 만든 신명을 극대화한 음악을 이른다. 사물놀이의 기원과 형성에는 여러 가지 설이 분분하지만, 일단 사물(四物)이라고 하는 용어의 소종래와 사물놀이라고 하는 갈래의 소종래를 분별해서 논해야 할 것으로 보인다.

둘은 서로 밀접하게 관련되어 있으므로 어느 하나를 취하고 다른 것을 버릴 수 없기 때문이다.

사물이라고 하는 것은 불가에서 이르는 예불에 사용하는 네 가지 기본적인 악기를 말하는 것으로 목어(木魚), 범종(梵鐘), 법고(法鼓), 운판(雲板) 등을 이른다. 아침 예불이나 저녁 예불에서 이 악기를 두드려서 여러 층위의 중생을 비롯한 미물에게 소리로 청하여 각성의 기회를 제공하는 기능을 한다. 가령 목어는 수부중(水府衆)에게, 범종은 명부중(冥府衆)에게, 운판은 공계중(空界衆)에게, 법고는 세간중(世間衆)에게 청하는 기능을 한다고 『작법집(作法集)』에 전한다. 그렇지만 불교의 사물이 어디에서 비롯되었는지 그 성격이 불명확하다. 그러나 이따금 사찰의 벽화 같은 데서 사물을 그려놓은 전통이 뚜렷하여 불가 절집에서 사물을 운용한 전례는 매우 오래되었으며 농악기와도 분간이 안갈 정

도로 내력이 깊다.

사물놀이는 1978년 2월 공간극장 사랑이라는 데서 농악기 치배의 핵심적인 악기인 꽹과리, 장구, 북, 징 등을 가지고 농악 가락을 정리해서 발표하여 각광받아 새롭게 탄생한 신종 농악의 변형을 이른다. 사물놀이가 가락만을 집중하고 농악 가락을 서서 연주하던 것을 수정하여 앉은 형태로 만들면서 종래에 보지 못한 농악 가락의 짜임새를 극도로 몰아가면서 열광할 수 있는 면모의 사물놀이라는 신종 형태의 가락을 만들어내게 되었다.

당시에는 처음에 이러한 놀이 형태에 전혀 예상치 못한 반응이 나와서 사람들을 놀라게 했으므로 이에 대한 명칭 부여가 필요하였다. 그렇기 때문에 자칭 타칭의 명명이 필요하였다. 심우성이 사물놀이라고 했다고 하는 설도 있고, 이와 달리 스스로 고안하여 이를 명명했다고 하는 설이 있기도 하나, 무엇이 진실인지 여전히 확연하게 밝혀져 있지 않나.

사물놀이는 전통적으로 구성원 모두가 남사당패 출신이라고 하는 공통점도 있고, 특정하게 국악학교라고 하는 공통점도 일부 있어서 이들이 빚지고 있는 남사당패 농악인 풍물놀이와도 일정하게 근거를 공유한다. 그렇기 때문에 풍물놀이와 사물놀이가 서로 관련을 지니고 있으며, 아울러서 농악놀이의 형태와도 일정하게 접점을 기록하고 있음은 부인하기 어렵다. 철저하게 농악의 가락 어법에 의존하고 있으면서도 농악과 다른 길을 가꾸고 극복해야 하는 점이 주목할 만한 특성이다.

사물놀이 구성원 역시 세간에 알려진 것보다는 복잡한 형편을 가진다. 애초 1978년 당시 처음 구성원은 김덕수, 김용배, 최종석, 최태현 등이었다가, 이 중에 두 인물이 갈려서 김덕수, 김용배, 이광수, 최종실 등으로 구성되고, 이후에 놀이패 가운데 갈등이 생겨서 김용배가 떨어져 나와 1984년에 국립국악원 사물놀이를 창단하고 이후에 원사물놀이패는 김덕수, 김용배, 이광수, 강민석 등으로 안착하고, 처음에 강민석 이전에 김운태를 비롯한 몇 사람 등이 들어가 김용배의 공백을 메꾸려고 이 단체에서 활동하기도 하였으나 강민석으로 대체되면서 오늘날 우리가 아는 구성원으로 고정되었다.

원사물놀이패는 그 후에도 이합지산을 거듭하였으며 일일이 모두 기록하기 어려울 정도로 다양화되고 역사적인 변천을 거쳤다고 하겠다. 사물놀이 단체가 많이 생겨서 원래의 사물놀이패가 희석되는 기현상이 벌어지고 원사물놀이는 한울림예술단으로 꾸려져서 새로운 면모를 보였으며 현재에도 활동을 하고 있다. 이렇게 사물놀이패는 다양하게 성립되었으며 창단 시절의 희소성은 불과 5년 만에 희석되는 면모를 가지게 되었다. 그러나 원년의 창조멤버는 자신들의 불꽃같은 삶을 태워 사물놀이를 세계인들의 사물놀이로 만드는데 결정적 기여를 하게 되었다. 이들이 김용배, 김덕수, 이광수, 최종실 등이었으며 자신들 사인을 흔히 영국의 팝스타 단체인 "비틀스(The Beatles)"에 견주곤 하는데 충분한 의의가 있다.

사물놀이가 개척한 레파토리(repatoire)를 주목하면 사물놀이의 본질적인 면모를 쉽사리 이해하게 된다. 이들은 전통적인 농악 가락에 깊은 천착을 하였다. 농악 가락은 일단 자신들의 원뿌리와도 같은 남사당패의 농악 가락인 풍물놀이를 주된 원천으로 삼았다고 전한다. 이는 이 인물들의 원래 뿌리가 모두 남사당패 농악에 근거하고 이들의 부친이나 스승이 모두 남사당패와 관련이 있기 때문이다. 김용배의 스승인 최성구, 김덕수의 아버지인 김문학, 남운룡, 양도일 등이 주된 가락의 제보자였다. 이들은 이 경기도 충청 가락만이 아니라 특정인의 도움에 입각하여 호남 지역의 우도농악, 경상도의 진주삼천포농악 등의 가락을 익히고 이를 활용하고 재해석함으로써 일정한 레파토리를 확보하는 데 주력하였다. 처음에 이 가락을 모두 익히고 발표한 것은 아니고 점차로 가락을 흡수하고 발용하여 새로운 가락으로 나아가게 하는 특성을 지니게 되었다.

남사당패에서 주로 사용하던 대표적 레파토리인 〈비나리〉를 새롭게 만들어서 부른 것은 사물놀이가 고사소리의 후계자임을 명확하게 하는 증거물이다. 〈비나리〉는 과거 비나리패와 같은 데서 하는 관악산제와 치악산제의 고사소리인데 이를 가지고 와서 자신들의 사물놀이 가락에 맞추어서 새롭게 부르고 자신들의 공연 서막을 알리는데 쓰면서 남사당패 〈덧뵈기〉 같은 데서 하는 마당씻이와 같은 구실을 하게 하면서 전통을 새롭게 이어간 흔적을 환기하게 한다. 고사선념불과 뒷념불·덕담을 함께 한 것은 매우 주목할 만한 전통의 변형이라고 하지 않을 수 없다. 그렇지만 이러한 창조에는 일정한 비판과 비난이 뒤따랐다. 고요하던 음악이 시끄러워졌다고 하는 것이다. 창조는 시끄럽기도 하고, 소란으로 점철되어 있으며, 가라앉아서 조용한 음악으로 재탄생하기도 한다.

이들이 고안한 돌올한 것 가운데 하나는 장구로 연주하는 가락들을 혁신한 것이다. 특히 설장구 가락을 앉음반의 형태로 만들어낸 것은 종래의 설장구를 혼자 판굿에서 마당놀이로 해야 한다는 점을 불식시킨 것이라 할 수 있다. 네 명이 연주하면서 가락을 한껏 몰아가며 설장구 가락을 만들었다. 음악이 시끄럽다고만 하지 않는다면 이 가락은 일정한 수준에까지 이르게 했음을 알 수 있다. 더욱이 간혹 비난을 사고 있는 일이기도 하지만 장구를 가지고 "장구산조"를 만들어낸 것은 새로운 착목이었다. 그에 이어서 "징산조", "꽹과리산조" 등이 이어져 나온 것은 사물놀이의 개인 악기를 극대화하고자 하는 노력이었다고 할 수 있다.

게다가 더욱 주목할 만한 것은 이들은 농악놀이로 하는 판굿의 개인 놀이 또는 구정놀이를 자신들의 주안점으로 삼으면서 일정한 사물놀이의 선반으로 만든 점이다. 참으로 쉽지 않은 개척이자 설계라고 할 수 있다. 최소한 구성 요소를 가진 인물들이 선반으로 악기를 가지고 가락과 개인놀이를 급부상하게 한 것은 농악놀이로 되돌아간 혐이 있지만, 종래의 농악놀이를 실내 극장 무대용의 판굿으로 만들었다고 하는 점에서 혁신적인 의의가 있음은 부인하기 어렵다고 하겠다. 농악의 혁신을 사물놀이로 하였지만, 사물놀이를 개척하고 확장하면서 종래의 판굿 구정놀이로 확대하고 환원한 것은 부정의 부정이 이루어낸 결과이다. 선반 판굿에 이르자 농악놀이의 정체를 자신들뿐만 아니라 우리 모두가 확인하기에 이르렀다.

사물놀이 가락을 만들고 자신의 대표 목록을 확장하는데 무악에 대한 깊이 있는 성찰과 학습 역시 중요하게 한 몫을 하였다. 자신들을 남사당패의 후예로 여기고 농악이라고 하는 울타리에 갇히지 않고, 드넓은 무악 역시 자신들이 개척해야 할 중요한 타악의 자산이라고 하는 점에 모두 동의했다. 대표적인 무악 가락을 알기 위해 경기도 도당굿의 명인 지영희, 동해안 별신굿의 명인인 김석출, 전라도 진도의 명인인 박병천 등을 초청하여 합숙을 하면서 이들 가락을 기본적으로 익히고, 현장의 굿판에 가서 이를 연마하고 보정하는 과정을 거쳐서 사물놀이 가락의 갈래와 목록을 확장하는 계기로 삼았으며 실제로 이러한 가락을 넓히는 작업과 발표회를 가짐으로써 이들은 자신들의 전통적 울타리에 안주하지 않았다.

일련의 시도를 거듭 하면서 사물놀이패는 다른 갈래와의 만남을 불가피하게 이어가게 된다. 그것은 이들이 해외공연에 초청받고 이들 단체로부터 격찬을 받는 동시에 일정하게 최첨단의 음악을 하는 단체와의 협연이 자연스럽게 이루어지면서 광범위한 크로스오버 음악(cross-over music), 오늘날 말로 한다면 융합적인 음악 작업을 했다. 록 밴드와의 만남, 교향악단과의 협연, 전통 국악관현악단과의 협연, 재즈뮤지션과의 콜라보 등을 시도하면서 이들은 지속적인 작업을 하게 된다. 그 결과 상당히 주목받는 음악 연주를 하게 된다. 사물놀이가 이룩한 다양한 디스코그라피(discography)는 이 점을 명징하게 보여준다고 할 수 있다. 그러나 엄격하게 말하면 깊은 숲에 들어가서 길을 잃은 것은 아닐지 하는 의문을 자아내는 구석도 없지 않았다.

타악기의 음악이 과연 다른 음악적 토대와 배경을 가진 것과 조화로운 협연을 이룰 수 있을지 아울러서 재즈와의 협연은 콜라보가 가능하게 되는지 하는 등의 회의적인 대목이 없지 않았기 때문이다. 그럼에도 불구하고 분명한 사실은 사물놀이의 모든 시도들은 만남으로 그치지 않고 지속적으로 조화로운 관계를 맺으면서 다양한 시도를 거듭하여 마침내 우리 토착적인 음악을 세계적인 수준으로 올려놓는데 결정적인 기여를 했다는 것은 분명하고 엄정한 사실이다. 만남이 어떻게 이루어지는지 현장을 숱하게 본 개인적인 경험이 아니라 모든 이들이 사물놀이의 활약에 대하여 거는 기대가 자못 컸던 점을 잊지 않아야 한다.

사물놀이는 전통의 혁신과 창조가 어떠한 것이어야 하는지 우리에게 많은 과제를 안겨준 범례 가운데 하나이다. 그것은 전통은 혁신되어야 한다고 하는 사실을 전적으로 안겨준 바람직한 전례였다. 이것을 만들 어나가는 과정에 있어서 주목할 만한 원리를 자신들의 설계에 착안하 고 적용하였다. 그것은 단순하고 고졸한 타악에 불과한 것을 새로운 것으로 거듭 나게 하는 결정적인 구실을 하게 되었다. 우리가 배우면서 벗어나고, 벗어나면서도 쉽사리 공감 받을 수 있다고 하는 것을 거듭 일깨우는 창조였다고 하는 점이 바로 이것이다.

원래의 농악에 잠재되어 있는 것을 그대로 가지고 와서 한껏 조이고 풀어헤치면서 새로운 차원의 것으로 만들어낸 점은 정말로 주목할 만 한 혁신이었다고 하지 않을 수 없다. 가령 호남우도농악 가운데 〈오채 질굿〉이 있는데 이 농악 가락의 근본 바탕을 계승하여 농악 가락 창조 를 사물놀이 가락 창조로 이어온 셈이다. 〈오채질굿〉이 느린 가락에서 빠른 가락으로 틀지어진 특징이 있는데 이를 한껏 몰아가면서 점층적 가속의 틀을 한껏 고조시켰다.

우리는 이를 일러서 우리는 "긴장과 이완의 원리"라고 명명할 수 있 으며, 그 창조는 놀랍게도 발전적으로 이어졌다. 같은 방식으로 사물놀 이패는 경기충청가락을 모아서 〈웃다리풍물〉을 만들었고, 영남좌도 가락을 편집하여 〈진주삼천포12차〉를 만들었고, 호남지역의 우도가락 을 편집하여 〈우도굿〉 등을 핵심적으로 변형시켰는데, 이는 단순한 농 악 가락의 배열이나 열거가 아니라, 혁신적인 변형과 창조를 하면서 각자 네 악기의 기량을 한껏 고조시킨 매우 주목할 만한 혁신이다.

이러한 원리는 산조, 시나위 등의 원리와 무관하지 않고, 농악 판굿 에서 보이는 특정한 구정놀이의 원리도 이에 충실한 것임이 발견된다. 가령 김윤덕은 거문고산조의 명인인데, 이 명인의 산조가 농악의 구정 놀이와 같고, 세산조시와 같은 대목은 거의 농악 가락의 극도로 고조되는 면모와 일치한다고 하기 때문에 농악 명인과 산조 명인의 근본적 바탕이 같은 원리에 입각하고 있음을 알려주는 적절한 것이라고 하지 않을 수 없다. 이것은 결과적으로 우리 속에 잠재되어 있는 음악적 바탕에 대한 근본적 각성을 하게 하는 계기가 되었다. 사물놀이는 그 표면적인 수확이고 창조라고 하는 점을 명심하게 한다. 이 원리를 통해서 우리는 한민족의 뿌리 깊은 심성에서 우러난 원리가 사물놀이의 한류화로 표상되어 세계인의 공감을 자아내게 하는 것임을 분명히 알 수 있다.

더욱 중요한 원리는 음양이기의 조화와 갈등 원리를 도입한 것이다. 이것은 종래에 막연하게 해명되었던 원리 가운데 하나였다. 음양조화의 원리라고 하는 것이 있었는데, 이것을 음양이기의 조화와 갈등 원리라고 지칭하면 새로운 사실을 포괄적으로 해명할 수 있는 개념으로 발전하게 된다. 음양이기는 생극을 한다고 하는 것이 기본적인 철학적 선체인데, 이는 한국 음악의 미학으로 가져나 쓸 수 있는 섯심이 분녕하다. 간단한 사물놀이를 비롯하여 복잡한 시나위, 그리고 판소리를 비롯한 민중음악뿐만 아니라 상층의 음악까지 모두 포괄할 수 있다. 뿐만 아니라 이 원리에 입각하면 정악까지도 해명 가능한 면모를 지니게 된다.

음양생극의 원리는 사물놀이의 경우에 꽹과리와 징, 장구와 북 등으로 갈라서 볼 수 있다는 구분에서 비롯된다. 하나는 금속악기이고, 다른 하나는 가죽악기이다. 각기 갈라진 금속악기에서도 꽹과리는 가락을 잘게 쪼개서 연주를 하고, 징은 가락을 크게 분절하여 가락의 기둥을 세우는 특징을 지닌다. 이와 달리 가죽악기는 금속 악기와 달리 궁편과 채편으로 나누어 가락을 잘게 부수면서 채우는 구실을 장구 악기

가 하고, 북은 가락을 크게 나누고 굳세게 가락의 큰 힘을 실어주는
특성을 지닌다.

음양생극은 정태적인 구분에 의해서만 이루어지지 않는다. 오히려
동태적인 과정에서 더욱 빈번하고 극단적으로 발현된다. 그러한 대목
은 여러 군데서 찾을 수 있지만, 가령 사물놀이가 개척한 대목인 〈우
도굿〉의 우질굿에서 등장하는 꽹과리와 장구가 서로 다투는 대목인
이른 바 "후두룩가락", 동일한 가락 가운데 풍류 가락에서 보이는 꽹과
리와 장구의 "각뜯어먹기가락", 마무리 단계에서 등장하는 세산조시에
서 꽹과리와 장구가 주고받으면서 변형하는 가락 등에서 현저하게 나
타난다.

또한 이러한 현상은 〈웃다리풍물〉에서도 등장하는데, 길군악7채 대
목에서 등장하는 쇳가락과 장구가락이 밀고 당기면서 가락을 달아나가
는 사례, 마당굿1채에서 보이는 장구가락과 쇳가락의 밀고 당기는 면
모 등에서 상생하면서 상극하는 점은 가락과 가락을 한 장단에 그치지
않고, 여러 대목에서 이러한 사례가 또렷하게 발견된다. 특히 김용배가
개척한 국립국악원 사물놀이의 〈웃다리풍물〉에서 보이는 짝쇠가락에
서 보이는 쇠와 쇠, 장고가락과 쇳가락의 상생하고 상극하는 면모는
타의추종을 불허하는 아름답고 사나운 창조 가운데 하나라고 할 수가
있다. 그 점에서 이 가락의 음양생극 원리에 의한 문제 여부는 다른
고장에서 찾을 수 없는 것이라 할 수 있다.

사물놀이 가락 전개의 두 가지 원리인 "긴장과 이완의 원리"와 "음양
생극의 원리"는 사물놀이의 날줄과 씨줄이 되어서 입체적으로 사물놀
이를 음악적으로 탁월한 성취를 가지게 한 점에서 주목할 만한 것이다.
사물놀이가 타악기로만 운용되기 때문에 이러한 교직은 다른 것과 달

리 돌올하게 등장하는 것임을 알 수가 있으며, 가락으로 보여준 점에서 한국 음악 가운데 다른 음악을 젖히고 위대한 창조로 이어갔음을 다시 환기하게 된다. 음악은 여러 가지 층위가 있는데, 이러한 음악적 창조력은 사물놀이에 의해서 극대화되었고, 이 창조에 대해서 세계인은 사물놀이의 광팬이라고 할 수가 있는 "Samulnorian"이라고 하는 말로 화답하고 공감하였다. 그 창조의 끝자락에 사물놀이는 한류를 대표하는 세계음악의 표상으로 우뚝 솟았다.

원사물놀이패인 사물놀이패나 국립국악원 사물놀이패가 등장한 이후에 여러 후발자인 사물놀이패들이 족출하였다. 주목할 만한 것들이 있으니 가령 두레패사물놀이, 풍물놀이마당, 사물놀이 진쇠, 사물놀이 광대 등의 전문적인 사물놀이패를 제외하고 여러 아마추어 사물놀이패까지 합치면 그 수를 이루 헤아릴 수 없음은 물론이다. 이들은 제각기 다른 의도를 지니고 사물놀이를 창단하였지만 그 결과는 매우 미흡하고, 앞선 놀이패의 족적을 밟아나가는데 그쳤다고 보아도 잘못은 아니다. 저마다의 모습으로 독자적인 사물놀이의 갈래와 레파토리를 개척하기에는 힘겹고 버거운 창조가 되고 그 결과가 공감을 줄 수 없음을 쉽사리 알 수 있는 대목이다.

사물놀이의 의의는 비교적 명료하다. 첫째, 농악을 새롭게 무대용으로 창조한 점에서 단연코 중요한 기여를 했음이 분명하다. 토박이 농악이 두레풍장이나 당산굿, 마당밟이, 매구잡기 등으로 마을공동체 음악으로 머물러 있을 때에 이것의 독자적 가치를 발견하고, 떠돌이패 농악인 남사당패의 농악을 계승하고 복합하면서 농악의 신천지를 개척한 것이 바로 사물놀이이다. 첫 등장에 의해서 즉시 완성된 것은 아니지만, 점차로 가다듬어지면서 사물놀이 치배들의 힘겨운 창조와 노력 덕분에서 사물놀이는 무대 연주용 음악으로 새롭게 변신할 수 있었다. 그것은 근대의 상업화되는 농악 계통인 포장걸립패와 다른 면모를 과시하면서 극장 무대용으로 탈바꿈되었다. 사물놀이의 성공에 김용배, 김덕수, 이광수, 최종실 등의 치배가 결정적인 구실을 하였음은 부인할 수 없을 것이다.

둘째, 사물놀이는 국내 내수용의 음악으로 머물지 않았다. 근대사회는 자본주의 사회이고, 자본주의는 브랜드를 미덕과 가치로 여기는 사회이다. 하나의 상품으로 발탁된 사물놀이는 중간 매니저들의 노력으로 결국 세계의 상품으로 급부상할 수 있었다. 사물놀이는 상품으로 가치를 분명하게 하였으며, 수출용으로도 적절한 기능을 하였다. 이웃하고 있는 일본을 필두로 삼아 세계의 모든 나라에서 사물놀이에 열광하고 광적인 마니아들이 생겨나면서 세계화의 적절한 예증이 되었고 이른 시기에 상품화에 성공하면서 한류의 붐을 본격적으로 연 장본이 되었다. 세계화와 한류라고 하는 화두로 급부상한 시점에서 우리의 농악을 세계화하는데 사물놀이는 절대적인 기능을 한 셈이다.

셋째, 사물놀이가 역설적이게도 우리 농악을 재발견하는 계기를 부여했다는 점도 잊지 말아야 할 일이다. 사물놀이는 농악을 축소하고 집약하였으며, 동시에 농악이 가지는 원래의 고유한 면모와 맛을 왜곡시켰다고 하는 비판이 끊이지를 않는다. 사물놀이의 원래 혈통을 생각하면 긍정적인 모습에도 불구하고 농악을 일정하게 왜곡시켰음은 정말로 부인할 길이 없을 것이다. 그렇지만 역설적이게도 사물놀이가 아니었으면 한 구석에서 방치되어 사장되었을지도 모르는 사물놀이의 원뿌리인 원형이 되는 농악의 전통적 면모를 알 길이 없었을 것이다. 이러한 역설적인 반증을 통해서 전통은 재발견되고 재인식된다는 것을 우리는 많은 문화적 현상 속에서 찾을 수 있다.

사물놀이의 의의가 이러함에도 불구하고, 사물놀이는 그 한계가 자명하다. 그 한계는 한때 우리를 열광시킨 모든 것의 전부였음에도 역시 아쉬움으로 남는 대목이라고 할 수가 있으며 그 점을 명료하게 인식해야 한다. 한계는 신명의 창출 형식에 대한 회의 문제이다. 본래 논바닥이나 지신밟기를 하면서 하던 농악 가락을 10여 분 내외 분량의 무대용으로 앉음반에 투사하니 극단적 신명과 치솟음으로 몰아가기 때문에 터져 오르는 신명을 자극만 하고 가라앉히기에는 부적절하였다.

그에 따른 문제이기는 하지만 형식 창조를 극단적인 기량 위주로 하고, 빠르기를 한없이 하다가 보니 보는 사람으로 하여금 형식에 놀람 그 자체로 소외시키는 구실을 한 것이 사물놀이의 결정적인 한계가 되었다. 기량이 반복되고 느린 가락에도 행복하게 하던 농악의 고유한 맛과 멋은 사물놀이의 음악에서 찾을 수 없음은 물론이다. 그러한 창조가 결국 형식을 고갈시키고 그 형식에 신물이 나면서 사물놀이가 점차로 청중의 변덕스러운 지평 속에서 사라지는 비운을 겪게 되었다. 대신하여 농악이 여러 각도에서 재조명되고 공동체 신명의 장으로 급부상한 것이 이러한 사물놀이의 진부한 형식 쇠퇴라는 사실과 무관하지 않다. 형식의 창조는 그 내용을 충족시키지 못하면 쉽사리 망가진다는 사실을 사물놀이의 사례로 명확하게 인식할 수 있게 된다.

제2부

논산두레풍장의 고갱이

1. 논산두레풍장의 요체와 두레풍장패

논산은 과거의 명칭으로 '놀메'였다. 그 지명을 놀메라고 한 내력은 논산의 지리적 형세와 일정한 관련이 깊다. 논산시 일대의 지형이 그다지 높지 않지만 긴 구릉지대가 있어서 이로부터 말미암아 지명의 내력이 존재하게 되었다. 이를 흔히 화강암이 발달해 있는 지대로 전반적인 지형은 평탄하고 동북단에서 남북으로 뻗은 계룡산 구릉이 차별침식에 의해 노년기 지형을 나타내고 있으며, 길이가 대략 300m 내외의 구릉이 산재해 있어서 이와 같은 구릉지대를 형성한다. 그러므로 이 지명을 곧 놀메라고 한다.

또한 동남단에는 노령산맥의 한줄기가 동북에서부터 대체로 남서향으로 달리고 있어 논산시내에서 가장 높은 지대를 형성하기도 하나, 대부분 지역은 낮고 평평할 뿐만 아니라 중앙 지역을 서쪽으로 관류하는 논산천을 비롯하여 노성천, 연산천, 공주천 등의 인근의 수계망이 금강에 합류하여 이 유역에는 비옥한 논산평야를 형성하고 있다. 그러한 연유로 말미암아서 이 지역의 명칭이 논산인 곧 놀메라고 하는 명칭이 비롯되었던 것으로 보인다.

논산두레풍장은 충청남도 논산시 노성면이나 광석면 일대에 전승되는 두레굿을 말한다. 이 지역에 두레굿이 성황리에 전승되는 이유는 비교적 간단하다. 논산 지역의 들이 넓고, 야트막하나 줄지어 늘어선 산들이 많아서 산과 들이 조화를 이루고 있는 지역이기 때문에 들의 논을 매기 위한 방편으로 많은 사람들이 인력 동원을 해야 하고 그렇게 하기 위해서 특별하게 두레를 채택하게 되었다. 두레가 성행하므로 두레굿이 크게 번성하였다. 또한 아울러서 물이 많고 관개 수리 시설이 작동하기 때문에 농사짓기에 적절한 것으로 판단된다. 두레굿의 전통이 완강하게 자리할 수가 있었을 것으로 보인다. 두레굿이 활성화되면서 두레풍장이 성행한 것에 이유를 들 수가 있을 것으로 보인다.

논산두레풍장이 활발하게 전하는 이유를 지역적 위치와 역사적인 소인으로 해명하는 것도 다른 한 가지 해명방식이라고 할 수가 있을 것이다. 논산두레풍장의 인문지리적 속성은 독특하게 금강권문화의 특성에 입각하여 있으며, 특히 백마강과 금강의 흐름 속에 독자적인 지역유형을 형성하고 있다. 그러한 문화적 특성을 흔히 기층 음악문화적 성격에 입각하여 저포팔읍 또는 저산팔읍의 문화적 특성을 가진 곳이라고 말하고 있으며, 아울러서 이를 저산팔읍의 문화적 자장을 발휘하는 것으로 구분하게 된다. 논산두레풍장은 이러한 문화권의 성격을 가장 명징하게 보여주는 것이라고 하며, 그 문화권의 꽃에 해당하는 것이라고 보아도 그릇되지 않다. 이 지역의 문화권적 특성은 전라북도의 일원이나 서해안의 남부지역으로 서천 이하의 문화권적 특성을 가진 것으로 평가해도 그릇되지 않는다. 부여, 서천, 논산, 군산, 부안 지역의 문화적 공질성을 밝히는데 이처럼 명료한 예증은 없을 것으로 판단된다.

아울러서 이 지역의 문화적 속성은 역사적으로 백제문화권의 특성을 가지고 있는 것으로 평가해도 그릇되지 않는다. 두레풍장문화의 동질성이 백제문화권과 연결되는 것은 이채로운 일이라고 할 수가 있을 것이다. 백제문화권 가운데서도 음악적인 것과 함께 불교문화적 속성이 연결되는 것은 각별한 사정으로 보인다. 음악적인 것과 불교문화적 속성이 서로 연결되지 않는 것처럼 보이지만 이면적으로 깊은 심층이 도사리고 있으며, 그것을 밝히는 것이 가장 중요한 문제점 가운데 하나가 될 것으로 보인다. 논산을 중심으로 해서 보면 이러한 불교문화적 속성은 백제의 미륵신앙과 깊은 관련이 있음이 확인된다. 두레풍장과 미륵하생신앙의 흔적과 자취를 알아보는 것은 이러한 각도에서 의의가 있다.

논산두레풍장을 이러한 관점으로 보는 것은 중요한 착안일 수 있다. 그러한 사정에도 불구하고 이에 대한 의문이 있을 수 있다. 곧 이와 같이 지역적 문화의 속성과 역사적 소인만으로 해명하는 것이 과연 온당한 방식인가 하는 점에 적지 않은 의문이 있을 것이기 때문이다. 지역문화적 속성과 역사적 소인만으로 성립 불가능하기 때문에 이러한 점을 강조하면서 그 기반이 되는 생활문화의 생업적 기반을 강조해야만 할 것으로 보인다.

논산두레풍장은 논매기 문화적 전거를 기반으로 형성된 것임을 강조할 필요가 있을 것으로 보인다. 논산 지역을 비롯하여 부여 지역에서는 논농사와 더불어서 논농사를 근간으로 하는 사회문화적 전통이 완강하게 전하는 특징이 있다. 논매기는 일시적인 규모로 하는 공동노동의 특성이 있으며, 공동의 노동 특성상 엄격한 규율체계와 함께 신성을 내세우면서 일의 순서와 조직을 내세우는 특성이 있다. 이 조직이 두레이고 두레에 의해서 일정하게 규율을 정하고 나름대로 규칙을 전개하는 것이 두레풍장의 핵심이다. 두레와 논매기는 서로 깊은 관련이 있으며, 논산의 전통적인 노동방식과 관련되는 점이 확인된다.

논산에서 논매기는 대체로 세 단계로 진행된다. 논매기의 횟수와 방법, 그리고 논매기하는 과정에서 동원되는 일과 일을 유지하게 하는 가락과 노동의 방식은 논매기의 핵심적 요소 가운데 하나가 될 것으로 전망된다. 논매기를 하는 횟수와 함께 무엇으로 농사를 짓는가 하는 점이 긴요하고, 특히 논매기를 하면서 무슨 소리를 하는가 하는 점도 매우 깊은 의미를 가지는 것으로 평가된다. 이에 대한 깊은 탐구가 없어서 문제이기는 하지만 이러한 소리를 통해서 우리는 전통적인 논산의 두레풍장 전통이 필요한 것을 알게 된다. 논산두레풍장은 두레굿의 전통과 논매기가 결합한 최상의 문화적 창조물이고 그 흔적을 강하게 가지고 있는 점을 분명하게 인지할 수가 있을 것으로 보인다.

논산두레풍장의 전통은 지역적 특성과 함께 논산 지역의 백제문화권적인 역사적 실체와 관련되고, 아울러서 불교문화적 전통과 맥락을 함께 한다는 사실을 분명하게 할 필요가 있다. 그러한 점에서 백제문화권적 속성과 불교문화적 속성을 함께 밝어가는 것이 가장 긴요한 것임을 우리는 생각하지 않을 수가 없을 것으로 보인다. 논산두레풍장과 부여의 두레풍장이 불교적 문화 기반을 가지고 있다고 하는 점은 누구나 수긍할 수 없을 것으로 보인다. 그렇지만 겉으로 나타나는 것을 중시하지 말고 속으로 감추어진 것을 깊게 추구해보면 우리는 백제의 문화적 전통이 이 고장에 오롯하게 남아 있는 점을 인정하지 않을 수 없게 된다.

논산두레풍장의 전통과 백제문화권의 역사적 실제인 불교문화적 역사성은 다른 고장에서 흔하게 발견되지 않는 논산두레풍장의 고유성을 말하는 것이라고 하지 않을 수 없을 것이다. 논산두레풍장의 심층적 기반은 서로 깊은 관련성을 가지고 있으며, 그러한 점에서 이에 대한 깊은 성찰이 필요하다. 논산두레풍장의 구체적 체현과 실천은 사월 초 파일의 반야산 관촉사 솔밭에서 벌어지는 초파일 난장두레와 관련이 컸을 가능성을 가지고 있다. 반야산 관촉사 난장두레의 전통이 얼마나 완강하고 그 속내가 깊은지 여러 가지 의미 있는 일이 벌어진 것으로 판단된다.

반야산 관촉사의 솔밭에서 행해진 두레풍장의 전통은 한 마디로 논 산 인근의 여러 마을에서 참여하는 전통적인 놀이판이라고 할 수가 있 겠다. 논산두레풍장의 구체적인 체현과 실천은 사월 초파일에 행해지 는 초파일 난장과 무관하지 않다. 반야산 관촉사를 기반으로 하는 일련 의 파일 난장의 장소가 바로 이곳에 있기 때문이다. 반야산 관촉사 뒤에 있는 솔밭의 전통적인 것들은 두레풍장을 위해서 열리는 것이지만 동 시에 인근의 여러 마을 두레풍장패가 와서 벌어지는 경연 각축장이 되 기도 한다. 그렇게 하면서 논산두레풍장의 가능성과 함께 일련의 기량 겨루기 한판이 벌어지는 장소가 되는 것이기도 하는 점을 잊어서는 안 된다.

반야산 관촉사를 중심으로 하는 두레풍장의 경연 각축은 단순한 것 은 아니다. 여러 곳에서 여러 두레풍장 패가 참여하면서 일련의 놀이를 하고 서로 음식을 먹고 노는 장소가 되고, 주변에 많은 사람들이 모여 서 놀이를 하는 것으로 되어 있기 때문이다. 그러한 점에서 반야산 관 촉사의 놀이를 중심으로 하는 두레풍장의 경연은 그야말로 난장 두레 판의 전형이 되는 특징을 가지고 있다. 그러한 점에서 반야산 관촉사의 뒷 솔밭의 놀이판은 중요한 가치를 가지고 있는 셈이다.

파일난장에서는 가장 중요한 것이 인근의 여러 농악단이 모두 참여 한다고 하는 사실이다. 구체적으로 논산 두레풍장패를 비롯하여 부여군 초촌면 추양리의 두레풍장패는 물론, 강경이나 인근 호남지역의 놀이패도 다수 참여하는 것으로 되어 있다. 파일난장을 치면서 서로 두레풍장의 가락을 겸하면서도 서로의 슬기를 겨루고 기량을 겨루는 점은 주목할 만한 것이 아닐 수 없을 것이다. 그러한 점에서 파일 난장의 전통을 통해서 우리는 논산두레풍장의 위력과 전통이 확립되어 가는 것임을 재인식할 수가 있을 것으로 보인다.

충청남도 논산시에는 여러 두레풍장패가 전한다. 그 가운데서도 가장 이름이 난 마을의 두레풍장패는 노성두레풍장보존회일 것이다. 이 지역의 사례를 중심으로 일정하게 논산시의 두레풍장패를 살펴보게 되면 그 실상을 좀 더 명확하게 알 수가 있을 것으로 보인다.

논매기를 중심으로 해서 살펴보면 이 두레풍장의 효용과 기능이 명확하게 드러난다. 세 번째 논매기인 만물매기가 끝이 나게 되면서 두레풍장은 한층 활성화되었지만 이제 마무리 단계의 수순으로 접어 들어가게 된다.

여름철 농촌에서는 어느 정도 논매기가 끝나갈 무렵이 되면 마을 단위로 모임을 갖고 두레먹기의 날을 정하게 된다. 두루 아는 바와 같이 두레는 과거에 마을 단위로 일꾼들이 한데 모여서 집단 노동을 하는 조직체이자 마을단위의 정치적이고 경제적인 집약체의 성격을 가지게 된다.

두레를 짜고 이 단체를 운영하기 위해서 일정하게 조직을 할 때에는 우선 그 동네의 어른으로 일을 잘 알고 마을에서 주도적인 구실을 하는 이를 뽑아 '좌상'이라고 정하고 으뜸 수장으로 삼는다. 두레날은 마을에 사는 모든 집에서 각각의 집마다 최소 한 명 이상이 나오는데, 여자들도 함께 나와 음식 준비를 거들기도 한다. 논을 맬 때에는 좌상의 지시에 따라 움직이며, 마을 주민들이 흥겨운 풍장 소리에 맞추어 함께 일을 하였다. 좌상의 지휘를 받아서 두레를 움직이고 두레를 거행하게 된다. 그렇지만 두레의 공원이나 꼼배 등이 더 있어서 두레조직을 활성화한다.

노성두레풍장의 연원은 분명치 않다. 다만 두레의 김매기가 조선 후기 이앙법의 확산과 긴밀한 관련이 있음을 상기할 때 18세기 이후의 산물로 추정될 뿐이다. 이러한 두레풍장의 전통은 6·25전쟁을 전후로 두레가 사실상 소멸되면서 중단되었다. 그러다가 1980년대 노성두레풍장전승보존회가 결성되어 전통문화의 계승·발전에 심혈을 기울이고 있다.

전통적인 방식으로 본다면 예전에는 하지(夏至)를 분기점으로 하여 전 삼일 후 삼일을 기하여 모내기를 했다. 그리고 20일 남짓 지나 벼 포기 사이로 잡초가 올라오면 마을마다 두레를 조직하여 김매기를 했다. 여느 지역과 마찬가지로 두레의 김매기는 아시매기 또는 초벌매기, 이듬매기 또는 재벌매기, 만물로 이루어졌다. 세 번에 걸쳐서 논매기를 하는 것으로 나타난다.

모내기를 할 때에는 못방고소리를 했다고 하지만 현재는 그러한 전통은 온당하게 전해지지 않는다. 논매기에서는 두레로 하는 소리와 풍장이 대표적인 예능행위의 종목으로 바뀌게 된다. 그것은 모내기는 품앗이로, 논매기는 두레로 하기 때문에 생성되는 현상이다. 모내기와 김매기 또는 논매기는 논산의 대표적인 예능 본산지인 셈이다.

이때 풍장을 전담하는 두레의 풍물패들은 농기를 앞세우고 이동을 하거나 논매기를 할 때 흥겹게 농악을 울려 신명을 돋운다. 또한 맞두레가 나서 두 마을의 두레꾼들이 마주치면 격렬한 농기싸움을 벌이며 자웅을 겨루었다. 김매기를 마치고 나면 칠석이나 백중에 온 동민들이 한자리에 모여 품삯을 결산하고 풍물놀이를 하며 하루를 즐겼는데 이를 두레먹이라고 한다.

논산 지역 역시 각 마을마다 두레패가 있었다. 두레패들은 각기 서열을 정하고 성립순서와 규모면에서 각각의 특징을 갖추고 형제관계를 결성한다. 그것은 이들이 모두 일정하게 서로 남성집단의 성격을 반영한 결과이기 때문이다. 가령 '노성 칠형제 두레매기'라고 하여 노성면 일대 일곱 마을의 두레 조직이 두레 계를 맺고 합두레를 먹었던 전통이 풍부하게 전승된다.

노성면의 일곱 마을은 노성면 교촌리 향교골 두레를 비롯해서 읍내리 고랭이, 둥둥골, 옥거리와 상월면 주곡리 숯골 및 한천리 들말, 안골 등인데 두레계의 구성이 된다. 이들 일곱 마을은 1914년 행정구역 통폐합이 이루어지기 전까지 노성현의 중심을 이루어 의형제를 맺고, 두레별로 김매기가 끝나면 합두레를 시행했다고 전한다.

합두레를 행하는 시기는 각 마을 두레 좌상이 모여서 정했는데 대개 7월 백중 무렵이었다. 오늘날에는 그러한 전통이 대폭 감소하고 더 이상 전하지 않는다. 그렇지만 그러한 쇠퇴에도 불구하고 이에 대한 전통의 자각이 이루어지고 이에 활력을 넣고자 하는 모임이 결성되면서 새로운 전개 방식을 가지게 되었다.

현재는 마을 주민들이 노령화되고 주민 수가 급감하는데다, 기계식 영농이 도입되어 두레패의 기능이 사실상 없어지게 되었다. 그러다가 1980년 노성면에서 두레풍장전승보존회가 조직되어 풍장패를 중심으로 두레의 복원하기 위해 노력하고 있으며 두레풍장을 전하기 위해서 노력하고 있다. 1980년 회원 120명으로 발족되었는데 지금도 같은 수의 회원들이 활동하고 있다. 노성두레풍장전승보존회는 논산의 대표적인 향토 축제인 딸기축제나 강경포구젓갈축제에 해마다 참여하는 등 활동의 범위를 넓히고 있다.

노성두레풍장전승보존회에서는 농한기가 되면 저녁 7시부터 10시 사이에 지역 주민들을 대상으로 노성면의 두레풍장에 대한 교육을 실시하고 있으며, 매년 두레풍장에 대한 재연 행사를 하고 있다. 2003년 10월 강경발효젓갈축제의 식전 행사에 참가한 이래 해마다 이 축제에서 공연을 하고 있다. 또한 2005년에는 제46회 한국민속예술축제에 「노성 칠형제 두레메기」를 출품하여 아리랑상을 수상하였다.

2008년 당시에는 이성식이 회장을 맡고, 부회장은 문기범, 기획실장은 윤석찬, 총무는 김영수가 맡아서 일하고 있었다고 한다. 회원들은 모두 120여 명으로, 주로 노성면 일대의 주민들이다. 노성두레풍장전승보존회 사무실은 읍내에 있는 면민회관 건물 내에 있으며, 이곳에 두레풍장과 관련된 각종 기물을 보관하고 있다. 농한기에는 회원들이 모여서 과거 두레를 할 때 불렀던 소리 등을 전승하고 있다.

과거 드넓은 논산평야에서 두레 조직이 풍장을 치며 농사를 짓던 모습은 이 지역의 역동성과 공동체 정신을 잘 보여 주던 생업 풍습이었다. 산업화를 거치면서 이촌향도 현상이 가속화되고, 농업 생산방식의 변화에 따라 각 마을마다 위세를 떨치던 두레 조직은 서서히 자취를 감추게 되었다. 이제는 촌로의 기억과 빛바랜 농기 몇 점만이 남아 있는 상황이다. 그러나 지역민들의 자발적인 참여를 통해 과거에 행해졌던 두레의 모습을 복원하고, 활발한 전승 활동을 펼치는 것은 지역사회의 단합과 지역 전통을 계승하는 모습으로 생각할 수 있다.

노성두레풍장보존회와 함께 다른 단체가 많이 생겨나면서 노성두레

풍장의 전통을 근간으로 하여 여러 마을 단체가 있어서 논산시 자체가
두레풍장의 본고장임을 분명하게 하고 있다. 논산두레풍장의 진면목
은 이와 같은 마을 단위의 두레풍장패가 활성화되면서 본격화될 것으
로 보인다.

2. 논산의 문화적 유산: 놀메, 은진미륵, 논산두레풍장

논산을 일러서 지리적으로 항용 말하는 것이 있다. 그것을 논산은 비산비야(非山非野)라고 한다. 곧 산도 아니고 들도 아니라고 하는 말이다. 높지도 않고 얕지도 않으며, 조촐한 산들이 이어지면서 들 자락을 폭넓게 발전시킨 곳이 바로 논산이다. 논산의 전통은 이러한 곳에서 싹이 트고 자라났다고 할 수 있다.

논산의 문화적 유산은 풍부하고 다양하다. 유형문화와 무형문화가 적절한 선에서 아름답게 빛을 발하는 고을은 흔하지 않은데, 논산은 있음과 없음의 문화적 유산이 적절하게 균형을 갖추고 있는 대표적 지역 가운데 하나이다. 논산은 역사적으로 오랜 내력을 가지고 있으며, 그 경과는 『조선왕조세종실록지리지』와 같은 데서 자세하게 밝혀놓았다. 충청도의 공주목에 기반을 두고 은진현, 연산현, 이산현 등 차례로 지명의 내력, 경계, 성씨의 전통과 분포, 토산물의 면모, 대표적인 문화유적 등을 상세하게 기록하고 있어서 논산의 전통이 오래된 사실임을 분명하게 알 수가 있다.

그렇지만 이러한 기록에 안 나오는 것이 땅이름의 역사와 내력에 관한 것이다. 왜 논산이 되었으며, 논산의 토박이말이 무엇인가 하는 점에 대해서는 오리무중이다. 근대의 역사적 증언자를 통해서 논산에 대한 일부 역사와 구전적 증언이 전해지고 있을 따름이다. 논산의 지명어 가운데 놀뫼 또는 놀메라고 하는 것이 있다. 그리고 이 지역의 중요한 지명 가운데 하나가 황산이라고 하는 표현을 쓰기도 한다는 점이다. 이에 대한 언어적 경과와 내력은 아직 밝혀지지 않았으나 전하는 것에 의하면 이러한 말이 이 지역의 이해에 단서를 이룬다는 것을 알 수 있다.

논산을 다녀보게 되면 그다지 높지 않은 산들이 길게 연봉을 이루면서 작은 산맥을 형성하고 있고, 호와 천이 곳곳에 있는 것을 보게 된다. 산들이 작으면서도 이어지고, 들이 곳곳에 넓게 펼쳐져 있는 것이 주목되는 것이기도 하다. 여러 자료를 보게 되면, 화강암이 발달하면서도 지형이 평탄하고 동북단에서 남북으로 길게 뻗은 것으로 차별침식화한 결과라고 하는 점을 증명하고 있다. 대략 300미터 내외의 구릉이 산재해 있는 것이 구릉지대를 형성하고 있음이 확인된다. 노성천, 연산천, 공주천 등이 금강으로 유입하면서 비옥한 논산평야와 연산평야를 이루고 있다고 전한다.

놀메 또는 놀미, 놀뫼 등으로 지칭되는 점을 어떻게 이해할 것인가 하는 의문을 가지게 된다. 그리고 황산과 어떠한 관련이 있는가? 대부분 민간 어원설에 입각하여 이러한 과정이 해석되는 단서로 오용된다. 가령 계백장군이나 견훤의 묘 등에 얽혀 있는 설이 그와 같은 것이라고 할 수가 있을 것이다. 해명은 그럴 듯하나 과연 그러한지 깊은 고민이 생긴다. 그러한 고민이 얼마나 이 설에 무게를 실어줄 지 현재로서는 자신은 없을 것으로 보인다.

그렇다면 이를 다른 각도에서 의미를 가지도록 해석할 한 가지 방식이 필요하다. 놀메는 지형의 생김새에서 비롯되었으며, 쭉 뻗어 있는 지형의 형세 정도로 이해하는 것도 한 가지 이해방식이다. 산세와 들의 모습이 쭉 늘어져서 이어지는 형국에서 비롯된 말이 바로 늘메일 가능성이 있고, 느러메나 누릇메는 이러한 형편에서 비롯된 방언이다. 그러한 말을 통해서 우리는 논산이나 황산이 차자 표기의 방식대로 이어지는 것을 볼 수가 있다. 실제로 이러한 용례는 전국적으로 다양하게 발견되는데 경기도 안양시의 비산동, 대구광역시의 날뫼북춤의 날뫼, 경북 구미시의 비산동 등은 이와 같은 표기의 전형적인 예증이 된다. 논산이나 비산(飛山), 심지어 황산(黃山) 등과 같은 지역에 대한 사례는 이러한 표기의 전형으로 보아도 무방할 것으로 보인다.

　*느러메 또는 누릇뫼→늘메→놀메 또는 놀뫼→황산(黃山)→논산(論山) 등의 전개는 이러한 경과를 보여주는 전형적인 예증이 된다. 이러한 음운적 전개는 긴요한 것이기는 하지만 전통을 통해서 우리는 논산의 우뚝한 내력을 알 수가 있으며 이 전통에 입각하여 놀메의 전통이 확실하게 된 내력을 알 수가 있을 것으로 보인다. 시대마다 다양한 변천을 이룩하게 된 점을 이렇게 말할 수가 있을 것이다. 논산의 전통이 언어적 현상에 잠재되어 있으며, 더욱 중요한 것은 이러한 전통을 통해 논산이 살아 있는 지역임을 분명하게 한다는 사실을 알 수 있다.

　논산의 으뜸 유산은 바로 관촉사이고, 관촉사의 핵심 유산은 관촉사의 은진미륵이다. 관촉사가 자리 잡은 논산 지역에는 구전설화가 내려오고 있다. 그 가운데 흥미로운 것은 염라대왕의 설화이다. 비슷한 설화가 많지만 이 전설에 전하고 있는 본질은 핵심적으로 이해할 수가 있다. 예로부터 전해지는 것으로 논산 경관의 핵심을 드러내는 것이다.

　염라대왕이 저승의 지옥에서 기다리고 있다가 저승에 논산사람들이 오면 물어보는 말이 있다고 한다. "개태사의 가마솥"과 "강경의 미내다리” 그리고 “관촉사의 은진미륵”을 보았느냐고 묻곤 한다. 이에 대한 답변을 하면서 하나라도 본 적이 있다고 한다면 그것을 통해서 죄를 사해준다고 하니 이것에 단연 으뜸으로 꼽는 것이 바로 논산 제1경에 꼽히는 ‘은진미륵 부처님’라고 할 정도로 소중한 은진미륵이다.

논산의 대표적인 문화적 유산으로 우리가 관촉사 은진미륵을 말하는 것이 그다지 손색이 있는 것은 아니다. 은진미륵의 전통은 여러 각도에서 논할 수 있지만 근본적으로 백제 불교의 전통과 고려 불교의 전통이 만나면서 이룩된 결과임을 잊어서는 안 될 것이다. 불상의 양식이라고 하는 커다란 흐름이 있으며, 그것이 다분하게 본다면 고려불교에서 응집된 미륵신앙의 구체적 화현이고 상징의 표현이라고 하는 점에서 주목할 만한 것이라고 할 수가 있을 것이다.

관촉사(灌燭寺)는 본디 관족사(灌足寺)였으며, 반야산(般若山) 본디 반

약산(般藥山) 자락에 깃들어 있는 산사이다. 관촉사를 조성한 경위에 대해서는 여러 가지 구전설화와 문헌설화가 있어서 이 산사의 조성에 대한 경위가 매우 주목할 만한 것임을 분명하게 하고 있다. 은진미륵과 함께 이 산사의 조성에 대한 기본적인 면모를 알 수가 있는 여러 설화가 전승된다.

일차적으로 주목되는 점은 관촉사를 만들게 되는 특별한 신비체험이다. 신비체험은 매우 긴요한데, 한 여인이 경험하게 된다. 고려 광종 19년 서기의 969년에 사제촌의 한 여인이 반약산 서북쪽 골짜기에 고사리를 캐는데, 홀연히 어린아이의 소리가 들려서 이윽고 나아가 보니 땅 속에서 커다란 바위가 솟아나오게 된다.[1] 이 기록은 영조 19년인 1743년에 권륜(權倫)이 지은 것에서 전하고 있으므로 이 기록은 구전의 구체적인 기록이고, 이에 앞서서 이에 대한 기록은 목은 이색에 의해서도 전하고 있었던 것이므로 오랜 구전의 역사이며 전설임을 알 수가 있을 것이다.[2]

바위가 솟아나왔다고 하는 것은 각별한 일이고, 암석신앙의 전통이 깊게 흐르고 있다. 암석을 뒤엎고 신화의 전통을 찾는 것은 중요한 전

---

1) 權倫,『灌燭寺事蹟銘』. 稽古高麗光宗之十九年己巳沙梯村 女採蕨于盤藥山西北隅 忽聞有童子聲 俄而進見則有大石從地中聳出 心驚怪之(옛날을 상고하니 고려 광종(光宗) 19년 기사년(969)에 사제촌(沙梯村)의 여인이 반약산(盤藥山) 서북쪽 골짜기에서 고사리를 캐는데 홀연히 어린아이의 소리가 들려서 이윽고 나아가 보니 땅속에서 커다란 바위가 솟아 나오는 것이었다. 마음에 놀라고 괴이하게 여겼다.)

2) 李穡, 「灌足寺」,『牧隱藁』권24.
　　馬邑之東百餘里　　한산의 동쪽으로 백여 리쯤 되는 곳에
　　市津縣中灌足寺　　은진현이라 그 안에 관족사가 있고요
　　有大石像彌勒尊　　여기엔 크나큰 석상 미륵존이 있으니
　　我出我出湧從地　　내 나간다 나간다며 땅속에서 솟았다네

통이라고 할 수가 있을 것이다. 암석을 숭배하고 돌을 섬기던 전통이 이렇게 연결되어 있는 것임을 분명하게 하고 있다. 암석신앙의 전통 속에서 불교의 불상 설화로 급격하게 바뀌면서 이러한 전통이 드러난 다. 바위의 신앙적 흔적인 불교와 만나게 된 것은 매우 중요한 전환이 다. 그 경과의 일단을 찾게 되는 것이 사실이다.

목은 이색의 기록은 고려 우왕(禑王) 8년이니 서기로 1382년인데 그 이유는 미륵석상의 용화회를 주관하게 될 승려의 요청으로 연화문을 지어주고 자신의 어머니와 함께 왔던 기억을 회상하면서 단가를 지었 다고 하는데 전하고 있다. 이색이 용화회에 참석하기 위해서 고려 공민 왕(恭愍王) 12년인 1363년에 이곳을 방문한 적이 있다고 하는 점을 밝히 고 있다. 그로부터 다시금 19년이 흘러서 이곳에 재방문하면서 남긴 기록이므로 매우 의미 있는 것이라고 하지 않을 수 없다. 허망한 심사 를 기억하면서 지은 것에서 은진미륵의 조성 경위에 대한 기록이 일부 남아 있어서 이 전설이 아주 오래된 것임을 말하고 있다.[3]

이러한 구전설화의 요점을 어떻게 이해할 것인가 근본적인 의문이 적지 않다. 아이의 울음소리를 체험한 것과 고사리를 캐러간 여인을 어떻게 볼 것인가 하는 점이 조성 경위에서 핵심적인 문제를 제기하고 있다. 고사리를 캐다가 아이의 울음소리를 들었음이 요점이다. 이러한

---

3) 이색, 같은 글. 僧有辦來壬戌歲灌足寺彌勒石像龍華會者 求緣化文 旣筆以與之 因記 舊日陪慈堂自鎭浦浮舟而上 獲與是寺法會 癸卯冬 降香作法 皆如夢中 作短歌以記之 (임술년에 있을 관족사(灌足寺) 미륵 석상(彌勒石像)의 용화회(龍華會)를 주선해 온 한 스님이 나에게 연화문(緣化文)을 지어 달라고 요구하여 이미 그 글을 지어 주고, 인하여 옛날에 내가 자당(慈堂)을 모시고 진포(鎭浦)에서 배를 타고 올라오다가 이 절의 법회(法 會)에 참여하게 되었던 일과 계묘년 겨울에 향(香)을 내려 법회를 열게 했던 일이 모두 꿈결처럼 기억이 나므로, 단가(短歌)를 지어서 그 사실을 기록하는 바이다.)

신비체험은 춘궁기에 벌어지는 신비한 내력인 셈이다. 아이가 울음소리를 낸다고 하는 점은 주목할 만한데, 이는 영험한 인물을 가지고 있는 존재의 체험이라고 할 수가 있다는 점에서 주목할 필요가 있다. 과거 〈수로왕신화〉에서 이와 같은 인물의 출현을 말하는 것을 우리는 체험할 수가 있을 것이다. 구지봉에서 신을 맞이하는 영신군가를 부르고 하던 전통을 잊지 말아야 할 것이다.

그런데 더욱 주목해야 할 것은 여인이 들었다고 하는 〈관촉사사적명〉과 목은 이색의 전승에 심각한 차이가 있음이 드러난다. 이색은 이러한 내력을 다르게 전하고 있다. 산 속의 존재인 미륵존이 내가 나간다고 했으므로 다른 표현이다. 아이의 울음소리를 들은 것과 이와 달리 미륵이 직접 나오겠다고 하는 것은 상이한 전승의 기록일 가능성이 있다. 미륵이 나온다고 하는 것은 불교식의 전승이 달리 정착하며 변이된 것으로 보아야 할 것으로 보인다. 이색이 눈처럼 흰돌이 나왔다고 했으므로 암석의 줄현이 요점이다. 과연 그 미륵존상이 바로 나왔을 것에 의문이 적지 않다. 그러므로 아이 울음소리를 듣고 나왔다고 하는 것이 적절할 것으로 보인다.

여인의 영험한 체험은 혼자 간직될 수 없는 것이다. 이러한 사실을 다른 사람에게 발설하니 이 인물이 바로 여인의 사위였다고 하며, 그러한 전언을 신중하게 판단하고 관료들이 백관회의를 하고 불상의 조성을 하라는 전언으로 알고 이를 조성한 것이 가장 소중하다고 할 수가 있을 것이다. 고려 조정에서 이를 조성하기 위해서 상의원에게 명하면서 전국의 장인 백여 명을 구하고 이를 감역한 인물이 바로 승 혜명(慧明)이다. 승 혜명이 추천에 응하고 함께 조성한 경과가 37년에 걸쳐서 이 일을 하게 되었다고 전한다.[4]

　　설화는 이에 그치지 않고, 다른 편으로 이어지게 된다. 그것은 은진 미륵의 조성 자체가 세 개의 바위로 조성되어 있기 때문이다. 허리 아래와 허리 위 두 개로 조성되어 있다. 불상을 만들고서 이를 합체하는 과정이 지난한 일이었다. 이를 합치면서 어떻게 하나로 할 것인지 고민이 되었다고 전한다. 불상을 완공하고도 이를 합치지 못하는 것은 정말로 큰 문제였다고 전한다.

　　혜명이 연산 쪽에서 불상 머리를 완성하고 천여 명이 이를 끌고 왔지만 하단과 어떻게 합칠 것인지 용이한 일이 아니었다고 한다. 그런데도 불구하여 여의치 못했는데 혜명이 사제마을에 오게 되자, 그곳에서 아이 둘이 삼동불상을 만들고서 놀이를 하는데 이것을 유심하게 보니 하단의 몸체를 세우고, 가운데를 세우고, 마지막으로 머리 부분을 합치더라고 하는 것이다. 혜명이 이를 보고 크게 깨달아서 이렇게 하여 마침내 은진미륵상을 완성하는 묘리를 터득하게 되었으며, 같은 방식으로 조성하여 마감하게 되었다고 한다. 이 과정에서 아이늘을 나숭에 보니 동자들은 문수보살과 보현보살이었음을 분명하게 알 수가 있었다고 전한다.[5] 보살이 화현하고 아이나 여인으로 등장하여 모자라는 인물을

---

　4) 권륜, 『관촉사사적명』. 歸言其女婿婿 卽告于本縣 自官驤奏上達 命百官會議 啓曰此 必作梵相之兆也 令尙醫院 遣使八路 敷求掌工人 成梵相者 僧慧明應擧 朝廷擢工匠百 餘人 始事於庚午 訖功於丙午 凡三十七年也(그 사위에게 말을 하니 사위가 곧바로 관아에 고하고 관아는 조사하여 조정에 보고하였다. 백관에게 명하니 회의를 하니 아뢰기를 "이는 필시 불상을 만들라는 징조입니다."라고 하였다. 상의원(尙醫院)에 명하여 팔도에 사신을 보내 널리 불상을 만드는 장인을 구하게 하였다. 승 혜명(慧明)이 추천에 응하고 조정은 장인 백여 명을 골라서 경오년(970)에 일을 시작하여 병오년(1006)에 일을 끝마치니 무릇 37년이 걸렸다.)

　5) 권륜, 『관촉사사적명』. 尊像旣具 欲安道場 遂千餘人 並力齊運而先頭 至連山地南村二十里 回名其村曰牛頭也 慧明 雖成神相而方以未立爲慮 邊到沙梯 有一雙童子戲造泥土 爲三同佛像 卽平地而先立其本 積沙土而次立其中 又如是而竟立其末 慧明熟視

깨닫게 하는 것은 흔한 설정이라고 할 수가 있을 것이다.

관촉사의 은진미륵이 완성되는데 37년이 소요되었으며, 온전한 것으로 자리를 잡았다고 전한다. 그 당시 이를 조성하고 이루어진 놀라운 이야기를 장엄하게 표현한 부분을 보면 그것이 얼마나 놀라운 것인지 아는 이가 적지 않았다. 가령 그 사실을 이렇게 그려놓았다. 크기와 신

大悟 欣然還來 一如其規 乃立厥像 盖童子 卽文殊普賢 化爲指敎云(불상이 이미 완공된 후 도량(道場)에 모시려고 하여 마침내 천여 명이 힘을 합쳐 옮겼는데 머리 부분이 연산(連山)땅 남촌 이십 리에 도착하자 그로 인해 마을의 이름을 우두(牛頭)라고 하였다. 혜명(慧明)스님이 비록 불상은 완성하였으나 세우지를 못하여 걱정하고 있었다. 마침 사제(沙梯)마을에 도착하자 두 명의 동자가 진흙으로 삼동불상(三同佛像)을 만들며 놀고 있었는데 평지에 먼저 그 몸체를 세우고 모래흙을 쌓은 뒤 그 가운데 다음을 세워 다시 이처럼 하니 마침내 그 마지막 부분도 세우는 것이었다. 혜명이 주의 깊게 보고는 크게 깨닫고 기뻐하였다. 돌아와서 그 규칙과 같이 하여 이에 그 불상을 세웠으니 동자는 바로 문수(文殊)보살과 보현(普賢)보살이 현신(現身)하여 가르침을 준 것이라고 한다.)

앙민들이 어떻게 이를 받아들였는지 명확하게 기록하였다. "불상의 신장은 55척 5촌, 둘레는 30척이고 귀의 길이가 9척, 눈썹사이가 6척이며 입의 지름은 3척 5촌, 화광(火光)이 5척이다. 관의 높이는 8척이니 큰 덮개는 넓이가 11척이고 작은 덮개는 6척 5촌이다. 작은 금불은 3척 5촌이고 연화(蓮花)의 가지는 11척인데 혹은 황금을 칠하고 혹은 붉은 구리로 장식하였다. 이에 사방에 풍문이 퍼져 만백성이 구름처럼 모여들어 공경히 예불하는 사람이 마치 시장과도 같았으므로 그 앞에 흐르는 냇물을 이름하여 시진(市津: 시장나루터)라고 하였다. 세우기를 마친 뒤에 하늘에서 큰 비가 쏟아져 불상을 씻어 주었고 상서로운 기운이 가득하게 서려 100일을 지속하였다."[6]고 전한다.

그렇지만 여기에 부가되는 설화가 더 있어서 신성한 모습에 대한 내력이 전하는 것을 발견할 수 있다. 가령 관족사라고 하는 절의 이름이 관촉사라고 전하는 것에 주목할 만한 이야기가 더 있다. 미간에 있는 옥호의 광채를 보고서 찾아온 중국 스님인 지안이 하늘의 기운을 따라서 여기까지 왔다가 예를 올리고서는 "가주에 큰 불상이 있어서 역시 동쪽을 향해 서 있는 광명이 있는 때에 서로 호응하였다."라고 하면서 관촉이라고 하는 절의 명징을 지었다고 전하기도 한다. 관족사(灌足寺)가 관촉사(灌燭寺)로 바뀐 것은 이 때문이다. 이러한 일이 있고 나서 상서로운 기운이 이따금씩 나오게 되고 허공

을 꿰뚫어 나오는 빛을 공경하지 않은 사람이 없었다고 하므로 이 은진

---

6) 권륜, 『관촉사사적명』. 佛像 身長五十五尺五寸 圍三十尺 耳長九尺 眉間六尺 口角三尺五寸 火光五尺 冠高八尺 大盖 方廣十一尺 小盖 六尺五寸 小金佛三尺五寸 蓮花枝十一尺 或塗黃金 或飾紫金 於是乎 ⃞方風聞 萬姓雲集 敬禮者如市故 名其前流曰市津也 立畢 天雨大注 洗滌體像 瑞氣盤鬱 至三七日

미륵의 귀한 점이 여기에서 나오는 것을 볼 수가 있다.[7)]

더욱 흥미로운 것은 이 불상의 영험담이 지속적으로 이어졌다는 점이다. 이 미륵이 특정한 시기에 난리가 나자 그 난리에 몸소 갈개 삿갓을 쓴 중으로 변하여 옷을 걷고 강을 건넜다. 이때 강물이 얕은 곳인 줄 알고 당나라 적병이 물에 빠져서 죽은 자가 숱하게 많았다고 한다. 당나라의 장수가 이에 칼로 그 삿갓을 내려치자 불상의 관도 잘려져 표식이 남아 있다고 전하기도 한다. 영험함이 인격적인 중으로 화현하여 그 영험함을 드러낸 전형적인 설화로 보인다. 국가가 태평하면 온몸이 윤택하여 빛을 내면서 상서로운 기운이 서리고, 이와 달리 재앙과 난리가 있게 되면 은진미륵의 몸에서 땀이 나고, 동시에 손에 쥔 꽃에 빛이 없어지기도 하므로 조정에서 관리를 파견하여 축문을 올리면서 정성을 들였다고도 한다.[8)]

은진미륵이 땀을 흘리면서 재앙을 경고한 이야기는 단순하게 그치지 않고 이 기록이 작성되기에 앞서서 목은 이색의 기록인 단가의 시에서도 상세하게 전하는데 내용이 간절하다. 이색이 말하기를 결국 나라의

---

7) 眉間玉毫之光 照曜乾坤 內中國僧智眼 望氣從來而禮之曰嘉州 有大像 亦東向而立 光明同時相應云 名以觀燭也 自是之後 祥瑞之氣 時從梵相出 直透半空外 八表縞素之 徒 一邦貴賤之輩 無不敬奉焉者(미간에 있는 옥호(玉毫 : 부처의 미간에 있는 흰 털)의 광채는 온 천지를 환하게 비추었으니 중국의 스님 지안(智眼)이 하늘의 기운을 살피고는 그 빛을 따라서 예를 올리고는 "가주(嘉州)에 큰 불상이 있어 역시 동쪽을 향해 서 있는데 광명이 같은 때에 서로 응하였다."라고 하여 관촉(灌燭)이라고 이름 지었다. 이 이후로 상서로운 기운이 때때로 불상에서 나와 곧바로 허공을 꿰뚫어 온 세상 밖으로 가니 승려의 무리나 온 나라의 귀하고 천한 무리들이나 공경하여 받들지 않는 자가 없었다.)

8) 권륜, 『관촉사사적명』. 昔在唐亂 賊兵至鴨綠江 此像 化爲芦笠 僧褰衣渡江 衆知其淺 驅入水中 溺死者過半矣 唐將 以釖擊之 斷其笠子而所戴盖冠自尒 破缺其標 宛然可知 其爲旺之誠 國家太平則滿身光潤 瑞氣盤空 凶亂則遍體汗流 手花無色 朝廷遣官祝辭 曰敬設消災旺泰民安云云

군신을 경계하는 방식으로 미륵이 땀을 흘리기도 하고, 동시에 나라의
변방에 일이 있을 때면 그곳에 가서 소지를 올리고 향을 태우는 일이
있었다고 한다.9) 나라의 호국사찰 노릇이나 비보사찰과 같은 기능을
했음을 전하고 있다. 『조선왕조실록』 태종실록에도 실려 있으므로 결
단코 허언은 아니리라고 본다.10) 그 점에서 매우 주목할 만한 자료가
전하고, 은진미륵의 영험이 대단한 것임을 알려주는 기록이 곳곳에 전
하고 있는 점이 확인된다.

관촉사의 은진미륵은 그 내력이 오래고, 동시에 깊은 전통에 입각하
여 전승되는 것이기는 하지만 이러한 전승을 통해서 주목할 만한 가치
를 가지고 있음이 사실이다. 관촉사의 전승이 말해주는 것은 오로지
한 가지이다. 그것은 아이와 같은 신심을 강조하는 것이고, 미륵하생신
앙에 입각한 지상의 용화회를 구현하려는 이상이 이렇게 전승되는 것
임을 말하고 있는 것이다. 그러한 점에서 관촉사의 은진미륵은 주목할
만하다. 백성들의 아이와 같은 모습, 문수나 보현보살이 아이로 화하
여 전하는 것, 관음보살이 미륵보살로 둔갑한 것 같은 현상은 논산의
문화적 특성을 보이고 있는 것이라고 할 수가 있다.

---

9) 時時流汗警君臣   때로는 땀 흘려 군신을 경계도 시키는데
   不獨口傳藏國史   구전만이 아니라 국사에도 실렸고 말고
   癸卯仲冬邊報急   계묘년 동짓달엔 변방의 경보가 급하여
   我又降香馳汲汲   내가 또 향을 받아서 급히 달려가면서
   一張白紙上所署   한 장의 흰 종이에 상께서 서명한 것을
   掛向指間吾感泣   내 손가락 새에 쥐고 매우 감읍했는데
   兇人敗走朝著淸   흉인들이 패주하고 조정이 청명해지니
   至今歌詠先王明   지금도 선왕의 명철함을 다 노래한다네
10) 『태종실록 24권』, 태종 12년 10월 23일 을해 2번째 기사 1412년 명 영락(永樂) 10년
   "忠淸道 德恩縣 灌足寺石佛汗 自申時至亥時"

관촉사의 은진미륵은 본래 관음보살이었을 것으로 추정되는데, 나중에 일정하게 양식적 변화를 거쳐서 특별하게 변형된 것임을 우리는 재인식해야 한다. 그러나 관음사와 같은 미륵보살신앙의 흔적이 이곳에만 있는 것은 아니다. 가령 논산 상불암의 미륵불, 부여의 대조사와 같은 곳에서도 동일한 불상의 흔적이 있고, 충남 홍성군 홍북면 상하리의 용봉산 상하리의 미륵불과 같은 곳에서도 불상의 양식적 흔적이 일치한다는 것이 일부 전해지고 있다.

이 불상들의 공통점은 곧 비대칭이다. 머리에 정방형의 관모를 쓰고

논산 상불암 석미륵

홍성 상하리 미륵불

부여 대조사 미륵석불

대체로 비율이 맞지 않는 위와 아래의 면모를 보인다. 터무니없이 투박하고 상하좌우의 기이한 비대칭이 이 작품의 요점이라고 할 수가 있다. 그것이 이 예술품의 진정한 면모이고, 고졸한 맛을 내는 대표적인 한국의 미륵불상으로 양식화한 것으로 보인다.

이들 불상의 전통이 충청남도 지역에 파다하게 전하는 것에 필연적인 곡절이 있을 터이지만, 왜 이러한 전통 속에서 미륵신앙과 이 신앙에 근거한 미륵불이 많이 존재하는지는 장차 연구해야 할 과제 가운데 하나라고 할 수 있을 것이다. 불상의 전통은 사상사적 배경이 됨을 인식하는 근거가 될 것이고, 이러한 것을 통해서 우리는 새로운 전통, 논산두레풍장의 전통과 만나는 간접적인 계기가 될 것으로 보인다.

이제 논산두레풍장이 어떻게 이들과 관련이 되는지 알아보는 일이 중요하다. 논산두레풍장의 음악적 성격이나 이들이 하는 행위를 보고 있노라면 아이들과 같은 모습으로 신명의 극치를 끌어올리는 것을 볼 수가 있을 것이다. 여기에서 우리는 이들의 신명놀이가 바로 관촉사의 뒤편산인 반야산을 끼고 벌어지는 신명놀이판을 중심으로 행해진다는 것을 이해하면 그렇게 거리가 있는 것은 전혀 아니라고 하는 것을 알 수가 있을 것이다. 충청남도의 농악에서 가장 중요한 깃발은 용당기 또는 용대기이다. 용은 미륵의 화현이고, 미륵신앙의 사상적 근거가 용과 관련되는 점을 흔하게 볼 수가 있다. 용은 물과 깊은 관련이 있으며, 물의 화현이 바로 미륵신앙의 언저리를 이룩하고 있다.

이들이 내는 소리는 신명의 바탕에서 나오는 소리이다. 그것은 신명의 근원이 안에 있는 것이고, 아이들의 울음소리처럼 신명나고 자신의 존재를 알리는 것이다. 결국 이색이 전하고 있는 것이나 권륜이 지은 기록에 남아 있는 것의 요점은 바로 이와 관련되는 것이다. 자신을 알리고자 하는 소리, 자신의 신명을 한껏 고조시키면서 울부짖는 소리가 바로 논산두레풍장의 모습이 될 것으로 보인다. 아이처럼 깨끗한 소리를 통해서 우리는 위대한 풍장의 전통, 논산의 자랑과 자부심 등을 만나게 되는 것이 가장 소중하다고 할 수가 있을 것으로 보인다.

이에 대해서 말한 박용래의 시 역시 공감이 가는 바가 크다. 산뜻한 발상으로 논산 지역 출신답게 작품의 묘미를 살리면서 논산두레풍장의 진정한 모습을 연결한 시작의 솜씨가 단연코 돋보인다. 박용래의 동시 〈풍각장이〉를 살펴볼 필요가 있는 이유도 여기에 있다. 기발한 착상과 작품의 이면에 여러 가지 전래동요를 넣고 읽어보면 이 작품이 무엇을 말하고자 하는지 명확하게 알 수가 있을 것이다. 작품의 전문이다.

은진미륵은
풍각장이
솔바람 마시고
댓잎피리 불드래

진달래철에는
진달래 먹고
국화철에는
국화꽃 먹고
동산에 달 뜨면
거문고 뜯드래

아득한 어느 날
땅속에서 우연히

솟아오른 바윗덩이
꽹과리 치고 북 치고
솟아오른 바윗덩이
혜명대사 예언으로
미륵불이 되드래

아득한 어느 날
땅속에서 우연히
솟아오른 바윗덩이
꽹과리 치고 북 치고
솟아오른 바윗덩이
혜명대사 예언으로
미륵불이 되드래

꼬부랑 할머니
꼬불꼬불 찾아와
우리 아가 몸에서
향내 나게 하소서
우리 아가 몸에서
향내 나게 하소서
사흘 밤 사흘 낮을
미륵불에 빌었더니
아가 몸에서
향내 나드래
논두렁 우렁이
몸에서도 나드래

까마귀떼
소리개떼
푸득푸득 날아와
어깨랑 이마에
하얀 똥 갈겨도
은진미륵
큰 관 쓴 채
큰 관을 쓴 채
끄으덕 끄덕
웃드래 웃드래

지금은 논산군
은진면
관촉리에
장승처럼 섰지만
호남벌판 굽으며
동양 제일 석불이
은진미륵일 줄이야
나그네도 모르드래

이끼 낀 관촉사
쇠북종만 알아서
천년을 모시드래
천년 두고 모시드래

들러리 골짜기
산수유도 알아서

　산수유꽃 봄마다
　은진미륵 에워싸고
　제일 먼저 피드래
　제일 먼저 피드래.
　　　　　　　　　－〈소년한국일보〉 1979년 8월 11일

　은진미륵에 대한 이야기는 여기에 그치지 않는다. 이 세상에 가장 완전한 것은 없다고 하는 아이들의 이야기 속에서도 은진미륵은 생생하게 살아 있다. 가령 〈두더지의 혼사〉와 같은 작품에서 보이는 것은 그러한 전통적인 것들이 얼마나 동심과 만나고 있는지 생생하게 보여준다. 위에서 은진미륵을 풍각장이라고 하더니 이 은진미륵을 무너뜨릴 수가 있다고 하는 것도 그러한 것의 이면을 말하는 것이라고 하지 않을 수 없다. 방정환이 지은 〈두더지의 혼인〉이라고 하는 작품의 서두와 결말을 보게 되면 은진미륵이 긴요한 구실은 하는 것을 볼 수가 있다.

　　저－충청도 은진이라는 시골에 은진 미륵이라는 굉장하게 커다란 미륵님이 있습니다. 온몸을 큰 바위로 깎아 만든 것인데 키가 육십 척 칠촌이나 되어서 하늘을 찌를 듯이 높다랗게 우뚝 서 있습니다.
　　그 은진미륵님 있는 근처 땅속에 땅 두더지 내외가 딸 하나를 데리고 세 식구가 사는데 그 딸의 얼굴이 어떻게 어여쁘고 얌전하게 생겼는지 이 넓은 세상에 내 딸보다 더 잘생긴 얼굴이 또 있으랴 싶어서 이렇게 천하 일등으로 잘생긴 딸을 가졌으니 사위를 얻되 역시 이 세상 천지 중에 제일 높고 제일 윗자리 가는 것을 고르고 골라서 혼인을 하리라 하고 늘 그 생각만 하고 있었습니다.

〈… 중략 …〉

『이 세상에 제일 무섭고 제일 잘난 것은 역시 우리 두더지밖에 없구나』 생각하고 곧 그 은진미륵님 밑구멍에 산다는 두더지를 찾아가 보니까 아주 젊디젊은 잘생긴 사내(男) 두더지였습니다. 그래서 혼인 이야기도 손쉽게 어우러져서 곧 좋은날을 가리여서 혼인 잔치를 크게 차리고 그 잘생긴 딸을 젊은 두더지에게로 시집보내었습니다. 잔치도 즐겁고 기꺼운 속에 무사히 치르고 이 젊고 잘생긴 두더지 신랑 색시는 복이 많아서 오래도록 오래도록 땅속에서 잘 살았답니다.

이 세상에 가장 강한 것은 내면에 있는 것이고, 가장 신명나는 것 역시 내면에 있는 것이다. 우리는 이러한 신명을 이따금씩 잊곤 하는데 논산의 신명을 만나게 되는 것이 두레풍장 이해의 첩경이다. 많은 문인들이 논산 관촉사의 은진미륵을 기리는 것에 이유가 있다. 그것이 영험하거나 위대한 인간의 사상적 창조이기 때문이기도 하지만 아이처럼 깨끗한 마음을 주게 되는 이 음악의 힘이 바로 세상의 신명을 공유하고 이어지게 한다는 점에서 가치가 있는 것임을 분명하게 하고 있다. 논산두레풍장이 의식의 중심에 있고 농투산이들이 가장 바라고 기린 음악임을 다시 강조할 필요가 있다. 논산두레풍장을 보고 있노라면 왠지 이들이 동자들이 돌을 가지고 노는 모습을 연출해내는 것과 같음을 인정하게 된다.

3. 논산두레풍장의 노름마치

    논산지역에 여러 두레풍장패들이 있다. 논산두레풍물이라고도 하는데 이와 같은 패들이 많은 것이 일단의 역동적인 증거를 말해주는 것이라고 할 수 있다. 두레풍장의 진정한 가치를 알려주는 것이 단체가 많다고 하는 점이다. 단체가 많기 때문에 성이 가시는 일은 되지 않는다. 그것은 새로운 가능성을 내포하고 있으며, 잘만 다스리게 된다면 엄청난 에너지로 변화할 수 있는 가능성을 가지게 된다. 그 점에 있어서 이들의 내력을 보여주는 요점적인 증거를 우리는 도외시할 수가 없을 것이나. 논산 지역의 두레풍상 단체를 정리하여 일목요연하게 보이면 다음과 같다.

번호	단체 이름	주요 인물 및 활동 내용
1	논산시전통두레 풍물보존회	2016년 3월 5일에 개소식을 하고 본격적인 활동을 하는 단체이다. 본래 이 단체는 광석두레풍물단을 근간으로 하여 형성된 것이다. 주시준이 이 단체를 이끌고 있으며, 주요한 연희자 가운데 한 사람이 윤종만과 같은 인물이 있다. 전국적인 활동을 하면서 다양한 행사에 참여하여 개가를 올리고 있다. 정기적인 발표를 가을철에 하면서 한껏 기량을 닦고 있다.
2	논산연합두레 풍물보존회	원래 이 단체는 1980년대를 배경으로 생성되었다. 이 단체는 여러 두레풍장패들을 규합하고 일관되게 회원을 늘리려는 방식으로 시작하였다. 한 달에 한 번씩 정기적으로 행사를 하고 있으며, 임시적인 구성원을 통하여 필요한 행사에 나가는 방식으로 운영하고 있다. 탁월한 쇠꾼과 치배들이 있어서 이들의 노력이 이 단체의 음악을 빛나게 하고 있다.

3	노성두레풍장 전승보존회	이 단체는 노성면의 두레풍장을 중심으로 하여 활동하는 단체이다. 논매기와 같은 것을 재현하고 행사를 하면서 놀이를 벌이는 것이 기본적 특징이다. 이들의 역량과 기량은 대단하다. 전국대회에 나간 바 있으며, 노성면의 두레풍장을 근간으로 하여 새로운 작업을 했던 전례가 있다.
4	논산교육풍물 두드림	논산 지역의 교육자들을 근간으로 하면서도 여러 단체들이 함께 놀이를 하면서 다양한 사업을 하고 있는 점이 확인된다. 특히 학교 교육을 담당하는 교육자를 중심으로 여러 가지 놀이와 교육 사업을 하고 있으면서 두레풍장의 전통을 확대하려고 하는 점에서 주목해야 할 단체 가운데 하나라고 보인다.
5	논산두레풍장	인터넷을 검색하여 보면, 논산두레풍장이라고 하는 단체를 결성하고 회원명부를 확인할 수가 있지만 구체적으로 어떠한 활동을 하는지 알 수가 없다. 아마도 특정한 지역을 중심으로 해서 놀이를 하고 회원을 늘려가면서 활동하는 단체로 짐작된다. 두레풍장의 회원이 많은 것으로 보아서 어떠한 일을 하던 집단이 아닌가 하는 추정을 할 수가 있을 것으로 보인다.
6	논산지역 주민 풍물패	논산 지역을 중심으로 하여 여러 단체를 결성하고 풍물을 하는 단체이다. 그런데 두레풍장만은 아니고 여러 가기 농악을 함께 연주하는 것으로 보인다. 이들 단체는 논산시읍면동 풍물경연대회를 중심으로 활동한다. 현재 제7회 대회가 있었으며, 취암동(국악전수관), 양촌면(양촌풍물단), 연합팀(황산풍장놀이), 은진면(은진득안 풍물패), 연산면(연산풍물단), 부창동(황산벌 노인풍장단), 노성면(노성 주민자치 농악교실), 상월면(상월 주민자치센터 풍물단), 광석면(광석 두레풍물 교실), 성동면(성동면 농악회)이 있다.

이로써 본다면 논산지역의 두레풍장패는 다소 많은 것으로 추정된다. 이들이 단체에서 논산두레풍장의 전통을 활용하여 단체를 이룩한 것은 아니지만 이들의 가락과 내용은 의미하는 바가 매우 크다고 할수가 있을 것이다. 이러한 단체를 배격하고 어느 하나를 독자적으로 옹호하게 되면 결국 편파성을 띠게 되기 때문에 두루하지 못하게 된다. 단체를 인정하고 각각의 특장을 살리면서 여러 가지 재주를 모으고 힘을 합쳐야 한다. 어느 글에 이른 바가 있다. 군자는 고루하면서 한 가지

가 아니고, 소인은 한 가지인 것처럼 굴지만 결국 고루하지 못하는 특징을 지니고 있다. 군자는 두루하면서 견주지 않지만, 소인은 견주기만 하고 두루하지 못하는 특성이 있다고 한 것과 맥락을 같이 한다.

논산의 두레풍장은 전통적인 것이고 사회적 공공재임을 명시할 필요가 있다. 공공재이므로 누구나 참여하면서 즐길 수 있는 것임을 인식할 필요가 있다. 누구나 참여하면서 이를 활용하고 함께 신명을 누릴 천부인권의 신명을 가지고 났음을 분명하게 하여야 한다. 누구나 즐기면서 이를 공공재로 활용할 수 있는 것은 제1의 층위라고 할 수가 있겠다.

사회적 공공재를 중심으로 하면서 다른 차원의 논산 두레풍장을 즐길 수 있는 것도 있다. 그것은 다른 것이 아니라 남다른 능력으로 신명을 끌어올릴 수 있는 탁월한 능력을 가진 이들도 존재한다고 하는 점이다. 신명이 남다르고 여느 사람에 견주어서 과하며, 그 신명을 기반으로 사회적 공공재를 문화유산적 관점에서 색다르게 바꿀 수 있는 이들도 있다. 단체를 결성하고 이를 이익단체화하는 것도 한 가지 방식이라고 할 수 있다. 이러한 태도가 제2의 층위라고 할 수 있다. 위에서 예거한 단체가 이와 같은 구체적인 예증이다. 신명의 남다름을 인정하고 이익을 위해서 이합집산하는 이들이 있을 수 있다.

사회적 공공재를 근간으로 하면서도 집단의 전통을 개인적 창조력이나 기술적인 연마력을 가지고, 이를 활용하면서 남다른 점으로 전환하는 것이 다음의 차원이고 새로운 층위이다. 이러한 능력을 가진 사람은 흔하지 않고, 이들의 창조력은 사회적 공공재 위에서 출발하여 한층 우리를 새롭고 놀라운 경이의 세계로 인도할 뿐 아니라 신명의 도가니로 흡입하여 녹여내는 남다른 면모가 있다. 이들이 최상위는 아니지만 현재까지 관찰한 이들로서는 가장 놀라운 능력을 가진 자들이라고 할 수가 있다.

이들을 무엇이라고 할 것인가? 논산 지역에서 태어났으므로 그곳에서 남다른 점을 가지고 신명을 자아내면서도 그 누구도 이를 수 없는 경지를 이룩한 이들이 분명하게 존재한다. 이들은 공통적으로 절대음감을 가지고 있으며, 이 절대음을 기초로 하면서 장단과 장단의 사이를 절묘하게 결합하면서 이들의 놀라운 능력을 새롭게 구현하려는 태도가 있음을 우리는 알게 된다. 평범하지만 결코 평범하지 않고, 비범하지만 결코 평범을 벗어나지 않는 이들의 능력을 우리는 무엇이라고 해야 할지 쉽게 규정하기 어렵다. 이 지역의 풍장 언어로 이른 바 노름마치 판굿, 노름마치 등에서 나오는 노름을 마치게 하는 잽이들이라고 억지로 이름지을 필요가 있겠다. 노름마치의 전통을 재현하는 이들이 곧 이들이다.

논산두레풍장의 노름마치가 전혀 색다른 존재는 아니다. 함께 어울

논산연합두레풍물단, 제주돌문화공원 설문대할망 축제의 공연 2018년 5월 18일

리면서도 어울림을 굳이 내세울 수 없으므로 이들은 외로운 존재들일
수 있다. 논산두레풍장패 가운데 논산연합두레풍물보존회의 몇몇 인
물이 이러한 노름마치의 전형을 보이고 있다. 김요덕, 김영수, 이충하,
김홍배, 남상빈, 송동의, 차영호 등이 이러한 인물이라고 할 수가 있을
것이다. 순간발생적인 음악, 절대음으로 박과 박, 장단과 장단을 품고
앗으면서 이들이 하나로 뭉쳐지는 것은 주목할 만한 현상이라고 할 수
가 있을 것이다. 다른 인물들이 이 축에 못 든다고 하는 것은 전혀 아니
다. 그렇지만 짜여진 가락과 장단 속에서 맵자하게 이루어지는 즉흥적
인 신명을 최고조로 이끄는 데 이들 인물의 활동과 내용은 긴요한 구실
을 한다고 할 수가 있을 것이다.

이들에 대한 소개를 하는 이유는 비교적 간결하다. 이들을 우연하게
만나서 이들의 음악에 스스럼없이 빠져들고, 이들에 대한 일정한 탐구
를 하게 되었다. 탐구라고 할 것도 없으며, 이들의 노력을 보면서 가장
놀라운 신명을 체험할 수가 있었다. 그것이 이늘을 소개하는 전부이다.
이들을 만나면서 놀라운 능력을 알게 되었고, 단순한 타악인 두레풍장
이 신비롭게 비약하면서 놀라운 것으로 전환하는 기쁜 신명 체험을 하
게 되었다.

❶ 김요덕(金堯德, 1946(甲申)년 2월 15일생)

김요덕은 천하에 으뜸가는 쇳가락을 구사하는 사람 가운데 하나이
다. 김요덕이 태어난 마을은 광석면(光石面) 천동리(泉洞里) 411번이다.
예전에 지역마다 마을마다 쇠를 잘 치는 인물이 있었는데 김요덕 역시
그러한 사람 가운데 한 사람이다. 아버지인 김성덕(金聖德)과 어머니인

김순덕(金順德) 사이에 6남매를 두었는데 그 가운데 장남이다. 김요덕은 최정이(崔貞伊) 와의 사이에 4남매를 두었다. 일찍이 서당 공부를 한 바 있는데, 14세에 20개월에 걸쳐 서 다녔다. 주로 신천자문과 구천자문 가운 데 신천자를 공부하고, 이어서 『啓蒙』, 『小 學』, 『明心寶鑑』 등을 공부하였다.

김요덕이 기억력이 총명하고 한문의 문 자 속을 가지고 유식하게 된 것도 이 때문이다. 그렇지만 집안이 가난 한 관계로 15세부터 지게를 지고 일을 배우기 시작하였다. 워낙 비상한 머리를 가지고 있어서 이때부터 일에 미립을 내게 되었으며, 아울러 문리도 터득하였다고 한다. 실제로 현재에도 못방고소리를 할 수 있는 기억을 가지고 있으므로 얼마나 일에 침잠하고 열심히 일을 했는가 알 수가 있다.

김요덕은 참으로 드문 인물이다. 김요덕은 글을 배운 것과 자신이 터득한 것, 그리고 여러 두레풍장꾼에게 쇳가락을 익히게 되었는데, 자 득한 것이고 어깨 너머로 듣고 배운 것이라고 하는 점을 분명하게 한 다. 가령 도굿대풍장꾼으로 알려진 조종삼, 장구가락이 나긋나긋하게 알려진 정창문 등에게 가락을 얻어들으면서 새롭게 가다듬었다. 절대 음감을 가지고 있으며, 가락을 빠르게 치면서도 장단과 장단을 건너뛰 는 특별한 능력이 있다.

김요덕의 쇳가락에 대한 자부심이 담긴 한 마디가 귓전을 울린다. 『명심보감』에 있는 말이다. "不恨自家汲繩短 只恨他家苦井深"(자기 집 타래박 줄이 짧은 것은 탓하지 않고 남의 집 우물 깊은 것만 탓하도다). 이 무슨

말인가? 쇳가락의 깊은 맛을 모르면서 왜 그렇게 치는가에 대해 말하
는 것에 대한 일종의 항변이다. 쇠를 이처럼 잘 칠 수가 있는가? 스스
로 잘 치지 못하면서 왜 남 탓을 하는가에 대한 일종의 비판이다.

쇳가락에 대한 엄정한 기준이 있으며, 두레풍장은 모름지기 어떠해
야 한다는 정신을 가지고 있다. 핵심적인 발언은 쇳가락과 장구가락,
북가락, 그리고 징가락이 마디마디가 분명하게 맞아 떨어져야 하고, 특
정한 대목마다 품고 앗으면서 가락이 나긋나긋하게 맞물려야 한다고
하는 기준을 가지고 있다. 그렇기 때문에 김요덕의 절대음감은 단순한
것은 아니고, 논산두레풍장의 가락을 이끄는 혼을 지니고 있다고 해도
지나치지 않다.

❷ 이충하(李忠夏, 1952(壬辰)년 2월 18일생)

이충하는 논산시 광석면 득윤리에서 태
어났다. 태어난 해는 호적과 달리 1949(己
丑)년 9월 1일이다. 아버지는 이건숙(李建
肅)이고, 어머니는 김용의이다. 슬하에 모
두 7남매를 낳았는데, 이충하는 삼남이다.
이충하는 김성순과 혼인하여 슬하에 1남2
녀를 두었다. 그리고 득윤리 방죽안에서
살다가 혼인을 하면서 제금을 나와 현재
용산절이라고 하는 곳에 주거하고 있다. 광석국민학교를 졸업하고, 논
산기민중학교를 졸업하고, 논산농업고등학교를 졸업한 뒤 군대에 다
녀와서 현재까지 농사에 종사하고 있다.

이충하가 두레풍장과 만나게 된 사연은 모두 집안의 내력으로 말하는 것이 더 적절한 것이다. 이충하의 아버지께서 쇠를 잘 다루었으며, 득윤리를 대표하는 인물이기도 하였다. 워낙 아버지가 점잖고 한학을 하고 사람들을 가르친 경험을 가지고 계셔서 다른 고장에 출타하지 않고 오로지 동네에 거주하면서 토박이 두레풍장꾼으로 살아낸 셈이다. 바로 이충하가 듣고 자란 두레풍장의 대물림 과정이었다.

어른들 앞에서 이충하가 가락을 연주하고 이를 치게 되면 동네 어들들의 칭찬을 한 몸에 받았다고 하니 얼마나 자랑스러운 일인지 쉽사리 알 수가 있다. 이충하가 장구 가락을 내는 솜씨는 어마어마하다. 절대 음감을 가지고 있으며, 장구 가락에 있어서 마디마디마다 쇳가락을 품고 안으면서 주고받는 풍장 가락으로서는 둘째가라면 서운한 일이 될 것이라고 말을 하곤 한다.

김요덕 쇠꾼과 20여 년 전에 만나서 현재에 이르고 있다. 둘이 이루는 쇳가락과 장구가락의 절묘함은 신명의 극치, 누구도 이를 수 없는 가락의 멋을 한껏 자랑하고 있다. 이들이 내는 가락은 비교적 단순하게 몇 가지 안 되는 가락인데 이를 치면서 거의 절대적으로 고수의 경지에 상승하곤 한다. 북과 징이 내는 빠르기를 기준으로 장구가락이 궁편과 채편을 넘나들면서 오고가는 모습은 저절로 신명을 자아내곤 한다. 슬 글슬금 가락을 치면서 주고받으면서 몸을 놀리면서 가락이 풀어지는 것을 보게 되면, 평범을 벗어나서 비범에 이르는 신명의 도가니를 맛보게 한다.

이충하는 스스로 자득한 가락이다. 타고난 바가 있다고 하는 것도 사실이지만 가락을 연주하면서 스스로 궁리하고 창조한 결과가 이러한 놀라운 가락으로 발전하였다고 하는 점을 볼 수가 있다. 이충하가 치는 가락의 모습은 한결같은 것이 없다. 발을 부드럽게 놀리면서 굼실거리는 사이에 궁채가 궁편과 채편을 넘나들면서 마디와 마디를 맺고 건너 뛰면서 쇳가락과 조화를 이루는 것은 매우 특별하다고 하지 않을 수 없을 것이다. 그러한 점에서 본다면 이충하의 가락은 각별한 의미를 가지고 있다. 장터풍장이나 사물놀이의 사치가락이 아닌 남다른 장구 가락을 만들어내는 것은 뒷궁에 의한 수직상승의 면모를 자아내고 있기 때문이다. 어디에서 이와 같은 가락을 찾을 수가 있을 것인가?

❸ 남상빈(南相斌, 1945(乙酉)년 5월 5일생)

남상빈은 노성면 하도리 의령 남씨 집성촌에서 태어났으며 본디는 甲申生(1944)인데, 호적에는 乙酉年으로 되어 있다. 남상빈의 남씨 가문 전통에 의해서 백부인 남성희(南聖熙)에게 출계하여 양자로 가게 되었다. 본디 생부는 남익희(南益熙)이고, 생모는 도순임이었다. 백모는 이씨였는데 양자로 출계되어 어려서 일찍 사망하였다고 한다. 남상빈은 이후에 이희경과 혼인하여 슬하에 1남 2녀를 두었다.

남상빈은 노성국민학교를 졸업하고 논산중학교를 나와서 서울에 있는 경복고등학교를 졸업하고 서울대학교 상대 상학과를 나와서 ROTC로 임관하고 제대한 뒤에 삼성물산에 1972년 11월에 입사하고 1998년 8월에 퇴사하여 26년간 회사원으로 근무한 바 있다. 논산의 수재로 알려진 인물이고, 가장 빛나는 엘리트 코스를 밟은 인물이다.

그렇지만 그러한 이력에도 불구하고 그는 남씨 집성촌에서 보고 자라면서 들은 하도리 두레풍장의 신명을 한시도 잊은 적이 없다. 사람이 가지고 있는 기본적 신명을 인정하고 사람 누구나 가진 것들에 대한 깊은 애정을 가지고 있으며, 두레풍장에 대한 열정은 참으로 남다른 모습이다. 사람이 배우거나 배우지 못하거나 기본적으로 같다고 하는 전제를 잊지 않고 있음이 분명하다.

어렸을 때에 들었던 두레풍장의 근간을 이룬 인물들은 집성촌의 남씨 집안 문중 어른들, 그리고 타성받이들의 전통적인 악기 소리를 잊지 않고 있다. 장구 가락을 두레풍장으로 잘 하던 어른들이 곧 남배희, 남면희, 이은우 등이었고, 쇳가락을 잘 치던 어른이 바로 강신덕, 임근수 등이 있으며, 이 가운데 임근수 어른은 생존하고 있다고 전한다.

항상 자부하곤 한다. 두레풍장의 전통은 치우침이 없는 것, 기본적인 가락을 받쳐주는 징도 예외일 것이 없다고 한다. 그렇기 때문에 편견 없는 그의 태도가 결국 징소리나 북소리에 소박하게 묻어난다. 층차가 높낮이가 없는 것이 곧 두레풍장의 진정한 면모이다. 남상빈은 논산연합두레풍물단의 회장직을 맡아서 성실하게 단체를 이끌고 있다. 두레풍장이 하나로 합쳐져야 한다고 하는 점을 분명하게 하고 있다. 그 점에서 남상빈 회장의 리더쉽은 현저하게 차이가 있는 것이다.

❹ 김홍배(金洪培, 1954(甲申)년 3월 3일생)

김홍배는 1954년 3월 3일 공주군 탄천면 덕지리 송정골에서 태어났다. 아버지는 김봉진(金鳳鎭)이고, 어머니는 이봉석이다. 덕치국민학교를 졸업하고 중학교에는 가지 못했다. 대략 15세에서 17세경에 두레풍장 가락을 듣게 되었다. 동네 어른들이 치
는 것을 보고 이를 모방하여 양철로 된 물
통을 두드리면서 가락을 익혔다고 한다.
17세 무렵부터 지게질을 하고 품앗이를 하
러 다니면서 본격적으로 풍장을 접하게
되면서 이를 신명의 원천으로 삼았다.

공주 탄천이라고 하는 곳은 두레고지로
유명한 곳인데, 이 고장에서 아랫가절 조
원복의 장구가락을 들을 수 있었고, 김순배의 동네 두레풍장 가락을
들었으며, 동시에 상쇠의 소리로는 최영환 어른에게 쇳가락을 익혔다
고 하였다. 그리고 2009년도에는 광석풍물단에서 윤종만의 장구가락
을 익혔다고 전한다. 특히 탄천의 장승제에서 넉넉하고 푸짐한 가락을
익힌 것으로 되어 있다.

김홍배는 자신의 생처인 공주 탄천을 버리고 부여로 이주하였다. 친
구가 함께 살자고 하여 정든 고향을 떠나서 부여에 정착하였다. 그런데
이곳에서 친구가 얼마 못가서 죽게 되었으며, 고향과 친구를 잃어버리
는 불운을 겪었다. 그런데도 김홍배는 두레풍장에 깊은 맛을 잊지 못해
서 여러 곳에서 장구를 배우고 가락을 치는 일을 하게 되었다. 어린
나이에 장구를 칠 때에 자신의 소리를 높이 평가하고 이를 칭찬하던
소리를 잊지 않았다.

최영환의 환갑잔치에서 장구를 치면서 풍장치는 사람으로 많은 격려
를 받았던 것을 잊지 않는다. 김홍배는 여러 곳에서 다니면서 장구를
치고 회원으로 경험을 하게 된다. 부여의 세도두레풍장, 부여의 초촌면
추양리 농악 등을 익히면서 그곳에서 회원 활동을 하게 되었다. 그 단

체에서 경험을 하지 못하다가 마침내 윤종만을 만나서 느리고 푸짐한 가락을 익혔다고 한다. 그의 가락에 윤종만과 같은 가락의 흔적이 강하게 남아 있다.

김홍배는 김요덕과 이충하를 만나서 논산시연합두레풍물단으로 활동하면서 이들의 가락과 조화를 이룩하고 있다. 그렇지만 이들의 가락이 원래의 윤종만 가락과 맞지 않고, 각인된 소리가 많이 희미하게 되는 점을 아쉬워하고 있다. 그렇지만 두레풍장의 일원으로 서로의 기쁨을 이룩하는 일은 본디부터 다른 것이라고 할 수 있다. 자신이 배우지 못했지만, 귀로 듣고 눈으로 배운 대로 두레풍장을 치면서 자신의 일상생화를 남다르게 살아가고 있다고 자부한다.

❺ 김영수(金泳守, 1945(乙酉)년 9월 9일생)

김영수는 1945년 9월 9일생이나 사실 원래 생일은 9월 5일이다. 태어난 곳은 노성면 두사리인데 원 마을의 이름은 물레고개라고 하였다. 마을 형상이 물레를 닮아서 이러한 이름을 지은 것이라고 한다. 그런데 면서기가 잘못 올리면서 생일의 착오로 현재 호적에는 9월 9일로 되었다. 김영수의 부친은 김홍복이고 어머니는 박봉춘이다. 두 분은 10남매를 두었으며, 김영수는 막내이다. 김영수는 이영희와 혼인하여서 4남매 1남3녀를 두었다. 노성국민학교를 나오고, 노성중학교를 나왔는데 가정 형편이 어려워서 학교를 모두 마치지 못했다.

김영수는 두레풍장에 남다른 관심을 가지고 있다. 현재 사는 곳은 논산시 노성면 두사리로 두레풍장을 겪으면서 이룩한 점에서 김영수는 평가할 만한 특징을 가진 인물이다. 김영수는 논산 노성칠형제두레메기를 하는 데서도 중추적인 구실을 하였고, 동시에 논산연합두레풍물단의 총무 구실을 하면서도 두레풍장을 알리는데 혁혁한 기여를 하였다고 할 수 있다. 마을 어른들인 윤석중이나 천명복과 같은 사람에게서 가락을 듣고 배웠다고 한다. 그리고 칠형제두레메기를 결성했다.

김영수는 북을 치는 신명을 가장 잘 아는 사람 가운데 하나이다. 북은 두레풍장의 북을 치면서 이를 두드리는 솜씨는 돌올하다. 두레풍장에서 가장 중요한 악기가 여럿이 있지만 북만큼 제 구실을 해야 하는 악기도 드문 형편이다. 김영수 역시 박을 잘 지키고 꽹과리와 장구가 잘 놀아날 수 있도록 기본 박을 징과 함께 연주해야 하는데 이를 형편대로 생생하게 해주는 인물은 흔하지 않다. 말뚝풍장 또는 제자리풍장에서 북이 요긴한 이유가 여기에 있다.

김영수는 사람들을 모으고 이를 독려하는데 있어서 남다른 친화력을 가지고 있기도 하다. 항상 사람들을 모으고 연락을 열정적으로 하기 때문에 논산연합두레풍물단이 유지되고 있다고 해도 과언이 아니다. 김영수에게 사람이 달려드는 데에는 이러한 성향을 가지고 있기 때문이라고 말하지 않을 수 없을 것이다. 김영수의 북가락이 살아나고 신명이 고조되면 쇠와 장구가 멋진 변체 가락을 연주할 수가 있었다.

김영수의 북가락은 몇 안 되는 훌륭하고 소중한 것인데, 그만 가락을 당분간 들을 수 없게 된 것을 가장 아쉽게 생각한다. 몸에 불편함이 생겨서 당분간 본격적인 참여가 어렵게 된 때문이다. 우리의 문화유산이 그렇게 사라지는 것을 가장 화급하게 막아야 하는데 어떠한 명분으로 이러한 일을 도모해도 세월의 침범 앞에서 어찌할 바를 모르겠다.

❻ 송동의(宋東儀, 1960(庚子)년 7월 7일생)

송동의는 아버지인 송석봉(宋碩奉)과 어머니인 김종희의 오남매 가운데 차남으로 출생하였다. 출생지는 논산시 부적면 아호리 돌못이라는 곳이다. 논산부적초등학교, 논산중학교를 거쳐서 검정고시로 고등학교를 마쳤다. 송동의는 원래는 사물놀이를 연마하고 사물놀이 주자로 주된 활동을 했다. 그가 거닌 길들을 보게 되면 그러한 자부심과 경력이 송동의를 가장 잘 말해주는 것이라고 볼 수가 있다. 송동의는 원광디지털대학교 전통연희학과를 수료하였다. 기간은 2011년에서부터 2015년까지 학습하였다. 그 곳에서 많은 전통예술과 전통문화를 공부한 것이 인생의 커다란 밑천이 되었으며, 이를 통해서 새로운 길로 접어들 수 있었다.

사물놀이와 같은 가락을 핵심적으로 익혀서 그것을 기량으로 삼아 대전에서 활동하였다. 그러다가 2006년도 이래로 논산에 정착하고 논산에서 두드림대표로 활동하면서 사물놀이 가락 전수에 매진하였다. 그렇기 때문에 처용어울림사물놀이를 보급하고 논산에서 최초로 사물놀이팀을 창단하고 공연하면서 활발한 활동을 하게 되었다. 2016년 1월 달에는 중국 산동성에서 공연하는 일도 기록하게 되었다.

그러나 더욱 중요한 일은 논산두레풍장의 어르신들을 만나면서 우리의 전통 두레풍장의 전통에 각성을 하게 된 점이 가장 소중한 것이라고 할 수가 있다. 김요덕, 이충하 어른들을 만나면서 전통에 자각하고 이를 익히면서 그는 남다른 길을 걸어가게 되었다. 낡은 것이 힘이고, 우리가 기댈 언덕이다. 새 술은 새 부대에 담아야 하나, 아주 오랜 것이 곧 미래를 여는 지침임을 분명하게 하고 있다. 그 전통을 발견하고 그것으로부터 새로운 길을 찾은 셈이다.

그러나 함께 걸어온 길이 다른 것이니 만큼 이해와 적응의 시간이 필요한 것으로 보일 수가 있다. 배운다는 자세로 겸허하게 낮추어서 이러한 일을 하는 것은 정말로 소중한 투자이다. 송동의가 한 여러 경과를 보게 되면 대전무형문화재 제1호인 대전웃다리농악도 전수를 받은 바 있고, 난타와 같은 일도 한 바가 있다. 그러한 자세로 결국 자신의 길을 완성하는 것에 우리는 축원해주어야 할 것이다.

그곳에서 곰삭으면서 익어가는 것이야말로 가장 중요한 전통의 자각과 계승이 될 것이다. 함께 익어가면서 새로운 것으로 비약하고 발전하면서 인생은 완성되는 것이다. 여러 지역을 다니면서 그를 있게 한 전통을 구실삼아 미래를 개척하려는 점을 잊지 않고 있다. 북을 두드리면서 새로운 길을 찾는 그의 여정에 많은 미래를 걸어도 좋을 것으로 보인다.

❼ 차영호(車英鎬, 1962(壬寅)년 9월 20일생)

차영호는 1962년 9월 20일 생이다. 원래는 신축생으로 1961년생인데, 사정이 생겨서 주민등록이 늦게 되었다. 출생지는 충남 논산시 광석면 이사리 백절이라고 하는 곳이다. 아버지는 차명심이고, 어머니는 김정자이다. 슬하에 5남매를 두었으며, 차영호는 장남이다. 차영호는 이한우와 혼인하여 아들 둘을 두었다. 아버
지가 개명하신 분으로 많은 가르침을 주었
다고 한다.

　차영호는 광석초등학교를 졸업하고, 대
건중학교를 마쳤다. 그 이후에 건축업에 종
사하고, 일찍이 목수의 일을 하게 되면서 사
회 경험을 풍부하게 하였다. 그는 일종의 동
호인 모임인 풍물놀이 마당을 결성하였다.
풍물놀이 마당에서 관리부장을 하면서 연륜을 닦았다. 그것이 1998년
부터 2000년까지이다. 본래의 업이 목수의 일이라고 하니 집을 짓는데
천부적인 소질을 정확하게 가지고 있을 것이다. 그만큼 사물을 대하는
일이 맵자하고 빈틈이 없음을 이따금씩 느끼곤 한다. 북 솜씨도 예사롭
지 않고 탁월한 모습을 가지고 있다. 전통 두레풍장의 모습을 간직하면
서 이를 잇고자 하는 발분을 하였다.

　논산교육풍물 두드림에서 주된 활약을 하면서 여럿이서 교육과 풍물
에 종사하는 체험을 한편에서 하고 있기도 하다. 대체로 2008년에 참
여하여 활약하고 있으며 그러한 활동은 2010년까지 이어갔던 것으로
보인다. 동시에 2015년에는 광석두레풍물단에서 활약하면서 여러 가
지 체험을 공유하고 있다. 현재까지 이곳에서 맹활약을 하고 있다. 광
석두레풍물단의 총무일도 경험하고 있으며, 그러한 활동에 집중적인
구실을 도맡아 하고 있다.

　차영호는 두레풍장의 전통을 함께 하면서 취미 이상으로 삶의 활력
소가 되고, 풍물이 주는 많은 신명과 즐거움을 통해서 남다른 기쁨을
느낀다고 전한다. 열심히 하면서 삶의 보람을 가지게 되었고, 풍물이

일상생활의 즐거움을 남기고 있다고 자부한다. 그렇기 때문에 삶을 알차게 사는데도 차영호의 기쁨으로 두레풍물은 값진 것이라고 하는 점을 분명하게 하고 있다.

차영호의 북가락을 듣고 있으면 참으로 군더더기가 없고, 어떠한 꾸밈도 없이 치는 것을 쉽사리 인지하게 된다. 예로부터 전하는 말에 적실하게 부합한다. "옛사람의 묘처는 졸박한 곳에 있지 교묘한 것에 있지 않고, 담박한 곳에 있지 농한 곳에 있지 않으며, 근골기운에 있지 성색취미에 있지 않다.(古人妙處 在拙處 不在巧處 在澹處 不在濃處 在筋骨氣韻 不在聲色臭味)"라고 하는 말이 그것이다. 고졸한 맛을 내는 소박한 연주는 북 솜씨를 여기에 비유해도 틀리지 않다.

4. 논산두레풍장의 경이로운 재발견

1) 두레풍장의 발견, 온당한 재인식 필요

두레풍장은 두레와 풍장의 복합어이다. 두레는 둘레를 의미하는 것이고, 둘레는 한 테두리를 통한 일련의 동아리를 뜻하는 말이고, 풍장은 풍물, 연장, 연물 등으로 일정하게 연장을 뜻하는 것으로 악기를 말한다. 두레풍장은 두레의 동아리들이 함께 농악기로 연주하는 음악 정도로 해석하는 것이 가장 이상적인 해석 방안이다. 두레풍장은 두레를 결성하면서 치는 농악을 이른 바 줄여서 고유한 토박이말로 두레풍장이라고 한다.

두레풍장의 학문적 논의와 함께 장차 두레풍장을 새롭게 논의하기 위해서 무엇을 어떻게 해야 할 것인지에 대한 논의를 하는 것이 바람직할 것이다. 두레에 대한 학문적 논의를 총괄적으로 정리하기로 한다. 그렇게 하는데 있어서 이 논의의 면모를 새롭게 할 수 있는 단서로 연구사를 반성할 필요가 있으며, 그 연구사의 입각점에서 진지한 성찰을 하고자 한다. 다음으로 두레풍장의 음악학적 논의와 함께 농악적 관점에서 재론을 할 필요가 있으며, 이에 대한 진지한 성찰을 하고자 한다.

❶ 두레에 대한 학문적 논의

두레풍장은 두레에서 파생되었을 가능성이 있으며, 두레에 대한 기본적인 면모는 아주 오래되었을 것으로 추정된다. 두레에 대한 일정한 논쟁이 있었으며 학문적으로 진지하게 검토된 바 있다.[11] 현재까지 나온 견해를 집약적으로 제시하면 다음과 같다.[12] 첫째, 두레를 윤번의 뜻으로 부여하는 견해가 있으니 대표적으로 강정택이나 인정식이 그러한 견해를 나타낸다.[13] 그러한 견해를 답습하고 있는 인물은 전장석이다.[14] 두레를 부사적으로 해석하면서 농경에서 윤번대로 시행하는 제도를 그러한 조직으로 보는 것을 말한다. 번갈아 가면서 공동의 경작을 하는 방식을 두레라고 이해한다.

두레라는 조선말은 명백히 輪番이라는 의미를 갖고 있다. 甲·乙·丙·丁의 4인이 두레조직에 참여한다고 하면, 그들은 4인 전부의 共同勞動으로 甲의 논밭부터 시작하여 乙·丙·丁의 논밭을 각각 일정한 순번에 따라 경작하는 것이다. 이처럼 공동노동의 참가자가 일정의 輪番에 따라서 각각의 田畓을 共同耕作하는 데서 두레라는 용어가 나왔다. 따라서 두레는 하나의 형태적 표현이기는 하지만, 공동노동의 조직 그

---

11) 김헌선·김은희·시지은·정서은,『경상남도 김해시 삼정걸립치기』, 보고사, 2017. 이 책에서 전체적 개요를 다룬 바 있으므로 이를 일부 가지고 와서 재론하기로 한다.

12) 주강현,『두레, 농민의 역사』, 들녘, 2006. 75~77면. 두레의 정의와 견해에 대한 것을 제시한 바 있다. 이를 다시 서술하고자 하며 이하 출처를 명시하지 않기로 한다.

13) 姜鋌澤(박동성역),「조선의 공동노동조직과 사적 변천」,『식민지 조선의 농촌사회와 농업경제』(YBM Si-sa), pp.271~308. [(원본 초간)1941;「朝鮮に於ける共同勞動の組織とその史的變遷」,『農業經濟研究』, 農業經濟學會, 525~575]. 2008.
印貞植,「두레와 호미씻이」,『朝鮮農村記』, 東都書籍, 1943. 2~3면.

14) 전장석,「두레에 관하여」,『문화유산』, 1957년 2호. 15면.

것을 나타내는 말은 아니라고 본다.[15]

강정택과 인정식은 거의 같은 견해를 표방하면서 윤번의 뜻으로만
이를 파악하였다. 공동노동의 조직으로 보지 않는 점이 문제이고 이
견해는 주목되면서도 한계를 지니고 있다고 판단된다. 그렇지만 명확
하게 두레는 공동체의 성격을 지니고 있으며, 이것을 핵심으로 일정한
조직을 하고 번갈아가면서 하는 것임을 분명하게 하고 있다. 그러므로
두레를 하나의 형태적 표현이라고 하는 점은 쉽사리 수긍하기 어려운
면모가 있다.

둘째는 두레를 원래 결사의 의미로 해석하고 회원의 뜻으로 조직을
말하는 것으로 보는 견해이다. 이 견해는 주목할 만한 것이므로 상세하
게 언급할 필요가 있다. 이와 달리 두레의 어원, 조직, 구성원 등이 이해
하면서 역사적 기원과 경과를 규명하고, 세계적인 보편성의 차원에서
논한 것이 있다. 이러한 견해는 주목할 만한 것이고, 이 논의를 통해서
두레의 역사적 기원에 대한 의미를 확보할 수가 있게 되었다.

"두레"는 원래 結社를 의미하며 종래 "社"자의 訓을 흔히 두레라고
읽어왔거니와, 그 어원을 캐면, 圓周·圓繞의 뜻인 "둘레" "둘려"에서
나온 것일 것이다. 마치 영어에서 圓周의 뜻을 가진 Circle이 徒黨,
또는 社會의 뜻으로 됨과, 독일어의 Verein이 "統一" "統一者"의 원의
에서 結社의 뜻으로 되고, Genosse가 동무란 뜻에서 조합원·당원·회
원의 뜻으로도 공통함과 같다고 하겠다. 그리고 보면 종래 우리나라의
결상의 칭인 徒(Circle)·接(Group face to face)·契(Association)·社

---

15) 印貞植, 「두레와 호미씻이」, 『朝鮮農村記』, 東都書籍, 1943, 2~3면.

(Circle) 등의 한자가어가 모두 국어 "두레"의 역일 것이다.[16]

두레의 성격을 명확하게 규명한 점에서 주목할 만한 것이다. 사회적인 조직의 한 방식이고, 그것이 공동의 경작을 하던 논농사 노동의 결집 방식임을 분명하게 할 수 있다. 두레라고 하는 말이 긴요한 것이고, 이것의 어원이나 기원을 해명하기 위해 필요한 정보를 보이고 있다. 그 점에서 사회적인 이해를 할 수 있는 단서를 파악하게 된다.

셋째는 두레를 집단이나 조직으로 파악하는 견해가 있다. 두레는 농사와 깊은 관련이 있으며, 논농사의 경영이나 작업을 함께 하려는 산물이다. 두레의 성격을 분명하게 한 점을 논농사로 한정한 것은 그러한 의미에서 값진 것이라고 할 수 있겠다. 이 점에서 논의의 핵심을 그러한 각도에서 논하는 것을 주목할 필요가 있다.

> 두레는 "두르나"라는 말에서 나왔으며, "두르다"라는 발은 원래 여러 사람이 모인 상태의 뜻을 나타내는 것으로서 일정한 집단, 조직을 표시하는 말이다. 두레를 社·廳·契와 같은 일정한 결사와 집단을 표시하는 글과 결부하여 오래 전부터 불러온 것으로 보아도 알 수 있다. 일정한 조직을 의미하는 두레를 농사농청, 그리고 지방에 따라서 農契·農廳·擧社 등으로 불러왔다.[17]

두레의 어원을 '두르다'라고 하는 데서 찾는 점에서 이병도의 견해와

---

16) 李炳燾, 「古代南堂考−原始集會所와 南堂」, 『서울대논문집』 1집, 1954.
17) 조대일, 「과거 우리나라 공동로동의 형태와 그 특성」, 『고고민속론문집』, 197면.
   전장석, 「조선원시사연구에서 제기되는 몇 가지 문제」, 『북한민속학자료집』, 1975.

다르다. '여러 사람이 함께 모인 조직'을 의미하는 관점에서 주목할 만
한 견해의 진전을 꾀했다. 이들의 견해를 중심으로 우리는 몇 가지 중
요한 두레에 대한 정보를 집약할 수 있었는데, 이것을 통하여 일정한
의미와 의의를 부여할 수 있다. 두레의 어의와 기능을 통해서 우리는
새로운 추론을 할 필요가 있다고 생각한다.

　요컨대 위와 같은 견해를 압축하여 보면, 두레는 우리나라 삼한 시대
이래로 존재해 온 공동 노동을 위한 마을 성인 남자들 간의 작업 공동
체를 의미하며 주로 논농사와 관련된 일을 하는 과정에서 파생되었을
가능성이 있다. 두레라는 용어의 기원에 대해서는 몇 가지 설들이 있으
며, 이러한 견해는 일정한 근거를 지니고 있다.

　두레의 어원에 대해서는 여러 설이 있으며 이에 대한 견해의 차이가
결국 이론적 가설을 가지게 한다. 초창기 연구자인 강정택이나 인정식
은 두레는 윤번의 뜻을 나타낸다고 하였으며 비로소 그 두레의 실체를
파악하는데 이르렀다. 그러나 온전한 인식이 있었다고 보기 어렵다. 그
에 대한 대안으로 우리는 이병도의 견해를 주목할 필요가 있었다. 이병
도는 두레의 어원이 원주(圓周)의 뜻인 '둘레', '둘려'에서 나왔다고 보
고, 이것은 마치 영어에서 원주의 뜻을 가진 용어인 써클(circle)이 도
당, 조직의 뜻이 있는 것과 같은 이치라고 보았다. 아울러서 이병도는
우리나라에서 결사의 명칭인 도(徒), 접계(接契), 사(社)가 모두 두레의
한역어라고 주장하였다.

　조대일과 신용하는 "두레는 '두르다'의 고어에서 파생되어 나온 명사
이며 그 부사인 '두루'의 '전체'를 나타내는 명사"라고 하였고, "두레가
공동체 그 자체를 나타내는 말"이라고 보았다.[18] 이러한 견해는 앞선
연구자들의 견해를 혁신적으로 능가하면서 새로운 견해로 귀일된 것이

라 하겠다. 두레의 기능과 의미가 비로소 명확하게 된 것이다.

두레의 성격과 기능을 새로운 각도에서 조망해야 한다고 하는 사실이다. 두레는 현재까지 남아 있는 것을 중심으로 해서 본다면, 세 가지 특별한 성격을 지니고 있다고 파악된다. 두레의 성격 규명을 위해서 필요한 내용을 살펴볼 필요가 있다.

첫째는 두레가 명확하게 신앙공동체의 산물이라는 사실이 간과되었다는 것이다. 두레가 신앙공동체인가 하는 점에서 많은 의문이 있을 것이다. 그렇지만 마을의 공동체적 대상인 당산이나 마을의 수호신에서 그 기능을 위임받는다는 것에서 이는 부인할 수 없는 것이다.19) 두레기를 원용하면서 이 두레를 시작하는 것은 그러한 점에서 묵과할 수 없는 중요성을 지니고 있다.

서낭대나 신대를 이용하여 신을 받아서 이를 기원하는 대상으로 삼고 권능의 핵심적 구실을 하도록 하는 점에서 중요한 가치를 지니는 것이고 이 신앙의 형태를 중심으로 걸립농악이나 농사풀이농악이 성립하는 것은 이해할 만한 가치를 지니는 것으로 판단된다. 마을신의 이름으로 이를 신봉하고 받들어서 농사의 순서와 일의 구실을 결정하는 것은 중요한 일이다.

둘째는 두레가 심미적인 미감을 거칠게 가지고 있는 예술공동체라는 것이다. 예술공동체이기 때문에 정서적 기반을 공유하고 있으면서 동시에 이를 통한 일련의 가치를 창조하고 두레소리와 두레풍장을 공유

---

18) 신용하, 「두레공동체와 농악의 사회사」, 『한국사회연구』 2, 1984.
19) 이보형, 「신대와 농기」, 『韓國文化人類學』 Vol.8 No.1, 한국문화인류학회, 1976, 59~66면; 이보형, 「마을굿과 두레굿의 의식구성(儀式構成)」, 『동양음악』 Vol.4 No.1, 서울대학교 동양음악연구소, 1981, 9~20면.

하고 있으면서 이를 발산하는 것을 이러한 각도에서 이해할 수가 있을 것이다. 두레풍장이나 두레소리의 전통이 두레와 깊은 관련이 있으며, 대체로 김매기와 같은 형태를 유지하고 있는 것을 이러한 각도에서 재조명해야 할 것으로 보인다.

두레는 명백하게 중세 이전에 성립되었던 것이고 마을 사람들의 인정 기반 위에서 정서적 일체감을 조성하면서 생성된 노동 형태임을 부인할 길이 없다. 이 형태를 중심으로 일을 하고, 소리를 하고, 풍물을 두드리는 것은 주목되는 바이다. 그러한 각도에서 이들이 지니는 일정한 가치와 의의를 규명하는 것이라고 판단된다. 마을에서 빚어낸 예술적 경험 자체가 중요하고 이를 각 지역의 소리와 풍장으로 거듭 표현하는 지역성을 가지게 되었다.

셋째는 두레가 공동경작을 위한 공동노동체임을 부인할 길이 없다는 판단이다. 두레의 공동노동체를 통해서 사람을 규합하고 힘을 분배하면서 일정한 운영을 하였다. 특별하게 이 과정에서 필요한 여러 가지들이 생산되었는데 그것이 바로 두레에 대한 토박이 언어와 운영 세칙을 비롯한 고유한 언어문화를 이룩한 점이다. 우리는 이에 주목해야 한다. 그러한 성격을 통해서 두레의 웅건한 역사와 뿌리를 새삼스럽게 알아낼 수가 있을 것으로 보인다.

두레는 여러 가지 측면에서 중요한 성격을 지니고 있었으며, 다면적인 기능을 했던 것으로 추정된다. 마을문화, 공동체 운영에 대한 지혜의 결집이 바로 두레이고, 두레만큼 적절한 사정은 다른 데서 찾을 수가 없었을 것으로 보인다. 두레와 두레문화의 전통을 통해서 우리는 신기원을 이룩하였으며, 오랜 지혜를 축적할 수가 있었다.

공동노동체이므로 섬세하게 여러 말들을 발달시켰다. 가령 충청남도 지역에 있는 특별한 언어문화유산이 있다. 그것을 옮겨보면, 성격을 분명하게 알 수가 있다. "맨 앞에서 논을 매는 사람을 '앞구잽이', 맨 뒤에서 논을 매는 사람을 '뒷구잽이'라고 하는 곳도 있고(금산군 부리면 평촌2리 물페기), 양 가장자리에서 논매는 사람을 '벼루(베루)잽이'라고 하기도 하며(대전시 대덕구 장동), 오른쪽 맨 앞에서 매는 사람을 '호미잽이' 왼쪽 맨 앞에서 매는 사람을 '지심잽이'라고 하는 곳도 있다(청양군 목면 안심리)." 이 유산은 매우 중요하고 가치가 있는 것이라고 하겠다.[20]

두레는 단선적으로 발전하지 않았으며, 역사적 경과와 함께 일정한 변화를 복합적으로 이룩했음을 인식할 수가 있다. 신용하가 제기한 이 문제는 매우 시사적이라고 할 수 있겠다. 두레를 두 시기로 나눈 것은 일반적인 역사적 전개와 함께 하면서 변화를 추론한 것이다. 삼한삼국 시대에 생성된 것으로 작업공동체인 첫 번째 단계의 두레를 말하고, 다음으로 일정하게 질적으로 진화를 거듭하여 논농사의 수전과 같은 것이 등장하면서 생성된 이른 바 누레논매기 형태의 두레를 두 번째 단계라고 지칭하였다. 두레는 조선후기에 와서 활성화되었을 가능성이 높다.

그것이 시사하는 바는 두레가 단순하지 않고 복합적으로 진행된 결과라는 사실이다. 두레와 함께 고려해야 할 사항은 다음과 같은 두레 이전과 두레와 병용되는 일의 형태이다. 그 사실을 정리한 것을 가지고 와서 두레와의 상관성을 고려해야 할 것으로 보인다.[21] 두레의 조직적 출현과 관련하여 유관한 몇 가지 유형의 조직이 있다. 그러한 노동의

---

20) 『한국민요대전』(충청남도편), 문화방송, 1995.

21) 김헌선, 『경기도의 토박이농악』, 경기문화재단, 2015. 농사노동의 작업 방식에 대한 논의를 할 필요가 있으며, 여기에서 일부 논의를 전개하였다.

전통적인 방식은 다음과 같은 것들이 있다. 작업의 유형에 의해서 결정되는 몇 가지 유형을 유관한 것들과 관련하여 비교하는 것이 필요하다. 그렇지만 작업 방식에 대한 논의를 이 자리에서 길게 논할 필요는 없으며, 그 점에 대해서는 앞에서 거론한 것을 재활용하면서 그쪽으로 논의를 미루기로 한다.[22]

❷ 두레풍장의 새로운 접근 시각

두레풍장은 다른 말로 여러 가지가 사용되지만 두레풍물, 두렁마치, 두레굿, 상두기심, 풀두레, 질쌈두레, 기심두레, 모내기두레, 논마치, 두레먹기 등의 다양한 용어들이 존재하는 것을 볼 수가 있다. 이들은 한결같이 논농사의 과정에서 연행되는 농악을 말한다. 또한 대체로 특별한 경우가 아니면 단수 편성의 홑으로 농악기를 쇠, 징, 북, 장구 등을 연주하면서 농악을 신명으로 극대화하는 과정을 보여주는 것이 바로 두레풍장이라고 할 수 있다.

그에 대한 적절한 용어가 있으니 그것이 바로 "제자리풍장" 또는 "말뚝풍장"이라고 하는 용어이다.[23] 이 용어는 여러 차례 사용되었지만

---

22) 김헌선·김은희·시지은·정서은, 『경상남도 김해시 삼정걸립치기』, 보고사, 2017.

23) 이에 대한 증언은 논산두레풍장의 탁월한 장구 솜씨를 지닌 이충하의 증언에 의한다. 2017년 3월 11일에 있었던 국악방송 녹음과 충남 논산시에서 있었던 3월 16일, 그리고 17일에 있었던 면담에서 들은 말이다. 이에 대한 용어 곧 토박이말을 이들이 지니고 있으며 인식하고 있었다고 하는 점은 매우 주목할 만한 사실이고, 이를 정면에서 받아들여 논할 필요가 있다. 그리고 이에 대한 학자들의 서술이 한 차례 있었다.

강성복·박종익·이걸재, 『세도두레풍장·공주 선학리 지게놀이』, 민속원, 2011; 김헌선·김은희·시지은, 『세도두레풍장』, 부여문화원, 2017. "본디 세도두레풍장은 서서 치는 농악, 즉 '말뚝풍장'이란 별칭을 갖고 있다. 다리를 벌리고 서서 뻣뻣하고 무뚝뚝한 가락들을 연신 쳐나가면서 하나의 커다란 가락 덩어리를 만들어낸다. 그렇게 만들어낸 가락 안에

이에 대해 학문적으로 정당한 인식이 결여되어 있었다. 무논에서 일어난 농악, 농투산이들의 신명떠름, 농사꾼들의 진정한 자유의 해방과 탈속하여 비상하는 농악 가락을 충청남도 논산이나 부여에서는 이른바 제자리풍장이라고 한다. 가장 치열하게 가다듬어 예술적 경지로 들어 올린 것이 바로 제자리풍장이라고 할 수가 있을 것이다. 이는 음악학적으로, 그리고 연행적인 관점에서 평가해야 할 필요가 있는 개념인 셈이다.

두레풍장을 적절하게 이해하는 방식을 선택하라고 한다면 사물놀이의 앉음반과 같은 형태를 염두에 두면 좋을 성싶다. 앉은반으로 하는 단수 편성을 선반으로 한다고 이해하면 이 두레풍장의 이해에 근리한 것으로 보인다. 선반으로 하는 사물놀이의 경우에 머리에 전립을 쓰고 상모를 붙이는 것이지만, 이들은 농악복보다 하얀 저고리와 하얀 바지를 입고 머리를 동이고 악기를 들고 연주하는 것이 농악의 근간이라고 할 수가 있다. 두레풍장은 홉으로 짜고서 논두렁의 일에서 치는 농악이라고 보는 편이 적절하고 논두렁을 배경으로 하는 들녘이나 벌판에서 허튼가락으로 연행하는 농악이다.

두레풍장은 허튼가락이므로 무질서한 것이 사실이지만 여기에 규칙이 없는 것은 아니다. 그것은 전체적인 테두리를 정하고 그 속에서 네 가지 연장이 각각의 신명을 고르고 이를 합치면서 연주하는 것이 기본적인 특성이라고 할 수가 있다. 마치 시나위의 연주에서 보이는 것과 같은 무형식의 형식, 살풀이 연주에서 보이는 자연발생적인 음악의 극

숨쉬고 있는 역동적인 힘과 음악적 미는 그 어느 지역의 가락에 뒤지지 않을 만큼 독자적이다.”라고 평가하였다.

대화된 형태를 보여주는 것이 이들의 중요한 특색이라고 할 수가 있을 것이다. 전적으로 즉흥성과 함께 순간발생적인 특성을 지닌 음악이라고 하는 편이 적절하겠다.

허튼가락이기 때문에 시나위와 같지만, 사물놀이의 허튼가락적 특성과 다르다. 사물놀이의 허튼가락은 서로 연계되고 함께 준비된 즉흥성을 연주하는 것이 특징이다. 짜이고 기획된 즉흥성을 중심으로 하지만 두레풍장은 전혀 그렇지 않다. 그 점에서 이들 가락의 특징은 각각의 즉흥과 신명에 의해서 기도된 즉흥성이라고 하는 면모의 발견이다. 기도되지 않고 저마다의 신명으로 엇박만을 중심으로 하고 엇물려서 맞물리는 역설이 가능한 신명, 즉흥성이 이들의 특성이라고 할 수가 있다. 두레풍장은 네 가지 연장이 엇물리고 맞물리는 특성이 있을 따름이다.

두레풍장은 타악기로 구성되고 리듬을 극대화하는 타악기의 특성을 가진 점에서 농악과 사물놀이와 유사하다. 동시에 두레풍장은 네 가지 악기의 저마다의 특징을 발현하면서도 제멋대로 연주한다는 점에서 시나위의 그것과 같다고 볼 수 있다. 다만 살풀이의 음악적인 선율적 특성을 공유하는 점과는 서로 준별된다. 타악기로 선율악기적 특성을 발현하는 점에서 이들은 서로 같으면서 다르다. 두레풍장이 사물놀이와 시나위를 복합적으로 운용하는 것이라고 한다면 지나친 비유일지도 모르겠다. 그 점에서 두레풍장은 서로 깊은 관련을 지니고 같으면서 다른 것인지도 모르겠다.

우리나라의 두레풍장이 모두 이러한 형태로 발현되지는 않는다. 전국의 두레풍장 가운데 이러한 특색을 지닌 두레풍장은 특정한 지역에 편중되어 있음이 확인된다. 그와 같은 두레풍장은 충청남도 지역의 몇 군데에서만 발견된다. 충청남도 논산군이 중심지 노릇을 하면서도 여타 인근 지역에서도 거의 같은 면모를 과시한다. 충청남도 부여군과 함께 공주군의 특정한 곳에서 거의 같은 면모를 가진 농악이 발견된다. 마찬가지로 충청남도와 문화적 경계를 공유하는 전라북도 익산 지역의 성당포와 웅포 등지의 농악 역시 이러한 면모를 공유하는 것을 볼 수가 있다.

두레풍장으로 유명한 고장은 바로 충청남도 부여군 초초면 추양리 두레풍장, 충청남도 부여군 세도면 동사리를 중심으로 하는 세도 두레풍장, 충청남도 논산시 광석면과 노성면 일대의 논산두레풍장 등이 적절한 예증이 된다. 이들 두레풍장의 커다란 외형은 경기충청 일대의 농악을 공유하면서도 다른 각도에서 특정하게 즉흥성을 내세우고 일련의 가락을 공유한다는 것이다. 여기서 바로 두레풍장의 특정한 형태인 무형식의 형식을 자아냈다고 하는 편이 적절하다. 그러한 점에서 이들 농악은 일련의 가지를 지니는 것이라고 할 수 있다.

이 지역의 두레풍장은 농악의 지역적 특색이나 외형은 거의 경기충청농악의 웃다리가락과 공유하고 있다. 그렇기 때문에 이들 지역의 가락과 진풀이, 그리고 농악의 전개 과정이 대체로 일치하는 것을 종종 확인하게 된다. 경기충청농악에서 두드러지는 몇 가지 가락을 함께 한다. 가령 길군악7채를 비롯한 혼소박의 장단이 있으며, 이를 일정하게 구현하고 전개하는 점이 각별하다. 그런데 이를 제외한 몇 가지 가락을 활용하면서 두레풍장의 가락으로 밀도 있게 진행하는 것이 바로 두레풍장이다.

이러한 가락으로 널리 알려진 것이 바로 자진마치, 느진마치, 두마치 등을 중심으로 장구가락과 쇳가락의 절묘한 배합, 북가락과 징가락

의 일정한 배합을 핵심으로 하고 이들 가락의 절묘한 만남을 통해 가락
의 이합집산과 맞물림과 엇물림, 변박과 엇박 등이 기가 막히게 연행된
다. 이러한 일은 아마도 두레풍장에서나 가능하고, 부여, 논산, 공주
일대에서 발현되는 것이 거의 유일하다 하겠다.

두레풍장의 음악에서 보이는 가락적 특징은 여러 가지 이유로 발견
되지 못했다. 이것은 이러한 농악의 면모를 음악학적으로 정당하게 인
식하지 못한 때문일 성 싶다. 특정한 고장마다 각별한 용어를 쓰는데
그것이 무엇인지 모르는 것이 가장 커다란 소인이고, 워낙 가락이 쉽지
않기 때문에 이러한 가락을 정면에서 다루지 못하는 점이 다른 한 가지
이유일 가능성이 있다. 그 점은 두레풍장을 그릇되게 이해하는 선례를
남겼다고 보이기도 한다.

특정한 고장에서 보이는 가락의 차별화된 토박이 명칭이 다른 고장
에서 그대로 적용되는 것은 전혀 아니다. 칠채(길군악칠채)와 반채(길군악
칠채 내는 가락), 나비춤가락(동리3채 또는 쩍쩍이가락), 마낭밟이(마당넛일채
또는 육채) 등의 세도의 두레풍장 가락이 바로 추양리 두레풍장에 적용되
지 않으며, 이것이 또한 논산 지역의 두레풍장에도 마찬가지로 적용되
지 않는다. 또한 논산 두레풍장이 또한 다른 고장의 두레풍장에도 적용
되지 않으며, 특정한 공주시 계룡면의 마루뜰 두레풍장에 적용되는 것
도 전혀 아니다. 그렇기 때문에 한 고장의 사례를 들어서 이를 다른
고장에 보편적으로 적용하는 것은 더욱 어렵게 되는 면모로 발현된다.

두레풍장에 대한 온당한 인식이 학자들의 저작에서 적절하게 이루
어진 것은 더구나 아니다.[24] 두레풍장에 대해서 많은 서술을 하였지

---

24) 정병호·이보형·강혜숙·김정녀, 『한국민속종합조사보고서 제13책 – 한국민속종합조사

만 이들이 지니고 있는 특성을 온전하게 언급한 것도 아니다.[25] 부분적으로 이들 가락을 언급한 것이 사실이지만 그것이 정곡을 찌른 것도 아니다. 그것은 인식의 수준이 두레풍장에까지 이른 것이 아니기도 하지만, 이들 농악의 전통과 면모를 고려한 견해가 아니었기 때문에 한계를 지니고 있는 것이라고 할 수 있다. 이 점에서 두레풍장은 한계가 있으며, 이 한계를 극복하고 대상의 정당성을 인식하는 것이 필요하다고 하겠다.

두레풍장을 서술하는 과정에서 필요한 것이 바로 특정한 고장의 두레풍장을 일반화해서 전형적인 사례로 언급하는 것은 온당하지 않다는 사실이다. 전형의 문제는 간단한 것은 아니다. 두레풍장의 전형을 얼마나 다양하게 갖추고 이를 다룰 것인지 그렇게 쉬운 문제는 아니다. 두레풍장의 전형을 온당하게 인식하고 이것을 두루 타당하게 입증하는 일은 일단 유보하고 두레풍장 가운데 가장 적절한 대상을 상정하지 않고 일단 보이는 대로 정리하면서 어느 정도 미립이 싸이면 이것을 대상으로 연역적 논리 준거를 모색하는 것이 바람직할 것으로 보인다.

두레풍장이 우리나라 농악의 전형이라고 생각하는 것은 더구나 옳은 견해가 아닐 것이다. 두레풍장은 특정한 고장에서 논바닥, 벌판, 들녘 등을 통해 우러난다. 또한 농민의 시원적 아름다움을 가장 신명나게 극대화한 것이 바로 농악의 한 형태로 존재한 것이라고 하는 점에

보고서―농악·풍어제·민요편』, 문화공보부 문화재관리국, 1982; 정병호, 『농악』, 열화당, 1986.

25) 강성복·이걸재, 『세도 두레풍장·공주 선학리 지게놀이』, 민속원, 2011; 김헌선·김은희·시지은, 『부여 추양리 두레풍장』, 부여문화원, 2014; 송기태, 두레풍장, 『한국민속예술사전』, 국립민속박물관, 2015; 김헌선·김은희·시지은, 『세도두레풍장』, 부여문화원, 2016.

서 이들의 면모가 공통적으로 확인되는 셈이다. 그것이 진실에 가까운 발언일 성 싶다.

2) 논산두레풍장을 치는 사람들: 현지제보자의 면모

논산두레풍장에 대한 연행 체험은 몇 가지 있다. 일단 논산군 노성면 칠형제 두레멕이를 현장에서 조사한 체험이 그 첫 번째 경험이다. 그 이전에 부평풍물굿 축제에서 출품되기도 하였지만, 짧은 공연 시간 덕분에 온전하게 보지 못하였다. 그 경험은 2008년 6월 18일에 있었다. 이들 공연은 충청남도 도지정문화재 신청의 심사 과정에서 시연된 것이었다. 본격적으로 이들의 연행이 시작되었으며 현장에서 두레멕이의 행사를 구체적으로 행한 점에서 인상적이었다. 농악 연행이 연습과 실연 두 가지였다는 게 강렬하게 남아 있다.

또 다른 체험은 충청남도 부여군 초촌면 추양리의 추양리 두레풍장 전수관이 개관되면서 이룩된 농악 시연회에서 이들의 농악을 체험하게 되었다. 특히 두 번째 농악은 너무나 강렬한 것이었으며, 난장굿으로 쳤던 것인데 2015년 가을철에 여러 지역의 유명한 상쇠들과 장구잽이들이 모여서 연행하던 것이므로 이들의 연주는 신기에 가까운 것이었음을 지금도 잊지 못하겠다. 그때 몇 몇 사람을 만났는데 이들이 바로 논산 지역의 두레풍장패들이었다. 그러한 농악 연주자들이 바로 논산 상월면 대명리의 박명종, 논산 광석면 천동리의 김요덕 등이었다. 초촌면의 행사에 자발적으로 참여하여 자신들의 농악 가락을 멋들어지게 뽐내던 모습은 매우 인상적이었다.

일정하게 마당에 모여 살아 움직이면서 굼실대고 꿈틀대면서 이룩되는 이들의 두레풍장을 도저히 말로는 해명할 수 없었다. 이는 매우 특별한 체험으로 기억된다. 농악의 가락을 연행하고 이들의 신명을 맞춰나가는 모습에서 살아 움직이는 알 수 없는 뜨거운 충동이 거듭 일어났다. 농악의 두레풍장이 이처럼 생명력을 가진 것이라고 하는 점을 비로소 놀랍게 알아낼 수가 있었다. 두레풍장의 신명을 연행하고 이들의 충동을 뜨겁게 연주하는 것을 보게 된 것은 인생의 축복이고 탄복이었다. 이들의 자연스러운 가락이 우리의 가슴 밑바닥을 파헤치는 것을 쉽사리 볼 수가 있었음을 우리는 절감하게 되었다.

이들 연희자들을 만난 과정을 일단 소개해야만 할 것이다. 그 과정은 네 차례에 걸쳐서 이루어졌으며, 그 경과를 간략하게 소개한다.

> 가) 2017년 2월25일 충남 논산시 논산대로 348길 7 "논산두레풍물교육연구소": 김요덕·김영수·이충하·송동의 참여 실연 및 면담
> 나) 2017년 3월 11일 서울 상암동 국악방송: 남상빈·김요덕·김영수·이충하·김홍배·송동의 참여 실연 및 면담
> 다) 2017년 3월 16일 충남 논산시 논산대로 348길 7 "논산두레풍물교육연구소": 남상빈·김요덕·김영수·이충하·송동의 참여 면담
> 라) 2017년 3월 17일 충남 논산시 노성면 사월길 439 "맛나낙지": 남상빈·김요덕·김영수·이충하·송동의 등의 논산두레풍물연합회 월례 모임에서 이들 이외의 여러 인물들을 만나서 녹음 및 취재

2017년 2월25일 오후 12시부터 오후 3시경까지 논산두레풍장의 주요 연희자들을 만나게 되었다. 그 이유는 간단하다. 이들을 만나게 된 내력은 실로 오래 전부터 있었던 경험에서 비롯된다. 2014년 11월 9일

에 부여 추양리 두레풍장 전수회관 및 솔바람 농촌 체험관 준공식장을 만들면서 이곳에서 기념식을 하게 되었는데, 그곳에서 바로 논산 두레풍장의 고연희자들을 만나게 되었기 때문이다.

기념식을 마치고 자유롭게 두레풍장을 연행하는데 여러 고장의 유명한 두레풍장꾼이 모두 참여하여 한 바탕 흐벅진 놀이를 벌이게 되었다. 너무나 인상 깊은 장면이 연출되었으며, 이들은 난장을 꾸리면서 한판 멋진 농악을 연주하게 되었다. 이것의 체험은 실로 경이로운 것이었다. 이들에 대한 난장판이 따로 없고 바로 이런 것을 난장판이라고 하는 것일 것이다. 그곳에서 김요덕 상쇠를 만나서 벼르던 차에 이 고장까지 한 줄기 가랑잎처럼 흘러들어온 것이다.

그곳에서 나의 수업을 들었던 송동의라고 하는 인물을 만날 수 있었고, 이번 답사에 적극적인 동참자와 안내자가 될 수 있었다. 잠깐 이분들과 점심을 먹고 이어서 바로 녹음을 하게 되었는데 김요덕 상쇠의 입담이 거침없이 이어지고 이충하 상+쇄이의 행동은 거칠 것이 없었다. 그러한 것을 계기로 쉽사리 바로 이들의 풍장가락을 들을 수 있었다.

가)는 첫 번째 만남이다. 알고자 하고 만나고자 했으나 만날 수 없었던 차에 이루어진 대면이었다. 나)는 그 감동을 이어서 이들의 음원을 방송국에서 확보하였으면 해서 주선한 결과이다. 다)는 더 확인해볼 사항이 있어서 이들을 다시 만났다. 라)는 이들이 일정한 월례의 모임을 한다고 하여 이들을 기록하기 위해서 만나게 되었으며 이들 단체를 집중하여 조명할 수 있는 계기가 되었다.

이 모임은 논산두레풍물연합회이다. 논산전통두레소리보존회와 같은 단체도 있으므로 명칭의 유사성이 있음을 숨길 수 없다. 특히 두레풍장 또는 두레풍물을 중심으로 하는 일정한 단체들이 더 있으므로 주의할 필요가 있다. 유사단체가 많아서 이들의 모임 단체가 여럿이지만 거의 이들 모임은 일정한 단체도 없으며 두레풍장이 좋아서 이와 같은 행위를 하는 것뿐이다. 라)와 같은 단체의 모임이 결국 일정한 구실을 하고 그 바탕 위에서 곧 새로운 존재적 가치를 가능하게 하는 것으로 보인다.

바로 그러한 인연을 구실삼아 이들의 두레풍장을 녹음하고 인터뷰할 수 있었다. 가장 역동적이고 신명나는 농악을 오랜만에 만나서 들을 수 있었으며, 세상에 어느 것과도 바꿀 수 없는 중요한 체험을 할 수 있었다. 그렇기 때문에 잠깐 동안 행복한 기분을 갖게 되었다. 이를 두고 그날의 운수대통이라고 하는 것일지도 모르겠다.

이러한 음악이 꼭꼭 숨어 있어서 그 동안에 필자와 만나지 않고 숨바꼭질을 한 것이 아닌가 할 정도로 감동을 주었으며, 세상에 다시없을 우리 농악의 무형문화유산적 가치를 지니고 있는 것임에 놀라지 않을 수 없었다. 연주자 모두 기쁜 마음으로 당당하게 나서서 연주하는 것을 보고 세상에 이렇게 놀라운 음악도 있었구나 하면서 거듭 절감하게 되었다.

이날에 있었던 녹음에 대한 전반적 개황을 서술하고 장차 어떻게 한국 농악에 중요한 기여를 할 수 있는지 그 가치를 해명하는 것을 이 글의 목적으로 삼고자 한다. 겨를이 없이 마련된 글이기 때문에 이를 통해서 구성을 온전하게 할 수 없지만 이날 녹음에 참여한 연행자들을 소개하고 전반적 경위를 말하는 것이 이치에 합당할 듯싶다.

번호	이름	연락처	주소	주요 생애 내력
1	김요덕(金堯德) (남, 74세, 1946.02.15. 甲申生): 꽹과리	010-2661- ****	논산시 광석면 천동2길 16	상쇠 노릇을 하는 인물이고, 기억력이 비상하고 정확한 것이 특징이다. 광석초등학교에 다녔으나, 이후 일만 하고 아버지의 권유로 한문 서당에 다니면서 한학을 한 인물이다. 쇠를 맡아서 하는 인물인데 쇳가락이 돋올하다.(2017년 2월 25일 녹음시 면담)
2	이충하(李忠夏) (남, 69세, 1952.02.18. 己丑生): 장구	010-2312- ****	논산시 광석면 득윤리 512	장구를 맡아서 치는 인물이다. 이 인물의 가락은 하늘에서 낸 가락이라고 할 정도로 가락이 비상하고 놀라울 정도로 변박과 엇박을 자유롭게 구사하면서 이를 친다. 동네 어른들에게 어렸을 때부터 가락을 배우고 연주하면서 자연스럽게 터득하였으며, 부친 이건숙이 상쇠 노릇을 하였던 인물이다.(2017년 2월 25일 녹음시 면담)
3	김영수(金泳守) (남, 73세, 1945.09.09. 乙酉生): 북	010-5403- ****	논산시 노성면 두사리 14-7	김영수는 북을 맡아서 하는 인물이다. 북 가락을 원박대로 잘 치는 인물이고, 그 고장에 전승되는 옛날 이야기를 아주 잘 아는 인물 가운데 한 분이다. 〈아기장수전설〉의 변이담을 히나 해주었다. 방언과 속신, 그리고 지명에 대한 전승을 알고, 구전설화에도 밝은 인물이다.(2017년 2월 25일 녹음시 면담)
4	남상빈(南相斌) (남, 甲申生, 그런데 호적에는 乙酉生으로 되어 있음 1945.05.05.): 징	010-4232- ****	논산시 노성면 하도2길 55-3	논산시두레연합풍물단의 회장직을 맡고 있으며, 징을 치는 인물이다. 자품이 넉넉하고 이들을 통솔하는 능력이 대단한 것을 볼 수가 있다. 징의 점수와 가락의 박을 아주 잘 치는 것이 보기에 그럴 듯하다. 판단력도 빠르고 내용을 주도하여 나가는 면모가 분명하게 드러난다.
5	김홍배(金洪培) (남, 甲午生, 1954.03.03.): 장구	010-5425- ****	부여읍 계백로 243번길 7	공주군 탄천면 남산리 송정골에서 태어나서 그곳에서 22세 무렵까지 살았다. 그러다가 부여로 이주하였으며, 그 이유는 친구의 권유 덕분으로 그렇게 되었다고 한다. 부여읍에서 개인택시를 하면서 농악의 단체에서 활용하고 있다.

| 6 | 송동의(宋東儀)
(남, 58세, 庚子生,
1960.07.07):
징/북 | 010-2440-
**** | 논산시
논산대로
348길 7 | 본래는 사물놀이로 가락을 시작하였다. 그러다가 이 인물이 충남 논산 두레풍장을 경험하고 이어서 깊은 경험을 하면서 사물놀이를 버리고, 두레풍장으로 길을 바꾸었다. 본래 대전의 송덕수 일행이 연행하는 대전웃다리농악에 몸담기도 하였다. 논산 두레풍장을 가장 적극적으로 이해하고 소개하는 인물이다. (2017년 2월 25일 녹음시 면담) |

이날의 과정은 대체로 세 가지 방향으로 전개되었다. 첫 번째는 일단 이들이 연행하는 논산두레풍장의 진면목을 한번 맛보는 것이다. 이들이 과연 적절한 연행자인가? 그 솜씨는 어떠한가? 이러한 문제점을 점검하는데 있어서 가능한 것은 이들의 가락을 한번 모아서 들어보는 것이다. 바로 치고 바로 들으니 다른 말이 필요 없다. 아연실색, 자석에 붙은 듯 숨을 쉴 수가 없었다. 그러한 훌륭한 솜씨는 다른 곳에서 찾아들을 수 없는 것이었으며, 난생 처음이었다. 참석하고 관람한 사람이 넋을 잃었다고 하는 편이 적절할 듯하다.

두 번째는 이들의 연주가 일관성이 있으며, 마구잡이로 하는 농악이 아닌가 하는 의구심이 들었다. 그렇다면 이들의 농악인 두레풍장을 시차를 두고 다시 한 번 녹음을 하여보는 것이다. 그래서 여러 가지 핑계를 대고 다시 한 번 이를 연주토록 하였다. 실제로 외부의 잡음이 들어와서 온당하게 이들 녹음을 방해한 일이 발생하기도 하였다. 그렇게 해서 다시 연주하게 되었다. 연행하게 하니 처음보다 신선한 맛이 감퇴되었으나 이들의 가락은 그저 아주 신나는 음악이 되었음은 말할 나위 없다.

세 번째는 이들의 개인 신상과 내력을 알아보는 것이었다. 개별적인 면담은 김요덕, 이충하, 김영수 등의 순서로 진행되었다. 김요덕은 입심이 대단하고, 구학문을 하고 신학문을 하지 않은 경우였다. 『논어』의 구절을 모두 외울 정도로 유식하지만 자신의 음악에 대하여 자부심이 대단한 것을 엿볼 수 있었다. 이충하는 사연이 많았다. 자신의 장구가락을 어려서 익혔으며, 따로 선생이 없이 벌써 완숙한 경지에 들었다고 하는 자부심이 대단하였다. 김영수는 가락을 연주하고, 주변의 방언이나 구전설화에 탁월한 식견을 가지고 있는 인물임을 쉽사리 알 수가 있었다. 이들은 자연스럽게 만나서 탁월한 가락을 연주하는 즉흥적인 집단이라는 것이 밝혀졌다.

이들 모두는 저마다의 신명을 가지고 있었으며, 각각의 음악적 견해도 분명할 뿐만 아니라, 자신들이 연행하는 두레풍장에 대한 자부심도 매우 크다는 것을 쉽사리 알 수 있었다. 이들의 존재감과 자신감, 이들이 연행하는 음악의 신명을 인정하는 차원에서 이들에 대한 일련의 가치를 발견 할 수 있었으며, 저마다 한 세상을 오랫동안 살아왔던 것에 대한 연속성을 한껏 확인하는 것이 그렇게 어려운 일은 아니었다.

3) 논산 두레풍장의 얼개와 아름다움

논산 두레풍장의 가치와 미학에 대해서 언급하고자 한다. 두레풍장은 소박하지만 결코 소박한 음악이 아니다. 이들 농악의 사소한 것들의 비범한 가치를 맛보게 된 것은 이들을 미학적으로 재평가하고 이를 정당하게 인식하고 평가하는 작업에 이르러야 가능할 것이다. 이들의 자연스럽고 천연스러운 인식이야말로 천연한 천악의 면모를 구하는 것이라고 할 수가 있다.

평범한 농악이 아니므로 비범하게 그려야 마땅하나, 필자가 비범한 능력이 없어서 비범한 두레풍장을 비범하게 그리지 못하는 아쉬움이 있다. 비범한 농악을 평범하게 그리는 아쉬움을 저버릴 수 없다. 그렇지만 평범한 말로 비범함을 담아야 하는 역설이 말로 하는데서 생기는 한계임을 인정할 필요가 있다. 비범할수록 평범하게, 평범한 것으로 비범함을 잡아채는 능력이 진실로 필요하다. 그 과정에 있어서 진정한 아름다움을 자아내는 것이 필요하다고 하겠다.

논산의 두레풍장은 다른 고장의 두레풍장과 다른 점이 많다. 이들의 말로 이들의 두레풍장을 "제자리풍장" 또는 "말뚝풍장"이라고 한다. 일정한 판제가 없이 농악을 치는 것 때문에 이러한 말을 하는 것으로 이해된다. 농악의 판제와 함께 농악의 진풀이가 없는 것은 두레풍장의 본령일 가능성이 있다. "제자리풍장" 또는 "말뚝풍장"이라고 하는 것은 제보자들에 의하면 선인들이 썼던 말이라고 한다. 이 말은 묘한 역설적 의미를 가지고 있는 것이지만 그 자체로 의의가 있는 말일 수 있다. 그것은 일정한 진풀이나 대열을 이루지 않고 제 자리에서 치는 두레풍장 가락을 연주하기 때문에 이로부터 말미암은 것으로 이해된다. 가락이 비범하고 장단이 긴밀하게 맞물리면서 가락을 연주하기 때문에 이러한 발언이 성립된 것으로 보인다.

❶ 논산 두레풍장의 중요성

두레풍장의 중요성은 새삼 강조할 것은 못된다. 충청남도를 대표하는 것이 바로 두레풍장이기 때문이다. 현재 두레풍장의 온전한 모습을 가장 선명하고도 돌올하게 가지고 있는 고장은 없다. 실제로 두레풍장의 원형을 가지고 있는 고장이 두 군데 있으나 명맥만 간신히 유지될 따름이다. 그것이 두레풍장이 안고 있는 심각한 문제일 수 있다.

그렇지만 두레풍장의 원형이 살아 있는 고장 역시 별로 없다. 충청남도 무형문화재로 지정된 곳도 있지만 그것만으로 역시 명맥이 유지되지 못한다. 원인은 고연희자의 사망으로 온전하게 가락이 전승되지 못하기 때문이다. 이와 같은 적절한 예증이 바로 추양리 농악과 세도 두레풍장일 것이다. 추양리 농악은 그 위세가 대단하였고, 세도 두레풍장은 충청남도 무형문화재로 지정되었다.

그에 견주어서 적어도 논산의 두레풍장은 무형문화재도 아니고, 책자에도 소개된 바 없지만 이들의 두레풍장은 선명하게 흔적을 가지고 있으며, 두레풍장의 면모를 고스란히 지니고 있다. 두레풍장으로 하는 마지막 끝물 세대로 추정되기는 하지만 이들 농악이 소멸되지 않는 다면 거의 유일한 것이 아닌가 한다. 두레풍장의 진면목을 알 수 있는 유일한 사례라 할 수 있다.

들녘의 벌판에서 울리던 고유한 가락이 논산 두레풍장이고, 흔적이 유일하게 남아 있는 것이다. 유일무이가 결국 기준이 된다. 두레풍장의 소박하고 진솔한 맛을 가진 유일한 농악이 바로 논산의 두레풍장이며, 논산의 두레풍장을 중심으로 우리는 새로운 지역의 새로운 농악으로 이들의 유산을 등재하면서 가치를 부여해야 하는 것이 가장 중요한 과제이다. 걸출한 농악에 걸출한 이름을 더 늦기 전에 부여하는 일은 그렇게 나쁜 선례는 아닐 것으로 본다. 논산 두레풍장은 중요한 가치를 지닌다.

❷ 논산 두레풍장의 가락

두레풍장의 가락은 두레소리, 두레가락, 두레춤 등과 더불어서 간결한 것이 특징이다. 따로 복색을 꾸미지 않고 여름철 논에서 입는 옷을 입고 자연스럽게 우러나는 대로 연주하는 것이 논산 두레풍장의 가락이라고 할 수가 있다. 논산의 두레풍장은 가락이 간결하므로 풍장에 쓰이는 가락이 많지 않고, 가락 자체가 소박한 것이 특징이다.

두레풍장의 가락이 소박하지만 고졸함이 오히려 격렬하고 졸박한 원형적 아름다움을 가진다. 그것이 내는가락, 가는풍장, 느진마치, 자진마치, 두마치, 맺는가락 등으로 구성되어 있는 것이 기본적 양상이다. 이들 가락이 간단하나, 간단하게 된 것을 엮어가는 중요한 면모가 이 가락에 들어 있다. 단면이 다면으로, 평면이 입체로 가는 코흐곡선 (Koch Curve)의 프랙탈 확장의 전형적 사례이다.

가락의 운용은 특별한 법칙이 없는 것은 아니지만, 다른 고장과 달리 3소박 4박자로 된 것이 전부이고, 특정하게 이들 가락 가운데 두마치를 제외하고는 거의 같은 얼개로 되어 있음이 확인된다. 이 가락 가운데 긴요한 것을 소개하면 다음과 같다.

구분 번호	가락	구성 요소 및 특징	구음 가락
1	가는풍장 가락 (장풍장, 늘풍장)	3소박 4박자 ♪♪♪ ׀ ♪♪♪ ׀׀ ♪♪♪ ׀ ♪♪♪ *이 가락은 전형적으로 논두렁이나 논으로 나갈 때에 치는 가락으로, 두레풍장의 느린 맛을 내는 가락 가운데 하나이다. 가락을 느리고 푸짐하게 치면서 마지막 3소박을 결정적으로 맺으면서도 잔가락을 멋지게 붙이는데 맛을 내는 것을 볼 수가 있다.*	"갱갱갱 갱매갱갱 갱-갱매갱 갱웃매갱 갱매갱갱 갱매갱갱 갱-갱매갱 갱웃매갱" "궁~~따 궁~~따 궁~따 웃따~ 궁궁궁 궁궁따 궁~따 웃따~ 궁궁궁 따궁따 궁~따 웃따~"

2	늦은마치 (늦은세마치, 또는 세마치)	3소박 4박자 ♪♪♪│♪♪♪││♪♪♪│♪♪♪ *다른 지역의 3채와 맥락을 함께 하면서 암채와 숫채 등이 구분되는데 두줄배기의 특성을 보여주지는 않는다. 그리고 징을 세번 치지도 않는다. 가락을 흐벅지고 멋들어지게 치는 것을 특징으로 한다.*	"덩긋더 덩긋더 덩 따웃따 더덩그 덩긋더 덩 따웃따 덩긋더구덩 덩 따웃따 더덩그 더덩그 덩 따웃따"
3	자진마치 (자진세마치: 이충하 증언)	3소박 4박자 ♪♪♪│♪♪♪││♪♪♪│♪♪♪ 싱코페이션Syncopation, 악센트Accent, 헤미올라Hemiola 등이 활발하게 일어난다. 이것이 긴요한 것이다. 자진세마치가 두레풍장의 신명을 고조시키는 것으로 가장 종요로운 것이라고 할 수가 있다. *논산두레풍장의 꽃이라고 할 수 있는 장단이다. 우리식으로 판소리의 어법으로 말한다면 엇박과 교대죽, 엇붙힘, 주박과 부박의 위치 교차, 강세점의 변화 등이 핵심이다. 엇박에 엇박을 붙이면서 징과 북을 중심으로 하여 가락을 연주하는 것이 가장 인상적인 대목 가운데 하나이다. 엇박에 엇박을 가르고 쇠와 장구가 주고받으면서 가운데 복판을 차지하면서 끌어올리는 것이 인상적인 것이고, 가장 신명의 극치를 자아내는 것이 바로 자진세마치가락이라고 할 수가 있다. 장단이 뒤범벅되지 않고 장단과 장단을 연결하는 방식이 전적으로 다른 것이 이 가락이라고 해도 지나치지 않다. 이 점에서 가락의 절대적인 경이로움을 주는 것이 이 가락이다.* **두레풍장의 극치를 보여주는 것으로 추정된다(이후 자세한 분석이 요구된다)**	"덩긋더 덩긋더 덩긋더구덩그 더덩그 덩긋더 덩긋더구덩그 덩긋더구덩그 덩긋더구덩그 더덩그 더덩그 덩긋더구덩그" "웃덩긋덩 웃덩긋덩 웃덩그 덩긋더 웃덩긋덩 웃덩덩 웃덩덩 웃덩 웃덩 웃덩덩"[장구가락] "갱매게 갱매게 갱매게 개갱- 웃매게 갱매게 갱매게 개갱- 갱매게 웃매게 갱매게 개갱- 웃매게 갱매게 갱매게 개갱- 웃매게 웃매게 웃매개 개갱- 갱매게 갱매게 웃매개 개갱-" "갱매게 갱매게 갱매게개갱 매갱 갱매개 갱매게개갱 갱매게개갱 갱매게개갱 개개개 갱매게 갱매게개갱" "갱~~~웃매게 개갱- 웃~~웃 웃매게 개갱- 웃~~갱 웃~~갱 웃~~갱 웃매게 개갱-" "객 객 객 객 객 객 객개웃객 객개 웃객 웃 객 객 웃 객 객 웃객 웃객 웃객객"[쇳가락]
4	두마치 (이채,"걸겅": 이충하 증언)	2소박4박자 ♪♪│♪♪││♪♪│♪♪ *사물놀이나 경기·충청의 웃다리가락에서 나오는 것과 같지만, 전혀 다른 맛을 내고 일정하게 가치를 지니고 있는 것이라고 할 수가 있다. 변박이나 엇박을 더욱 화사하고 동시에 변화무쌍하게 구현하는 것이라고 할 수가 있다. 그런 점에서 긴요한 장단 가운데 하나이다.*	"덩 덩 긋더 궁"[장구가락] "갱- 갱- 갱매 갱-"[쇳가락]

| 5 | 장꽝고사 굿가락 (고사가락, 김요덕 증언) | 3소박 4박자
♪♪♪\|♪♪♪\|\|♪♪♪\|♪♪♪
김요덕이 구음으로 해준 것인데 특별한 장단이라고 할 수가 있다. 이 장단의 특징적인 것이 바로 고색창연한 것인데, 앞으로 더 자세한 분석을 요청하는 가락 가운데 하나이다. | |

두레풍장은 비교적 악기가 간단하게 편성된다. 쇠, 장구, 북, 징 등이 이것이다. 악기는 저마다 다른 구실을 하면서 하나로 합쳐지는데, 그 가운데 중요한 것이 바로 북이다. 징은 가락의 전체 분절을 위해서 쳐지는 것이고, 북은 "원박"의 칸살을 짚어주는데 쓰이고, 쇠와 장구는 "엇박"을 연주하면서 "빈박"을 메워나가고 이것들이 서로 만나서 맞물리게도 하고 엇물리게도 하면서 완전히 다른 음악을 만들어 가는 특징적이라고 할 수가 있다.

간단하지만 간단하지 않은 생명력은 악기의 구실과 상호 협력에 의한 것임이 분명하다. 가령 적절한 비유가 될 수 있을지 모르겠으나, 사물놀이 역시 쇠, 장구, 북, 징 등으로 연주하는 점에서 같지만, 이들의 양상은 두레풍장의 그것과 전혀 다르다. 사물놀이에서 쇠와 장구가 변주와 변박의 핵심을 이루는 점은 이미 알려진 바이다. 쇠와 쇠, 쇠와 장구, 쇠와 북 등에서 이루어지는 저마다의 신명나는 두드림은 이미 정평을 얻었다.

이러함에도 불구하고 두레풍장에서는 북과 징을 중심에 두고 쇠와 장구가 정박에 변주와 변박을 이룩하는 것이 아니고, 오히려 북과 징이 지켜내는 자리에 일정하게 엇박을 거듭 내면서 점점 쫄아 들여가는 것이 핵심이다. 규칙적으로 변박을 하는 사물놀이와 불규칙하게 변박과 엇박을 사용하는 두레풍장의 그것은 리듬의 생명력과 역동성으로 보아 하늘과 땅의 차이이다.

사물놀이의 앉아서 만들어내는 것과 두레풍장의 서서 만들어내는 것, 무대에서 만들어내는 것과 들녘에서 논의 벌판에서 제멋대로 연행 하는 것은 전혀 다르다고 할 수가 있다. 순간적인 발생, 고정되어 있지 않은 음악의 구현 등이 두레풍장과 사물놀이의 차원에서 같고 다른 점 을 만날 수가 있겠다. 같으면서 다른 사물놀이와 두레풍장은 양극단의 음악이고 리듬의 창출의 틀이라고 해도 과언이 아니다.

❸ 논산 두레풍장의 짜임새

논산 두레풍장의 짜임새는 전형적인 것이면서도 특정한 틀이나 얼개 를 가지고 있지 않다. 두레풍장의 특별한 면모가 없는 것이 곧 특별한 면모를 지니고 있는 무형식의 형식이라고 하는 점에서 각별하다고 할 수가 있다. 이를 활용하면서 다양하게 구현하는 것이 요점이다.

가락과 가락의 연결을 꾀하면서 이들의 상관성을 함께 일으켜서 일 정한 흐름 아래 두고 가락의 전개와 특징을 핵심적으로 재현하는 얼개 가 긴요하다. 시작하면서 내는 가락－가는풍장가락－자진마치(자진세 마치)－느진마치(세마치)－자진마치－두마치(걸겅가락)－맺는가락 등으 로 전개된다. 시간적 길이를 능대능소로 하는 것이 요점이다. 신명은 풀기 나름이라고 하겠다.

두레풍장은 느린 가락에서 빠른 가락으로 점차로 말아가면서 조여 가는 형식적 면모를 지니고 있다. 마치 하늘에 연을 띄우고 줄을 느슨 하게 풀어두었다가 점차로 연자새를 감아가면서 이를 잡아당기는 것이 바로 두레풍장의 모습이라고 할 수가 있다. 그 가운데 가장 신명을 극도로 끌어올리는 것이 바로 자진마치이다. 자진마치는 몸을 "굼실굼실"대면서 고개를 "움찔움찔"하면서 이것을 점차로 신명으로 끓어오르도록 각별하게 조율하는 것이 바로 두레풍장의 면모라고 할 수가 있다.

❹ 논산 두레풍장의 아름다움

논산 두레풍장의 아름다움은 많은 말을 할수록 점차로 감퇴되는 특징이 있다. 그것을 가장 압축하면서 고도의 개념으로 응집할 필요가 있다. 많은 것들을 하나로 합치면서 이것을 핵심적으로 응집하자면 그것은 세 가지 개념어로 요약된다. 그렇지만 이 개념 자체도 논산 두레풍장을 고도로 압축하지 못하는 면모가 있다고 하겠다.

㉮ 즉흥성 *Improvisation* 또는 *Ad libitum*

네 가지 악기가 교묘하게 뒤틀리면서 순간발생적인 음악을 형성하는 것이 첫 번째 아름다움이다. 즉흥성을 많이 말하지만 농악에서 말하는 즉흥성의 극치를 이런 데서 구할 수 있다. 사물놀이의 즉흥성이 결과적으로 짜여진 즉흥성이라고 한다면, 두레풍장의 즉흥성은 전혀 차원을 달리하는 예기치 못하는 자연스럽고 천연한 즉흥성을 핵심으로 한다. 즉흥성을 요점으로 하는 점에서 김덕수의 장구 가락과도 비교되지 않는다고 판단된다. 결국 얼마나 서로의 악기 호흡을 알고 하는 것인가 하는 것이 요점이다.

고졸하면서도 천연한 즉흥성은 정말로 중요한 것이고, 이 천연의 즉흥성을 자아내는 것이야 말로 두레풍장의 자연스러운 미학이라고 할 수가 있다. 언제나 연주해도 비슷한 경지를 연출하지만 언제나 보아도 별반 다를 바가 없는 그것 자체의 아름다움을 색다르게 자아내는 진정한 자유의 음악이 바로 두레풍장이라고 할 수가 있다. 정해진 격식도 없고, 격식을 정해도 언제나 그것을 풀어 헤쳐 내는 특징을 두레풍장은 갖추고 있는 셈이다.

민속음악에서 즉흥성은 기본적으로 발견되고, 고전음악과 같은 것에서도 이러한 즉흥성을 쉽사리 발견된다.[26] 즉흥성은 음악이 살아 있으며, 악보로 고정된 것이 아니고, 실제 음악적 구현에서 언제든 발생할 수 있다고 하는 점에서 일반적이지만 두레풍장에서는 시나위의 순간 발생적 음악의 가능성과 사물놀이에서 보이는 즉흥적인 특성을 보여주는 점에서 주목할 만한 공통적 자질을 나타낸다고 할 수가 있다. 두레풍장의 경우에는 즉흥성이 과도하고 매번 달라지는 음악의 특성을 가지고 있다는 점에서 주목할 것이라고 해도 지나치지 않는다.

㉯ 역동성 *Dynamic*

두레풍장의 핵심적 아름다움은 결국 이러한 즉흥성을 통해서 신명을 고취하고 동시에 새로운 차원의 높이를 구현하면서 저마다의 나름대로의 아름다운 신명과 흥취, 충동적인 가락적 통합을 유도하는 것에 있는 것이다. 역동성을 논바닥에서 구현하고 마당을 밟으면서 이룩한 전통이 이러한 형태로 살아남아 있다. 농악 가락의 위대함을 통해서 이들의 전통을 구현하고 동시에 일정하게 순간적인 찰나의 아름다움을 구현하

---

26) Lucien Malson, *Histoire du jazz et de la musique afro-américaine*, Le Seuil, 1976; 루시엥 말송, 이재룡(역), 김진묵(감수), 『재즈의 역사』, 중앙일보사, 1995.

던 신명의 도가니를 이렇게 말할 수 있을 것이다.

사람들을 흥분시키고 뜨거운 충동으로 사로잡히게 하여 그 신명난 판에 모두 쏠리게 하는 엄청난 힘이 바로 역동성으로 되어 있는 점을 만나게 된다. 역동성에 입각한 역동성의 탈주체적인 음악, 신명이 가득하게 묻어나는 신명의 극대화 방향이 정해지는 것이 바로 두레풍장의 역동성이다. 역동성이 충동성으로 바뀌고 자신이 스스로가 아닌 놀라운 신비체험을 하도록 하는 들린 시대의 가락, 신명하는 가락이 바로 두레풍장의 아름다움이라고 할 수가 있다.

두레풍장은 타악기로 구성되어 있으며, 일체의 선율악기를 쓰지 않는 것이 기본적 특징이다. 타악기에서 중시하는 것이 바로 가락 또는 리듬이다. 가락과 리듬이 인간의 신체 구조를 자극하고 이를 고취하는 역동적인 성격을 지니고 있음이 물론이다. 그러한 리듬이 일터에서 삶을 고양하고 자신의 존재감을 드러내는데 일정한 가치를 부여하는 것이 사실이다. 이 역동성은 매우 충동적인 자극이 되고 실제로 가치로운 역동성을 통해서 신명과 흥취를 맘껏 발산할 수 있는 계기를 부여한다.

㉬ 박자의 맞물림과 엇물림 *Coherence*와 *Incoherence*

두레풍장은 엇박과 변박, 주박과 부박의 맞물림과 어긋남, 북과 장구, 장구와 쇠 등이 서로의 위치를 교묘하게 엇갈리면서 만나게 하는 특징이 있다. 이것은 기록으로 전혀 재현할 수 없는 것으로 두레풍장의 생명력을 고양하는 방식이라고 할 수가 있다. 가락의 아름다움이 여기에 있으며, 이들 가락의 핵심적 구실을 하는 것이 바로 두레풍장의 놀라운 면모이다.

정박에서 정박으로 끝나는 것을 우리는 음악이라고 생각해왔다. 그런데 두레풍장에서는 이러한 차원을 전혀 다르게 한다. 가락을 함께 연주하면서 좁고 미세한 차원에서 엇박으로 가락을 늘리고 줄이면서 생명력을 고양시키는 음악이 바로 이 맞물림과 엇물림에서 생기게 된다. 이 가락의 진정한 모습은 서양에서 말하는 온갖 것을 모두 갖다 대도 도저히 따를 수 없는 것이라고 하겠다.

서양음악에서 말하는 것이 모두 가능하게 출현하는데 이것만으로 해명할 수 없는 것이 있기도 하다. 루바토(Tempo rubato), 헤미올라(hemiola rhythm), 싱코페이숀(Syncopation) 등이 일어나는 모든 것이 여기에 총동원된다. 판소리나 농악에서 보이는 것이 많지만 두레풍장은 이를 다반사로 활용한다. 그것이 아름다움의 세 번째 현상이다. 엇박과 같은 것, 대마디 대장단의 틀을 벗어나는 것, 엇박 속의 엇박을 교묘하게 가르는 것이 농악 장단의 가락에서 선명하게 등장하는 것을 볼 수 있다.[27]

논산 두레풍장이 이러한 아름다움을 자아내는 것을 여러 각도에서 해명할 수 있지만, 변증법, 유물론 등의 관점에서 비교할 수 있을 것이다. 그렇지만 제일 적절한 틀은 역시 두레풍장 자체가 천변만화하는 생동감을 가지고 있으므로 이를 중심으로 해명하는 것이 가장 적절한 틀이 될 것이다. 그것은 하나이면서 여럿이고, 여럿이면서 하나인 것의 기본 원리이다.

만물이 고정되어 있는 것이 아니라 조화하고 갈등하고 생성하면서 극복한다는 최한기식의 활동운화지기라고 하는 틀에서 해명하는 것이

---

27) 김헌선, 『한국농악의 다양성과 통일성』, 민속원, 2014. 좌도의 영산굿을 분석하면서 이러한 틀에 대한 대안을 마련하고자 하였다.

바람직할 것이다.[28] 이것이 두레풍장을 신명나게 해명할 수 있는 핵심
적 소인이 된다. 그것이 바로 논산 두레풍장의 요점이라고 할 수가 있
겠다. 징, 북, 장구, 쇠의 만남과 헤어짐, 어긋남과 맞물림을 근간으로
하여 일정한 변화의 원리를 보여주는 것이 가장 중요한 면모이다.

　논산 두레풍장의 아름다움이 여기에 있다. 논산의 두레풍장은 미학
적인 탐구의 대상이 되고, 천변만화하면서 변화무쌍하게 아름다운 가
락을 구사하는 것이 핵심적인 소인이라고 할 수가 있다. 논산 두레풍장
을 통해서 일정하게 변화하는 역동적인 음악의 아름다움을 이 지상에
서 구현한 것 자체가 우주적인 면모를 구현한 결과라고 해도 지나치지
않는다.

---

28) 최한기,『氣學』"是以 分之 則自有次序 合之 則一時咸應 活中有動運化 動中有活運
　　化 運中有活動化 化中有活動運"卷2, 13번; "非活無以動 非動無以運 非運無以化 非
　　化無以活 活故能動 動故能運 運故能化 化故能活 四字無美無闕 合成一體"卷2, 18번
　　등에서 이를 쉽사리 확인할 수가 있겠다.

5. 두레풍장의 고갱이,
논산두레풍장의 농악학적 기여 가능성

　이제 어느 정도 두레풍장의 면모가 밝혀졌다고 보아도 지나친 말은 아니다. 두레풍장에 대한 그릇된 인식을 벗어던지고, 두레풍장에 대한 가치를 부여하는 작업은 쉽지 않은 것이지만 이들 농악에 대한 구체적 양상을 정리하고 논하는 것이 이제 가능하게 되었다고 생각한다. 앞으로 음악학적 연구는 차후 과제로 돌리고 일단 논산두레풍장의 농악학적 기여와 함께 이들 농악이 한국 농악의 판도를 정당하게 인식하는데 어떠한 도움이 될 수 있는지 탐색하고자 한다.

　두레풍장은 여러 모로 한국 농악의 전반적 판도를 재인식하고 이를 정당하게 평가하기 위해 온당한 인식의 틀로 재고하는 작업이 필요하다. 이들의 존재를 온당하게 인식하고 이들의 가치를 인식하는 일은 정말로 중요한 것이라고 할 수가 있다. 이 점에서 두레풍장의 농악학적 의미와 의의를 규명하는 작업은 먼저 정리되어야 할 문제이다. 두레풍장의 의의를 다시 정리하고 논하는 것이 가장 중요한 문제일 수가 있기 때문이다.

　두레풍장은 두레풍물, 두레굿, 논마치 등으로 이르는 특별한 형태의 농악을 지칭한다. 두레를 세우고 논매기 또는 김매기를 하면서 이에 입각하여 풍장을 치는 것을 두레풍장이라고 한다. 논바닥에서 풍장을 치는 것이거나 이와 달리 논매기를 도모하면서 이를 활용하는 것을 이른 바 두레풍장이라고 한다. 이 경우 두레풍장은 두 가지 의미를 지니는데, 하나는 두레를 짜서 운용하는 두레풍장과 함께 이와 달리 두레매기를 하면서 논바닥에서 치는 것을 두레풍장이라고 한다. 어느 경우이든 농악의 쓰임새를 강조한 것인데 이에 대한 의의를 그동안 간헐적으로 소략하게 언급하게 되었다.[29] 이제 이것을 본격적으로 언급하고 평가해야 한다고 생각한다.

두레풍장의 형태를 유지하는 고장은 여럿이지만 이처럼 신명나고 특별한 형태의 논농사 중심의 두레풍장을 구현하는 마을은 흔하지 않다. 두레풍장은 대체로 세 가지 의미의 풍장을 말한다. 첫째, 정월달에 하는 당산굿이나 마당밟이 또는 지신밟기와 달리 절기적으로 음력 오월에서부터 7월 사이에 벌어지는 것으로, 논농사 특히 두레의 일환으로 놀아지는 풍장이나 풍물 또는 농악을 전체로 이르는 것을 의미한다. 가장 포괄적인 것으로 두레굿으로 하는 모든 형태의 농악 전체를 전칭하는 개념이다. 두레에 부연되는 농악을 두레풍장이라고 할 수가 있다. 대립적 개념은 당산굿과 두레굿이다.

둘째, 두레풍장은 두레를 내고 논일을 하면서 특정하게 두레굿을 연행하면서 일정한 놀이와 기싸움을 내세우는 것을 모두 지칭한다. 농사풀이나 두레굿의 일환으로 하는 기싸움 등을 모두 일컫는 것이 바로

---

29) 曺雲·都宥浩·洪起文·金順男·鄭魯湜 외, 「農樂에 關하여」, 『문화유물』 제2호, 문화유물출판사, 1950; 조운, 「농악놀이」, 『조선의 민속놀이』, 군중문화출판사, 1964.5.30; 이보형, 「마을굿과 두레굿의 의식구성(儀式構成)」, 『民族音樂學』 Vol.4 No.1, 서울대학교 동양음악연구소, 1981, 9~20면.

두레풍장이라고 하겠다. 두레풍장의 형태로 하는 굿을 특화하여 지칭하는 것을 두레풍장이라고 하는 것이다. 두레놀이를 중심으로 하는 풍장을 두레풍장이라고 한다. 이러한 두레풍장은 경기북부와 남부의 형태로 하는 것이 일부 발견되지만 일반적으로 충청도와 전라도 일대에서 하는 농악을 두레풍장이라고 한다. 두레놀이로 하지만 두레싸움과 농사풀이 등으로 표상되는 것이 두레풍장이다.

셋째, 두레풍장은 악기를 홑 편성으로 쇠, 장구, 북, 징 등으로 하여 논바닥이나 논두레를 중심으로 한다. 일정하게 논농사의 복판에서 신명을 돋우는 특정한 지역에서만 발견되는 풍장을 두레풍장이라고 한다. 두레풍장의 전형적인 사례는 음악적 밀도가 높고 논농사 과정의 다양한 절차와 무관하게 음악적 짜임새가 남다르고 악기 가락의 신명이 한껏 끓어오르는 것이 바로 협의의 두레풍장이라고 할 수가 있다.

충청남도를 중심으로 하여 특정한 고을과 마을에서 전해지는 것을 말한다. 충청남도 부여군, 논산군, 공주군 등지의 고장에서 전하는 것을 두레풍장의 본령으로 삼을 수 있다. 그러한 마을 가운데 전형을 보여주는 곳이 적지 않은데, 가령 부여군의 초촌면 추양리, 세도면 동사리 등지의 것도 적절한 예증이 된다. 이와 달리 존재하는 곳으로 논산시 상월면 대명리, 논산시 광석면 천동리, 논산시 광석면 득윤리, 논산면 노성면 두사리 등도 적절한 예증이 된다. 이 셋째 의미의 두레풍장이 음악적이고 연희적인 차원에서 좁혀 말할 수 있는 가장 작은 단위의 신명나는 것을 두레풍장이라고 하는 것이다.

충청남도 두레풍장의 전통은 올곧게 존재한다. 이 두레풍장은 구조적인 관점에서 다른 것과 비교해야 한다. 두레풍장의 전통이 당연하게 살펴지는 점을 인정하면서도 이들의 전통적인 두레풍장은 가치론적 관점에서 상대적으로 정당하게 평가되지 못하였다. 그것이 두레풍장의 전통에서 상당히 문제점이다. 두레풍장의 전통은 조사 자료와 극소수의 연구만이 있어서 학자들의 인식의 지평에서 생동감을 가지고 평가되지 못한다.[30] 그것이 문제점이라고 할 수가 있다.

두레풍장이 우세한 고장이 여럿이 있지만 가장 신명나고 자연스러운 전통을 자랑하는 것이 바로 공주, 논산, 부여 등지의 두레풍장이라고 할 수가 있다. 이 가운데 주목을 받은 곳은 부여 추양리 두레풍장과 세도두레풍장이었다. 이 가운데 추양리 두레풍장은 이미 연행자를 상실하였고, 세도 두레풍장 역시 같은 사정인 것으로 알고 있다. 두레풍장의 전통을 통해서 두레풍장의 전통을 활용하는 것이 필요하다. 두레풍장의 전통을 일관되게 보여주는 것으로 논산 두레풍장을 구현하는 것은 정말로 중요하다.

충청남도는 두레풍장의 전통을 온당하게 지니고 있었다.[31] 두레풍상의 선봉이 소설 속에 있는 것만은 아니다. 두레풍장의 전통이 오늘날 그 뼈대만이 남아 있으며, 음악적 아름다움을 가진 채 전승되고 있다. 두레풍장의 전통을 통해서 우리는 농악의 모습과 함께 농악의 가치를 새롭게 조명할 수 있는 의의를 가지게 되었다. 그런데 충청남도 논산의 두레풍장 전통은 온전하게 전승되고 있으며, 연희자도 분명하

---

30) 정병호·이보형·강혜숙·김정녀, 『한국민속종합조사보고서 제13책 – 한국민속종합조사보고서 – 농악·풍어제·민요편』, 문화공보부 문화재관리국, 1982; 정병호, 『농악』, 열화당, 1986; 강성복·이걸재, 『세도 두레풍장·공주 선학리 지게놀이』, 민속원, 2011; 김헌선·김은희·시지은, 『부여 추양리 두레풍장』, 부여문화원, 2014; 송기태, 「두레풍장」, 『한국민속예술사전』, 국립민속박물관, 2015; 김헌선·김은희·시지은, 『세도두레풍장』, 부여문화원, 2016.

31) 김헌선·김은희·시지은, 『세도두레풍장』(부여문화원, 2016). 이 글에 의존하면서 이제 새롭게 농악학의 학문적 관점에서 두레풍장의 가치가 무엇인지 다시 서술을 하고자 한다.

게 남아 있어서 이것을 두레풍장의 전통적인 범례로 손꼽아도 일정한 가치와 의미 부여를 할 수가 있을 것으로 보인다.

이제는 이러한 사례를 열거하는 것으로만 남아 있을 수 없다. 더욱 중요한 것은 이들의 두레풍장 전통이 어떠한 기여를 할 수 있으며, 그것이 어떠한 학문적 가치와 의의를 온당하게 가질 수 있는지 본격적인 검토가 불가피하다. 두레풍장의 사례는 농악 연구나 농악학의 발전을 위해서 아주 중요한 제안을 담고 있는 대상이 된다. 특히 농악 연구가 온전하게 진행되지 않는 관점에서는 더욱이 중요한 가치를 지닌다고 할 수가 있다. 두레풍장의 전례가 학문적인 범형으로, 동시에 전형으로 어떠한 구실을 할 수 있는지 진지하게 성찰할 필요가 있다.

전형은 다른 모든 것을 보편타당하게 해명할 수 있는 것이 핵심이다. 두레풍장의 전형은 우리 농악을 대표적으로 다시 볼 수 있는 준거틀을 제공한다. 이단잡학으로서의 농악학이 아니라 우리의 온전한 삶 모두를 담고 있는 것으로서의 핵심적인 것이 바로 누레풍상으로부터 출발할 수 있는 단서를 제공하는 것임을 입증하는 것이 학문적 관견이며, 그렇게 했을 때에 농악의 전형으로서 두레풍장의 진정한 가치가 증명될 수 있을 것으로 보인다.

농악학의 발전에 어떠한 전망을 하게 학문적으로 기여하게 하는지 이제 진정으로 성찰을 할 필요가 있으며, 정당하게 자리매김을 할 필요가 있을 것임은 더 말할 나위없다. 두레풍장을 통해서 한국 농악의 판도를 새롭게 정의하고 이를 평가할 수 있는 가치를 지니게 되었다고 하는 일차적인 의미 부여를 할 수가 있을 것이다. 그것은 단순한 사실 발견 이상의 의미 차원을 지닌다. 전국적인 농악을 지역적으로 서술하는데 있어서 막연하게 일단의 의미만을 정의하는 것은 잘못은 아니지만 인식의 정확한 면을 드러낸 것은 아니다. 두레풍장을 통해서 완전하게 농악을 다시 볼 수 있는 틀을 짤 수 있다.

이렇듯 한국 농악의 영토와 판도를 정리하는 것이 필요한 일이지만, 이는 대표적인 용례를 들어서 그러한 성향의 질적 차별성에 의한 임의적인 구분에 해당한다. 그것을 추정하여 다양하게 정리하는 것이 바람직하지만 이것이 모든 것을 반영하는 것은 아니다. 한국 농악의 영토와 판도를 획정하고 구체적인 사례들을 정리해서 일단의 도표로 만들어 놓고 이를 일정하게 정리하는 것으로 순서를 정하고자 한다.[32]

모형	유사 사례와 용례	비고
두레풍장	상두기심, 못방구, 두레굿, 두레사리, 두레소리, 두레놀이, 두레마치, 두레풍물, 품앗이, 모판심미, 황두기심, 황두논매기 등이 적절한 사례이다.	농사와 직결되는 것으로 긴요한 특징을 지니고 있는 농악의 형태이다. 농사가 본령이다. 작업 형태인 품앗이와 두레에 집중되는 농악이다. 김매기 두레, 모내기 두레, 풀베기 두레, 질삼 두레, 둘개삼 등이 긴요한 사례이다. 제주도에서는 이를 흔히 수눌음이라고 한다.
농사풀이	농락치기, 농사놀이, 세서(洗鋤), 호미씻이, 호미씨세, 황두굿(성황굿의 성격도 일부 겸하고 있음), 모정자놀이, 농사식, 농식, 술멕이 등으로 일컫기도 한다.	농사풀이는 특정한 형태의 농악으로 강릉, 평창, 경기도 북부 고양, 양주, 파주 등지에서 널리 행해지는 특별한 형태의 농악이다. 경우에 따르면 전국적으로 확장되고 확산되어 부산, 김천, 밀양 등지뿐만 아니라 심지어 삼정걸립치기 등에서도 발견된다.

---

32) 村山智順, 『部落祭』, 朝鮮總督府, 1936; 村山智順, 『朝鮮の郷土娛樂』, 朝鮮總督府, 1937; 曺雲·都宥浩·洪起文·金順男·鄭魯湜 외, 「農樂에 關하여」, 『문화유물』 제2호, 문화유물출판사, 1950; 조운, 「농악놀이」, 『조선의 민속놀이』, 군중문화출판사, 1964.5. 30; 정병호, 『農樂』, 열화당, 1986.

위와 같은 저작에 입각하여 정리하고자 한다.

당산굿	당산제, 매굿, 마을굿, 줄굿, 지신밟기, 마당밟이, 마당딱개, 마당씻이, 뜰볿이, 매구, 판굿, 도둑잽이굿, 집돌이(문굿−마당굿−샘굿−철룽굿−조왕굿(정지굿)−광굿−곳간굿−성주굿), 거북놀이 등도 이에 해당하나 절기가 다르다.	당산굿은 종합적 성격을 지니고 있는 것으로 일련의 마을 안녕, 농사 예축, 집단인 마을과 개인 집안의 종합적인 절차와 구성을 갖춘 것으로 판단된다. 세부적으로 분할하면 많이 증식할 수 있는 굿이 당산굿이다.
걸립굿	걸립치기, 걸궁치기, 동량굿, 고사반, 고사소리, 비나리, 꽹매기굿, 걸립고사	많은 놀이패나 유랑연예인집단 등이 이와 관련된다. 남사당패, 초란이패 등등의 사례가 이러한 것을 중심으로 하는 점을 볼 수가 있겠다. 걸립굿은 외적 걸립과 내적 걸립으로 갈라서 크게 볼 수가 있는 사례이다.
기타	군물(軍物), 군고(軍鼓), 금고(金鼓), 쟁고(錚鼓)	농악의 군악적 성격을 보여주는 긴요한 것 가운데 하나이지만 이것이 예외적 면모가 있지만 농악의 군악적 소인이 놀이, 복색, 기치 등에서 활발하게 쓰이는 것을 볼 수가 있을 것이다.

　사례를 정리하니 이것은 주목할 만한 것이고, 동시에 일정하게 농악의 기능에 의한 분화를 모두 해명할 수가 있는 것으로 이해된다. 그러한 점에서 이 사례에 입각한 좀 더 면밀한 예증을 보강하고, 일정한 가치와 의의를 정리해서 크게 논의해야 할 가능성을 열어두는 편이 적절할 것으로 보인다. 그러한 예증이 많은 것이 바람직하지만 논의의 신축적 판단을 위해서 가능성을 열어두고 재론하는 것이 바람직할 것이다. 기본항목과 함께 주목할 수 있는 것은 다른 용례들이라고 하겠다. 이들의 상호관련성을 정밀하게 논의한다면 이는 새로운 가능성을 보여주는 것이라고 하지 않을 수 없다.

　논농사에 직접적으로 관련되는 것은 두레풍장이 적절한 범례이다. 농사풀이는 농사와 관련되지만 예축적 성격이 매우 강한 것으로 보인다. 두레풍장과 농사풀이는 지역적으로 차이가 있어서 서로 겹치지 않으며, 지역적으로 독립된 특성을 지닌다. 당산굿은 의례적 속성이 매우 강한 것으로 주술적 기능과 기원을 지니고 있는 것으로 평가된다. 걸립 굿은 농악을 통해서 새로운 차원의 걸립을 행하는 것이 요점이라고 할 수가 있다. 기타의 항에 있는 군물과 같은 사례는 주목할 만한 것이고, 농악의 일부 성격을 보여주고 있는 점에서 주목할 필요가 있다.

두레풍장을 중심에 두고서 두레풍장에 의거한다면 단순한 사실 발견이 아니라 농악을 입체적으로 볼 수가 있는 긴요한 면모를 더할 수 있다. 한국 농악학의 농악 판도를 새롭게 정립하고 이를 확고하게 드러낼 수 있는 것을 가능하게 했다고 하는 말이다. 한국 농악학의 전통적인 면모를 다음과 같이 정립하고 이것을 규명하는 방식을 선택해야 한다. 한국 농악의 근간을 정립하고 그 결과를 바탕으로 하여 이를 정립하면 다음과 같은 그림을 그릴 수 있을 것이다.

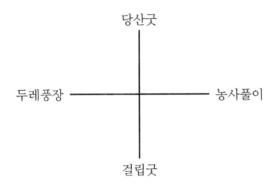

이상의 표는 농악의 영토와 판도를 재정립하는 준거틀이 된다. 농악의 본령은 농사를 짓기 위한 음악이었음이 명확하며, 별반 다르지 않다. 그것이 정확하게 드러나는 예증이 바로 수평축의 두레풍장과 농사풀이이다. 두레풍장은 협의의 개념이고, 농사풀이 역시 협의의 개념이다. 두레풍장은 실제적인 농사에 필요한 기능을 하는 것이고, 농사풀이는 농사를 마치고 농사의 결과가 잘되기를 기원하는 예축적 의미가 있다. 농사와 밀접한 관련이 있다고 하는 점에서 둘은 상통하지만 실제의 논이나 들녘, 벌판 등에서 연행하는 점에서 가장 두드러지는 징표를 가진다. 이에 견주어서 농사풀이는 농사의 일환으로 놀아지지만 한 해 농사를 마치고 호미씻이라고 하는 의례를 하면서 농사의 전 과정을 반추하고 이를 통해서 일련의 농악놀이를 하는 것이므로 예축의 환기라고 하는 점에서 농사와 관련되지만 다른 특징을 지닌다.

　그에 견주어서 수평축에 열거된 것은 농악의 기능 면에서 다른 특징을 지닌다. 농악의 의례적 면모를 확인시켜주는 정말로 소중한 축이라고 할 수 있다. 의례적 기원이라고 하는 점에서 거의 같은 양상을 보여주지만 용도가 달라지면서 농악의 역사적 분화와 기능적 활성화를 보여주는 점에서 당산굿과 걸립굿은 서로 밀접한 관련을 가지고 있다. 당산굿은 마을의 의례를 내세우고 이를 해소하는 점에서 중요한 의미를 가지고 있으며, 마을의 주신에게 기원을 하는 것에 특별하다. 마을의 안녕과 한 해 농사의 주술적 기원을 드리는 행위는 예축적 구실을 하지만 마을 사람의 단합과 예방에 목적이 있었다. 걸립굿 역시 당산굿의 확장이지만 내적 걸립과 외적 걸립으로 분화되면서 발전한 것이 농악의 기능 분화를 보여주므로 같으면서 다른 점을 볼 수가 있겠다. 그것이 세로축의 특징이고, 가로축의 그것과 대비되는 점이 명징하게 드러나는 바이다.

　두레풍장과 농사풀이, 당산굿과 걸립굿이 서로 짝지어져 대립하는 것은 아니다. 관점을 달리해서 보면 두레풍장과 걸립굿은 노동과 예능의 관계를 환기하는 점에서 서로 깊은 관련을 지닌다. 일을 하면서 놀이를 하고, 놀이를 하면서 미적 창조를 하는 것은 당연하기 때문이다. 두레풍장을 치면서 일의 신명을 고조시키는 것과 함께 걸립을 하기 위해서 남에게 자신들의 재주를 선보이고 농악으로 신명을 고조시키거나 남의 마을에서 섬기는 신에게 재주와 신앙을 동시에 바치는 것은 서로 주목할 만한 일이기 때문에 이러한 의례를 하는 것이라고 볼 수 있다. 노동의 신명과 걸립의 신명은 서로 상통하는 일면이 있다. 노동의 신명은 농사일을 고취하고 그 괴로움을 덜자는 것에서 출발하지만, 이와 달리 걸립굿에서는 일보다는 신을 중시하면서 남에게 신명으로 의탁하여 걸립을 할 목적이기 때문에 걸립의 예술성을 드높이는 것이라고 하겠다.

　당산굿과 농사풀이는 서로 깊은 관련을 지닌다. 둘은 농악으로 하는 점에서 기능적인 도구가 일치하지만 서로 같으면서 다른 특징을 지니고 있다. 당산굿이 한 면이 아니라 다면적 성격을 지니고 있는 것이므로 이것의 기본적 특성을 전혀 고정시킬 수 없지만 농사풀이와 만나는 지점은 바로 농사의 기원을 하는 점에서 일정하게 관련된다. 당산굿은 마을의 주신, 천체의 달, 음력의 원리에서 윤무를 하면서 농사를 잘 되게 하고자 하는 기원이나 소망을 담고 있다. 이에 반해서 농사풀이는 농사를 마치거나 농사를 짓는 과정에서, 농사일을 일정하게 하는 중간 마무리 과정에서 하면서 농사의 전 과정을 행위적으로 모방하여 보여주는 기본적인 것으로 한 해 농사를 점치는 예축적 성격을 지니고 있다. 그것이 바로 농사풀이의 진실한 면모이다.

　당산굿과 두레풍장, 걸립굿과 농사풀이의 대립적 면모가 없는가? 당산굿과 두레풍장은 서로 무관할 것 같지만 사실은 그렇지 않다. 당산굿에서 예능적 신명을 극대화하는 형식이 판굿이라고 할 수 있는데, 이 판굿은 두레풍장의 판굿적 면모와 깊은 관련을 지니고 있다. 무형식의 형식을 추구하는 두레풍장과 당산굿에서 치는 일정한 형식의 판굿은 서로 질적인 차이가 있으나, 이들의 신명을 창출하는 형식에서는 거의 공통적인 자질을 가지고 있다. 무형식과 형식의 대비가 너무 차이가 있으나, 당산굿과 두레풍장은 서로 깊은 관련을 가지면서도 차별화되는 면모를 지니고 있다.

걸립굿과 농사풀이는 서로 비교될 수 있는가? 이 짝은 불분명하다. 농사풀이를 하면서 걸립을 할 수 있는가? 그것이 가능한 토대가 있는가? 등등의 생각을 하면 그렇게 요연하게 선명히 떠오르지 않는다. 걸립굿과 농사풀이의 관련성을 통해서 일정하게 의미를 가지도록 하는 점에서 의문이 많다. 걸립굿이 지니는 다양한 의미를 고려하게 되면 이는 서로 관련될 수 있을 것 같지만 그것이 과연 온당한지 하는 의문이 적지 않다. 그 점에서 걸립굿과 농사풀이의 대립항은 서로 관련을 지닌 것 같지 않으며, 장차 해명해야 할 과제 가운데 하나라고 생각한다.

두레풍장은 농악이고, 농악은 국악학 내지 음악학의 한 구성 축으로서 긴요한 구실을 할 수 있을 것으로 기대된다. 그 가운데 가장 긴요한 사실 하나가 있으니 그것은 두레풍장의 음악적 특징이라고 하겠다. 그것은 이들의 가락이 지니는 특징인데 모두 3소박 4박자 계통의 가락을 주로 사용한다고 하는 사실이다. 그리고 이에 곁들여서 마무리를 하는 가락으로 2소박 4박자 계통으로 구성된 가락을 사용한다. 하나의 가락에도 느린가락 또는 느진가락에서 자진가락으로 진행되는 특성을 지닌다.

3소박 4박의 가락이라고 하더라도 이 가락들이 느리기와 빠르기에 의해서 가락 자체가 다양하다. 가는풍장, 자진마치 또는 자진세마치, 느진세마치, 이채 또는 걸겅가락 등이 대표적으로 이러한 가락의 특성을 지니고 있음이 확인된다. 3소박박의 계통이 다양하게 활용되면서 두레풍장의 주축을 이루는 점이 분명하게 드러난다. 이 현상이 지니는 의미를 어떻게 규정하고 해석할 것인지 음악학적으로 긴요한 면모가 있음이 확인된다. 단순한 현상이 지니는 복합적 의미를 지니기 마련이고 이 현상에 대한 명확한 답변을 내놓아야 한다.

첫째, 단순한 가락이 바로 두레풍장의 특징이다. 최소한의 혼소박이 쓰이지 않고 가락 구성에 복잡성도 등장하지 않는 것이 당연한 면모일 가능성이 있다. 가령 다른 고장에서 보이는 들풍장, 날풍장, 질풍장 등의 가락이 혼소박으로 등장하지 않는다. 논산 지역에서 원래 그러한 가락이 있었는데 없어졌는지 아니면 본디 그 가락이 그러한 구성을 했는지 의문이 있으나, 소박한 맛이 논산의 두레풍장에서 보이는 일반적인 특징이다.

두레풍장에서 더욱 중요한 사실은 단순한 가락의 복잡한 전개를 통한 얼개를 구성하는 것은 정말로 주목할 만한 특성이라는 것이다. 예컨대 몇 개의 특성을 지니고 있는데 그 점이 분명하게 드러난다. 가는풍장-자진세마치-자진자진세마치, 느진세마치-자진느진세마치-자진세마치-자진자진세마치, 걸겅가락 또는 두마치-자진걸겅가락 등의 틀이 그것이다. 이러한 틀은 단순하지 않으며, 오랜 경험에 의해서 마련된 특성이고, 그들 스스로 제자리풍장 또는 말뚝풍장 등이 이룩한 기본적 특성이라고 할 수 있다. 판제나 판굿이 침범하지 않은 영역이다. 두레풍장으로 시작하여 두레풍장으로 마무리되면서 일정한 진풀이나 판제가 없는 점은 각별한 면모이다.

농악의 소박한 모습, 시원적인 역동성, 농투산이들이 논바닥이나 마당에서 치고 놀았던 것이 기본적인 농악이라고 한다면, 이것은 바로 농악의 전형인 것을 새롭게 받아들일 수가 있으며, 그러한 것이 바로 농악이라고 하는 점을 새롭게 볼 수 있다. 농악의 전형적 면모를 두레풍장에서 찾는다면 농악이 판굿 위주로 이해되던 것에서 새롭게 다른 모습을 지니고 있음을 환기할 수 있다는 점에서 주목할 만한 것이라고 할 수 있다.

둘째, 두레풍장의 면모가 다른 민속악이나 국악의 전개 과정의 의문을 해소할 수 있는 과제를 제시하고 있음도 부인할 수가 없다. 두레풍장의 면모를 통해서 우리는 다른 지역 농악의 판굿, 판소리, 시나위, 산조, 사물놀이 등이 생성되고 발전되어온 과정을 요해할 수 있는 긴요한 틀을 찾아낼 수가 있을 것으로 기대된다. 원래 음악은 일정한 형식을 요구하고, 그 음악적 형식이 특정한 지역이나 민족의 미학적 틀이 되는 점을 볼 수 있다.

우리 음악의 틀은 혼소박-복합박-단순박 등의 일반적 전개를 특성으로 한다. 이 가운데 무엇이 중심인가 하는 것은 가끔씩 제기하고 풀었어야 하는 문제이다. 두레풍장은 원래 혼소박의 존재가 문제가 된다. 그러나 그 문제를 젖혀놓고 생각하면, 문제의 핵심에 바로 도달할 수 있다. 판소리, 시나위 등의 원래 항간에서 연주되던 음악에서는 중중몰이나 자진몰이 등으로 단순한 전개를 핵심으로 했음이 확연하게 드러난다. 두레풍장의 구성과 명확하게 부합하는 사실이다.

이 점은 농악의 고유한 것이나 특정한 형태에서 파생된 것들에서도 일부 확인되지만, 모형에서 출발하여 변혁을 거친 것들에서 일부 확인된다. 다른 지역의 농악 판굿, 산조, 사물놀이 등은 위에서 예거한 것들에서 파생되었지만 전혀 다른 틀을 지니고 있으며, 그것이 요점이라고 할 수가 있을 것이다. 그러므로 느진세마치-자진느진세마치 등의 틀이 근간이 되고 이것이 일정하게 변형되면서 이룩된 것이 바로 두레풍장의 범형이고, 이 범형이 발전하게 되면 다른 민속악과 궤를 같이 하는 것임을 명확하게 인식할 수가 있을 것이다.

셋째, 논산의 두레풍장 가락은 명확하게 범주와 판도를 가르자면, 경기충청지역의 대가닥과 깊은 관련이 있으며, 실제로 지역적인 한정성에 저촉을 받는다. 논산두레풍장에서 쓰이는 주요한 가락은 모두 경기충청지역의 가락과 무관하지 않다. 이 지역의 가락이 지니는 일반적 특징을 그대로 구현하지만 이 지역에서 구현하는 두레풍장은 전혀 차원이 다른 특성을 지니고 있다. 앞에서 그에 대한 일정한 서술을 한 바 있으며, 그 점에 동의할 수 있을 것으로 본다.

그렇지만 이 지역을 비롯하여 몇몇 고장에서 이를 두고 각별하게 지징하는 말이 있다. 그것은 바로 "제자리풍장" 또는 "말뚝풍장"이라고 하는 토박이말로 표현되는 것을 강조하는 말이라고 할 수가 있다. 제자리에서 서서 치는 풍장이라고 하는 것인데 이 역시 앞에서 자세하게 소종래를 해명한 바 있다. 그렇지만 농악학의 관점에서 이것은 주목할 만한 특성을 지니고 있으며, 그것이 음악학적 관점에서 어떠한 중요성을 지니는지 분명하게 규명해야 할 과제를 안게 되었다.

그것은 농악 가락에 충실하고 경기충청가락의 백미를 대상으로 하여 이를 차원 높게 변혁한 점에서 주목할 만한 특성을 지니고 있다. 제자리에서 서서 연주하기 때문에 이것은 가락에 집중하게 되고, 가락의 연행을 더욱 정밀하게 하면서도 쉽사리 다른 가락의 여러 가지를 겹칠 수 있는 다면성을 지니고 있다. 그러한 점에서 이 농악 가락은 매우 주목할 만한 변혁을 이룩하였다.

논산두레풍장은 제자리풍장을 통해서 가락의 변화무쌍함을 창조하였다고 하겠다. 이와 유사한 창조로 우리는 사물놀이의 사례를 들 수가 있을 것이다. 사물놀이는 기존의 판제로 굳어진 삼도 지역의 판굿 가락을 가지고 와서 이를 앉음반으로 변혁한 점이 두드러진다. 제자리풍장과 사물놀이의 앉음반은 서로 밀접하게 창조의 과정에 있어서 유사성을 지니고 있으므로 비교할 필요가 있다.

선반과 같은 형태로 연주하는 것이 논산두레풍장이기는 하지만, 이것은 엇박과 변체가락을 중심으로 완전하게 다른 농악을 연주하는 것이 특징이다. 그렇기 때문에 앉음반으로 하는 사물놀이인 웃다리풍물의 그것과 전혀 다른 면모를 구현하고 있으며, 판박이로 가락을 고정시켜서 신명을 잔가락으로, 세부적으로 가다듬은 것과 전혀 다른 음악이 바로 논산두레풍장의 제자리풍장이라고 할 수가 있을 것이다.

최소한의 규칙만을 정하고 몇 가지 가락의 클러스터를 이용하면서 가락을 다양하게 구사하고 단면이 다면이 되게 하는 특성을 지니고 있는 점에서 논산두레풍장의 면면은 주목할 만한 특성을 지니고 있다고 하지 않을 수 없다. 선반의 형태로 탁월한 가락을 변주하면서 치는 것이 논산두레풍장이며, 이것을 흔히 제자리풍장 또는 말뚝풍장이라고 한 것이다. 이와 달리 앉음반의 형태로 처음에는 변화무쌍한 가락이었을 것이나 고정된 형태로 변화를 낳고 있는 것이 바로 사물놀이의 웃다리풍물 또는 웃다리가락이라고 할 수 있다.

논산두레풍장의 농악학적 기여는 실로 대대하게 이루어질 가능성이 있다. 뿐만 아니라 농악학의 음악적 처지로 보아서도 논산두레풍장의 쓰임새와 기능은 실로 무궁무진한 창조적 가능성을 시사한다. 그렇지만 이 전통은 논산두레풍장의 전통적 면모를 예외로 치부할 가능성도 없지 않게 한다. 그것은 논산두레풍장의 면모가 너무 예외적이므로 이 때문에 이를 온당한 전통이라고 하는 것을 배제할 우려가 있다. 몇몇의 예능인이 집중적으로 가다듬어서 이를 온당하게 하려한 점에서는 문제가 심각하게 지적될 수 있다. 그렇지만 논산두레풍장의 명인이 바로 논산두레풍장의 전통을 혁신하고 창조한 주체인 점에서 이를 도외시할 필요는 없다고 판단된다.

6. 논산 두레풍장의 계승 방향과 향후 과제

　논산의 두레풍장을 통해서 농악의 폭과 깊이를 다시 가늠하게 되는 계기를 갖게 되었음은 숨길 수 없는 사실이다. 두레풍장은 단일한 개념이 아니지만 여기에서 말하는 두레풍장은 논바닥이나 벌판에서 집중적으로 연행하면서 치는 것으로 음악적으로 밀도가 높은 것을 뜻한다. 그렇기 때문에 단순하게 논매기를 하면서 연주하거나 두레의 일환으로 치는 두레풍장과 구분된다. 엇박과 변박을 연주하면서 일관된 음악적 짜임새를 구현하는 것이 여느 두레풍장의 완만하고 이완된 형식의 그것과 쉽사리 구분된다.

　논산의 두레풍장은 두 가지 의의가 있으니 첫째는 농악의 음악적 가치와 의의를 명확하게 제고하는 점에서 예술성이 매우 높은 것이 바로 두레풍장임을 알 수가 있으며, 그러한 의미에서 여느 두레풍장이나 농악과 남다른 생명력과 농악의 즉흥성을 제고하는 것임이 명확하게 드러난다. 종래의 연구사에서 잘 보이지 않았던 신천지와 같은 의미를 갖기에 족한 요소이다.

　둘째는 두레풍장의 높은 예술성과 무형식의 형식성은 농악 연구에 새로운 바람을 불어넣을 만큼 소중한 기여를 하는 것이라고 해도 지나치지 않다. 두레풍장에 대해서 마을굿의 일환으로 두레굿의 형식으로 고찰된 기왕의 연구사가 있는데, 이 두레풍장은 제의성과 달리 농악의 형식적 특성을 벗어나서 높은 역동성을 가지고 있어 주목을 요하는 것이다. 두레풍장은 농사풀이와 비교되는 것으로 특정한 고장에서 가다듬은 민중예술의 극단적 형식이 아닌가 한다.

두레풍장이 발견되면서 이제 농악학은 더 이상의 저차원한 논의를 종식시키고, 선입견에 불가피하게 얽매여 논의를 단순하게 할 수 없음이 선명하게 요약된다. 그렇지만 왜 이러한 두레풍장이 특정한 지역에서 특별한 형식으로 전승되는지 알기 어려운 면모가 있다. 그 이유는 많은 탐구와 고안을 통해서 해소될 수 있는 전망 수립이 가능하다. 현재는 특정한 고장에 있는 지역적 특성과 깊은 관련이 있는데, 하나는 경기 충청가락의 테두리를 일부 유지하고 있으면서도 그것과는 일정하게 분리되면서 장단의 역동적 운용이 가능한 특색을 지닌다.

그러한 특성은 흔히 특정한 고장에 편중되어 있으니 논산, 부여, 공주 등의 지역에서 집중적으로 발견되고 두레풍장의 전통이 특정한 가락을 중심으로 매우 차원 높은 예술성을 부여했다고 판단된다. 징과 북이 가락의 중심을 세우고, 쇠와 장구가 엇박을 맞물리게 하면서 엇물리게 하는 점은 각별한 면모가 있다고 판단된다. 그것이 바로 두레풍장의 매우 주목할 만한 특성이 되고 그것이 두레풍장의 요체이다.

이 고장에서 발견되는 두레풍장과 같은 높은 차원의 예술성은 농악에서만 발견되는 것은 전혀 아니다. 가령 상여소리를 짝소리로 하는 것은 전국적으로 이 지역의 분포와 일치한다. 상여소리를 짝소리로 하고 방맹이상여를 매고 선소리와 훗소리를 함께 하는 지역은 논산, 부여, 공주 등지에서 공통적으로 발견됨이 확인된다. 민속예술의 고도한 창조가 상여소리 짝소리가 두레풍장에 나타나는 것은 일단의 우연한 일치로 보이지만 오히려 보이지 않는 손이 민중예술에 작용하면서 이러한 창조가 이어진 것으로 보는 것이 타당하다고 생각한다.

게다가 더욱 중요한 사실은 충청남도 지역의 내포제나 저산팔읍 또는 저포팔읍이라고 하는 정통적인 문화권과도 심층적인 일치점을 만날수가 있을 것이다. 표면과 이면의 작용이 단순하지 않고, 이들을 형성하는 더 깊은 심층적인 창조력이 있어서 이러한 일치점을 자아내면서 변화적인 성격을 고려하여 지역적 유형이나 특색을 만들어내고 있는 것인지도 모르겠다. 이 추론이 합당하게 받아들여지려면 더 나은 관점의 자료 조사나 연구가 행해져야 한다. 그것이 민속예술 연구의 핵심적인 과제 가운데 하나가 될 전망이다.

충남 논산의 두레풍장을 만나게 된 것은 한 시대의 막바지 예술로 남겨두지 말아야 한다는 새로운 과제를 새삼스럽게 부각시키는 과제가 된다. 두레풍장의 변화무쌍한 창조력을 정리하고 이것을 후대의 문화유산으로 길이 전할 방식에 대한 고찰이 필요하다. 그 전통이 온당하게 모색되고 창조된다면 이들의 전통은 쉽사리 우리의 곁으로 가까이 오게 될 것이다. 논산의 두레풍장에 대한 모색과 이 유산을 이어갈 방향을 재정립하고 합당한 지위와 가치를 부여하는 작업이 이어져야 한다. 우리 민족의 신명난 심성과 흥취의 근원 가운데 한 가닥이 논산의 두레풍장에 있다고 해도 과언이 아니다.

제3부

논산두레풍장의
테두리

1. 충남 부여 추양리 두레풍장

추양리의 두레는 자연부락 삼동네(안말, 넘말, 샛터) 사람들이 모여 농기 대기를 당산재에 모시는 것을 농사의 시작으로 마을 주민들이 함께 하는 공동행사이다. 추양리 두레는 농기를 모시는 날에 두레원들이 홍두깨로 말은 칼국수와 술과 안주를 준비해두고, 좌상어른이 '두레를 난다'는 선포식을 함으로써 시작된다. 그리고 본격적인 두레풍장을 마음껏 치고 나서 어른부터 식사를 드리고 부락 사람들끼리 음식을 나누어 먹는 전통으로 이어져 왔다.

추양리 두레풍장은 과거와 현재의 간극이 있다. 1960년대까지 이어온 두레풍장의 전통적 잔상이 1980년대까지 이어지다가 2000년도 이전에 단절이 있기 때문이다. 그런데 이러한 단절을 극복하고 전통을 계승하고자 하는 자각이 있어서 자신들의 전통을 혁신적으로 받아들이면서 적응시켰다. 그렇기 때문에 이 장에서는 1981년 두레풍장과 2013년 두레풍장의 면모를 절을 달리해서 서술하고자 한다.

1) 1981년 두레풍장의 면모

(1) 추양리 농악의 기본 가락

추양리 농악의 기본 가락을 정리할 필요가 있다. 추양리 농악은 여러 가지의 경우에 따라서 사용되기 때문에 여러 형편과 사정에 따라서 농악의 가락이 달라지게 된다. 그런데도 불구하고 기본적인 가락은 변화하지 않으며 일정한 기본 형태를 유지하는 것이 일반적인 면모이다. 추양리 농악에서 사용하는 기본 가락을 정리하고 이에 대한 특징을 서술하기로 한다.

추양리 농악의 기본적인 가락은 비교적 단순한 면모를 보이는데 이를 정리하여 보이면 다음과 같다.

① 세마치　　② 도둑굿가락　　③ 쩍쩍이
④ 질채　　　⑤ 삿은마지　　　⑥ 느린마치(굿서리)
⑦ 두마치　　⑧ 쓰레질가락　　⑨ 좌우치기가락

이외에도 더 다양하고 변주되는 가락이 있지만 여기에서는 기본 가락을 중심으로 하고 1981년 9월 달에 조사된 충남 부여군 초촌면 추양리 고추골의 상쇠 계보를 이었던 이노익과 이진익의 가락을 중심으로 가락을 정리하고자 한다.[1] 농악 가락의 다양한 면모를 알기 위해서 농악 가락의 본체와 작용을 구분하면서 이와 같은 것을 정리하여 보기로 한다.

---

1) 이보형 외, 『한국민속종합조사보고서』(농악·풍어제·민요편), 문화공보부 문화재관리국, 1982.

① 세마치는 장단 명칭으로 각별한 것으로 추정된다. 세마치 장단은 일반적으로 널리 알려진 삼채 장단을 지칭한다. 징을 세 점 치기 때문에 삼채라고 하는데 이 고장에서는 세마치라고 하므로 매우 소중한 장단이 아닐 수 없다. 농악의 명칭을 통해서 우리는 추양리에 전승되는 농악의 전통성과 특색을 구현한다는 사실에 예외가 없다.

세마치 장단은 단일하지 않고 여러 가지가 있는데 이 고장에서는 다음과 같은 쇳가락으로 치고 있다. 쇳가락의 섬세한 구사보다 쇳가락의 핵심적인 것을 연주하고 구성하고자 하는 것이 핵심이라고 할 수 있다. 가락은 이중적인 것으로 구성되는 것이 일반적이다. 느린세마치와 자진세마치가 그것이라고 하겠다.

느린세마치를 근거로 하여 이를 구성하고 음악적 구성원리를 소개하는 것이 바람직하리라고 본다. 이를 구성하는 것을 본다면 이 가락의 중요성을 한껏 확인할 수 있을 것으로 기대된다. 느린세마치가 지니고 있는 고형의 음악적 특성을 우리는 다른 각도에서 살펴볼 수 있으며, 이를 보면 무엇이 문제인지 분명하게 인지할 수 있을 것으로 보인다.

쇳가락의 구음 : 깽 깨 갱, 깽 깨 갱, 깽 깨 갱, 갯 깽 –

세마치 징점수 : ●   ●   ●   (전통적 방식)
　　　　　　　　●   ●   (변형된 방식)
　　　　　　　　●   (변형된 방식)

〈세마치〉의 쇠가락과 징점

쇠	깽	깨	갱	깽	깨	갱	깽	깨	갱	갯	갱	
징	징			징			징					

세마치의 소박·보통박·대박의 상관성 :

                                    (대대박)

                                    (대박)

                                    (보통박)

                                    (소박)

　느린세마치는 우리나라의 농악에 있는 보편적인 장단 가운데 하나이다. 이 가락이 추양리 농악에도 있으며, 징의 점수에 의해서 이를 구분하는 점에서도 같은 방식으로 되어 있음이 확인된다. 가락 구성의 방식에서도 동일하기 때문에 3소박 4박자로 된 기본 구성 원리는 동일하다고 할 수 있다. 그러나 다른 지역의 동일한 가락과 일정한 차이점이 있으니 그것이 바로 암채와 숫채에 의해서 구분되는 두 가지의 기능에 의한 안팎이 구성되지는 않는다고 하는 사실이다.

　암채와 숫채가 있으면 이중적인 방식으로 가락을 풍부하고 다양하게 하는 것이 예사인데 그러한 방식을 채택하고 있지 못하다는 것을 이러한 방식으로 인지할 수 있다. 세마치의 징 점수가 흔들리는 것도 이러한 특성과 무관하지 않을 가능성이 있다. 가락의 구성과 운용 방식이 다르기 때문에 이러한 현상이 나타나는 것으로 보인다. 한 마루의 세마치를 마무리하려면 소박의 구성을 달리하면서 안팎을 뒤집어서 치는 특징이 있다.

이와 달리 세마치를 잦게 치는 점에서 유다른 특징이 있는 것은 아니지만 가락의 특정한 변형이 이루어진다. 이를 도시하면 다음과 같다.

쇳가락의 구음 : 갱 – 개, 갱 – 개, 갱 – 개, 갯 – 깽
세마치 징점수 : ●   ●   ●

〈자즌세마치〉의 쇠가락과 징점

쇠	갱		개	갱		개	갱		갯		갱
징	징			징			징				

소박의 가락을 빼면서 마무리 하는 대목에서 소박의 구성을 달리하면서 마무리하되 강세를 바꾸는 방식으로 하는 것으로 다른 방식을 선택하고 있다. 징의 점수를 변형하면서 치는 점에서도 같은 방식을 선택하고 있으며, 암채와 숫채를 달리하지 않고 있는 점도 거의 같은 점이라고 하겠다. 가장 흔하게 쓰이면서도 이른 바 판굿이나 노름마치를 하는 때에 신명나게 활용되는 특징이 있는 것이라고 하겠다.

같은 방식을 철저하게 변형시키면서 다르게 운용하는 것이 바로 ②의 도둑굿가락이라고 하는 가락이다. 이 명칭을 왜 도둑굿가락이라고 하는지 선명하게 이해되는 것은 아니다. 징의 점수가 왔다 갔다고 하고 동시에 일정하게 가락의 소박을 두고 생사맥을 운용하면서 일정하게 달라지게 하는 것이기 때문에 이러한 용어가 사용된 것은 아닌가 한다.

이 가락은 기본 가락은 아니고 추양리농악에서 아주 긴요하게 여기면서 다양하게 변형시키는 가락이라고 할 수 있다. 쇳가락의 신명을 가장 고조시키는 것 가운데 하나이고, 임의성과 자유리듬에 대한 가락

변형이 가능한 것이 이 가락이라고 할 수 있다. 고도로 숙련된 쇳가락의 변형이 가능하다. 이 가락을 구사하는 이진익의 쇳가락 가운데 한 대목을 적어보면 이 점이 선명하게 드러난다고 할 수 있다.

쇳가락의 구음 : 갱 - 깨, 르 깨 르, 갱 - 깨, 르 갱 -
●　　　　　　　　●
갱 - - , 쭉 - 쭉, 갱 - 깨, 르 깽 -
●　　　　　　　　●
느 르 깽, - 깨 르, 갱 - 깨, 르 깽 -
●　　　　　　　　●
두 두 구, 깨 - - , 두 두 구, 깨 - -
●　　　　　　　　●
지 갱 - , 지 갱 - , 깽 - - , 쭉 - -
●　　　　　　　　●
갱 - - , - - - , 갱 - - , - 쨍 -
●　　　　　　　　●
생 - - , - - - , 갱 - - , 개 - -
●

〈도둑굿〉의 쇠가락과 징점

쇠											
(기본)	갱		깨	르	깨	르	갱		깨	르	갱
(변주)1	갱			쭉		쭉	갱		깨	르	갱
2	느	르	갱		개	르	갱		깨	르	갱
3	두	두	두	깨			두	두	구	깨	
4	지	갱		지	갱		갱			쭉	
5	갱						갱			쨍	
6	갱						갱			개	
징	징						(징)				

　무엇이 핵심인지 선명하게 드러난다. 쇳가락을 내고 달고 맺고 푸는 법칙에 의존하지만 고도의 쇳가락을 밀고 당기거나 엇부치거나 잉애걸이처럼 하는 것이 가장 소박한 맛을 내는 가락이라고 할 수 있다. 그런 점에서 이 가락은 쇳가락의 맛을 가장 멋지게 내면서 맵짜하게 운용하는 점을 각별하게 기억할 필요가 있다. 이러한 가락의 운용을 통해서 일정하게 맛과 멋을 내면서 노름마치의 멋을 내는 것이 이 가락을 운용하는 원리이다. 그러나 본질은 세마치에서 시작되는 것을 볼 수 있다.

　더욱 중요한 사실이 하나가 더 있다. 쇳가락을 위주로 하여 연주하는 생사맥을 운용하는 방식이 가령 다른 고장의 전례와 일치한다고 하는 사실이다. 가장 근사한 유례는 좌도굿에서 사용하는 영산가락의 원형적인 소박한 모습을 이러한 가락에서 착상할 수 있다고 하는 점이다.

전라도의 가락과 일정하게 관련되면서 충청남도 서북형의 면모가 이러
한 가락 같은 데서 발견되는 점을 볼 수 있다.

　같은 방식을 철저하게 변형시키면서 다르게 운용하는 것이 바로 ③
의 쩍쩍이라고 하는 가락이다. 가락이 쩍쩍하고 붙으면서 연주되는 것
인데 이러한 가락은 경기도와 충청도 농악에서 흔하게 발견되고 동리
받는 데서 쓴다고 하기 때문에 이를 동리삼채라고 하는 고장이 있기도
하다. 이 가락의 면모를 정리하면 다음과 같다.

쇳가락의 구음 :　깽 깨 갱, 깽 깨 갱, 깽 깨 갱, 갯 깽 -
　　　　　　　　●　　　　　　●
　　　　　　　갱 - 깨, 갯 - 깨, - 깻 -, 깻 - 깨
　　　　　　　●
　　　　　　　갱 - 깨, 갯 - 깨, - 깻 -, 깻 - 깨
　　　　　　　●

〈쩍쩍이〉의 쇠가락과 징점

쇠	(기본)	깽	깨	갱	깽	깨	갱	깽	깨	갱	갯	깽	
	(변주)1	깽		깨	갯		깨	깻		깻		깨	
징		징						(징)					

3소박 4박자로 되어 있지만, 이 가락이 다양한 방식으로 변형되어 나가는 것을 선명하게 보여주는 대표적인 가락이라고 할 수 있다. 세마치, 도둑굿가락, 쩍쩍이 등이 모두 동일한 가락의 특성을 보여주지만 이러한 가락이 다양하게 변주되면서 쇳가락의 아름다운 충동과 변형을 일으키고 있는 것을 이러한 각도에서 찾을 수 있다. 가락의 면모가 다르고 일정하게 관계되면서 3소박 4박자의 변형이 이루어지는 점은 이러한 각도에서 나타나는 것이라고 할 수 있다.

④의 칠채 가락은 추양리 농악이 어떠한 위치를 점하고 있는지 잘 보여주는 대표적인 혼소박 가락 가운데 하나이다. 경기도남부와 경기도 북부, 충청도 남부와 북부 등지에서 보이는 이른 바 길군악칠채와 가락의 구성이나 내용이 같은 점이 두루 확인되는 사실이라고 할 수 있다. 칠채의 내드림 가락으로 가락을 내고, 길군악칠채처럼 치고 다시금 징의 점수를 고쳐서 치는 것이 일반적인 면모이다.

내드림가락 : 개 갱 -, 개 갱 -, 개 - 개, -갱- | 개 갱 -, 갱 -,
                              ●
갱 갱 -|갱 -, 갱 갱 갱, 깨 - 갱, - - -|

칠채가락 :

갱깨갱, 깽-, 갱깨갱, 깽-, 갱깨갱, 갱깨갱, 갱깨갱, 깽-, 갱깨갱, 깽-, 갱-,
●   ●   ●   ●   ●   ●   ●
갱깨갱, 갱-깽, 깽-

악절의 구성소에 의해 재배치한 칠채가락 :

갱깨갱, 깽-, 갱깨깽, 깽-, (갱깨깽, 갱깨깽,) [3·2·3·2+(3·3)
●   ●   ●   ●

갱깨갱, 깽-, 갱깨깽, 깽-,   [3·2·3·2]
●   ●

갱-, 갱깨갱, 갱-깽, 깽-   [2·3·3·2]
●

〈칠채〉의 쇠가락과 징점

갱	깨	갱	깽	갱	깨	갱	깽	갱	깨	갱	갱	깨	갱	갱	깨	갱	깽
갱	깨	갱	갱		깽		갱	깨	갱	갱		깽	깽				

    칠채가락은 추양리에서 가락을 열고 치면서 뒤에 붙는 가락을 다양하게 변형시키면서 이룩하는 것은 아니다. 소박하게 치면서 가락을 대고 변형하는 원리가 있음이 특징이다. 우리나라의 가락 가운데 가장 선명하게 의례적인 고형의 악구를 구성하는 가락이 바로 칠채 가락이라고 할 수 있다.

    복합적인 구성을 하더라도 더욱 특정한 것은 이 가락의 분리와 통합을 교묘하게 하는 점이 특징이라고 할 수 있다. 근본은 2소박과 3소박을 결합하는 방식을 선택하고 있는데, 기본적인 악구인 [3·2·3·2]를 변화하고 발전하면서 나중에 이를 안팎으로 악구의 구성소를 달리 하는 것이 곧 이 가락의 기본적 면모라고 하겠다.

    ⑤는 잦은마치라고 하는 것인데 빠른 가락으로 되고 이를 흔히 3소박 4박자라고 할 수 있으며, 장단의 구성은 잦은세마치의 가락 구성과 다르지 않다. 다른 점이 있다면 쇳가락을 부드럽게 놀이면서 연타는 느낌

을 달리 구성한다고 할 수 있다. 이를 가락으로 보이면 다음과 같다.

쇳가락의 구음 : 갠 - 지, 갠 - 지, 갠 - 지, 갠 - 지
●

〈잦은마치〉의 쇠가락과 징점

쇠	갠		지	갠		지	갠		지	갠		지
징	징											

　잦은마치라고 하는 용어를 가지고 있는 것도 흥미롭지만 가락의 구
성에서 여느 3소박 4박자 장단을 다양하게 구성하고 있어 이 가락은
매우 주목할 만한 가치를 지닌다. 이음새 가락으로 쓰이는 것처럼 다른
가락을 연결하거나 진풀이를 할 때에 잠깐씩 쓰는 가락이라고 하겠다.

　⑥ 느린마지는 전국적으로 우리 가락을 대표하는 굿거리와 한배가
일치하는 가락이라고 할 수 있다. 느린마치를 구성하는 것을 보면 다음
과 같다.

쇳가락의 구음 : 갱개 개개 갱-, 깽 - 깨, 깽 깨 깽, 깽 - 깨
●

〈느린마치〉의 쇠가락과 징점

쇠	갱개	개개	갱	깽		깨	깽		깨	깨	깽		깨
징	징												

⑦ 두마치라고 하는 가락이 있다. 이 가락은 다른 진풀이를 마무리하거나 다른 가락으로 전환하기 위해서 쓰이는 가락이다. 가락의 구음과 징의 점수를 표시하면 다음과 같다.

쇳가락의 구음 : 갠 지 갱, 갠 지 갱
　　　　　　　　 ●　　　　 ●

〈두마치〉의 쇠가락과 징점

쇠	갠	지	갱		갠	지	갱	
징	징				징			

가락을 연이어서 치게 되면 이 가락의 기본적 면모가 마치 좌도 가락에서 치는 겐지겐가락과 흡사한 맛이 나서 각별하게 기억나는 가락이라고 할 수 있다. 그런 점에서 이 가락은 남다른 면모가 있는 장단이다. 이 가락을 두고 잦은 가락의 일반 명칭이라고 하는 점은 이러한 특징을 모두 보여주기 때문이다.

⑧ 쓰레질가락은 노름마치판굿에서 사용되는 특정한 장단인데 이 장단은 단순하지 않다. 법고와 꽃나부들이 함께 농사풀이와 같은 형태를 보이는데 이 가락을 연주한다. 이 가락은 세마치와 깊은 관련이 있지만 차이가 있다. 그것은 암채와 숫채가 구분되어서 연주된다고 하는 사실 때문이다. 가락의 구성을 보이면 다음과 같다.

쇳가락의 구음 : 갱--, 갱-개, 깽깨깽, 갯갱-
　　　　　　　　 ●

깽깨-, 갱-갱, 갱--, 깽--

●

〈쓰레질〉의 쇠가락과 징점

쇠	갱			갱		개	깽	깨	깽	갯	갱	
	깽	깨		갱		갱	갱			깽		
징	징											
	징											

⑨ 좌우치기가락은 노름마치판굿에서 좌우치기라고 하는 특정한 진풀이에서 사용되는 가락을 말한다. 그러한 가락의 이면에 잠재되어 있는 것은 세마치의 가락을 변형하는 것이므로 단순한 복합박자의 유형에 분류하여야 하겠지만 변주가 특별하고 의미를 부여해도 될 만한 자료이므로 여기에서 다루기로 한다.

쇳가락의 구음 : 갱-개, 개개깨, 갱--, 갯--

●

〈좌우치기〉의 쇠가락과 징점

쇠	갱		개	개	개	깨	갱			갯		
징	징											

여기에서 예시한 가락이 전부는 아니지만 추양리 농악 가락의 전체를 통괄해서 보면 지역적 정체성과 다른 지역 가락과의 인접성이 동시에 드러난다. 그런 점에서 본다면 호남의 좌도가락이나 우도가락과 견주어 볼 수 있는 특성이 다면적으로 드러난다. 가락 전체의 성격을 정

리해서 논할 필요가 있다.

추양리에 전승되는 기본적 가락을 모두 합쳐서 총괄적으로 논한다면 우리는 추양리 농악 가락의 중요성을 다시금 재인식할 수 있다. 가락의 유형을 정리하여 다음과 같은 것으로 보일 수 있다고 판단된다.

가락 유형	하위유형	가락 명칭	가락의 구성소	다른지역 가락
혼소박 유형 (2+3소박)	단순유형	들풍장가락	2 · 3 · 3 · 2(?)	풍장가락
		마당굿일채	2 · 3 · 3 · 2	육채(경기도)
	복합유형	칠채	3 · 2 · 3 · 2 · 3 · 3 · 3 · 2 · 3 · 2 · 2 · 3 · 3 · 2	길군악칠채가락(경기도)
복합박 유형 (3소박4박)	단순유형	가는풍장	3 · 3 · 3 · 3	질굿가락
		잦은가락	3 · 3 · 3 · 3	
		세마치	3 · 3 · 3 · 3	삼채(좌도)
		느린마치	3 · 3 · 3 · 3	긋기리(전국)
		자진마치	3 · 3 · 3 · 3	
	복합유형	쩍쩍이	3 · 3 · 3 · 3×3	동리3채(경기도)
		도둑굿가락	3 · 3 · 3 · 3×7	영산가락(좌도)
		쓰레질가락	3 · 3 · 3 · 3×2	세마치의 암채와 숫채
		좌우치기가락	3 · 3 · 3 · 3	세마치의 변형 가락
단순박 유형	단순유형	두마치	2 · 2 · 2 · 2	겐지겐가락(좌도)

외관상 가장 중요한 특징이 있다. 가령 가락과 마치가 있다고 하는 사실이 이 농악의 중요성을 바로 입증하는 것이라고 할 수 있다. 가락 이라고 하는 말은 많이 쓰지만 농악의 가락으로 구체화해서 쓰는 일반 적 명칭은 많지 않다. 다음으로 마치라고 하는 용어를 사용하는데 이

역시 이례적인 현상이라고 하겠다.

특히 세마치와 느린마치, 자진마치, 두마치 등이 있어서 이것들이 본래 징의 점수를 의미하는 것에서부터 왔을 개연성을 짐작하게 하는 아주 소중한 전례가 아닐 수 없다. 동시에 채라고 하는 말도 있으므로 이 역시 주목해야 할 것이다. 칠채라고 하는 용어가 있는 것은 분명한데 이 점에서 특정한 의미를 부여해도 될 만큼 추양리농악은 의의가 있다고 하겠다.

충청도 추양리에 전승되는 농악가락의 유형학적 구도가 어느 정도 잡혔다고 할 수 있다. 전국적으로 예외적인 가락이 있는 것은 아니다. 그러한 점을 존중해서 본다면, 분명하게 전국적 보편성을 가지고 있지만 다른 각도에서 본다면 이 같은 공통점을 근거하여 특수성이 성립된다.

가락의 유형은 크게 세 가지로 나뉜다. 혼소박유형, 복합박유형, 단순박유형이 그것이다. 이 가운데 단순박유형은 좀 더 논의의 여지를 남겨두어야 한다. 2소박 4박자와 같은 것이 예가 될 터인데, 그 가락을 잦게 몰면서 이어 치다가 보니 특정하게 변형이 이루어져서 "겐지겐겐지겐" 등과 같은 가락으로 된 뒤 두마치가 된 것은 아닌지 문제가 가로 놓여 있기 때문이다. 그러한 문제가 있기는 하지만 추양리의 농악 가락이 지니고 있는 기본적 면모가 다양하게 구성되고 있으며 혼소박과 복합박 위주로 구성된 점을 인정할 수 있다.

혼소박은 두 가지 하위유형으로 되어 있으며, 혼소박의 단순유형과 복합유형이 더 있어서 다양성을 구현하고 있다. 복합유형 가운데 칠채와 같은 것은 거의 경기도 가락과 일치하고 의미를 가지고 있는 것이며, 추양리가 충청남도 서북형의 가락으로 대표되면서도 경기도와 충청남도를 잇은 연맥상에 있음을 보여주는 소중한 전례가 아닐 수 없다.

동시에 칠채가락에 있어서 이 가락의 세련된 맛보다 고형의 가락을 소박하게 연주하는 고제의 맛은 남다른 면모가 있다. 그런 점에서 가락 자체가 지니는 일정한 동아리를 구성하게 하면서 동시에 경기도 농악 가락의 남한계선과 같은 구실을 하는 예증이 될 수 있을 것으로 본다.

그러나 혼소박유형 가운데 소중한 것이 혼소박으로 되어 있는 단순유형인 질굿가락과 같은 것이라는 점을 새삼스럽게 인식해야 할 것으로 보인다. 두레풍장을 치고 행진을 하면서 모판이나 논바닥에 이르는 과정에서 치는 가락의 전통 역시 이러한 점에서 소중한 전통적 가락임을 보여주는 용례라고 할 수 있다.

추양리 농악 가락에서 문제되는 국면은 복합박 유형이라고 할 수 있다. 이 유형 역시 단순유형과 복합유형이 있는데 가락의 빠르기에 의해서 다양한 변이가 가능하다고 판단된다. 그러한 가운데 복합박의 특정한 가락들은 맛이 한층 세련되어 있을 뿐만 아니라, 가락의 전통 속에서 경기도 가락과 다른 소박한 맛을 내는 특징이 있다고 하지 않을 수 없다. 그런 점에서 본다면 추양리 가락이 지니는 특성은 인상적이다.

하지만 특정한 대목에서는 세련된 가락으로 굳어진 경기도충청의 윗다리가락과 다른 소박한 맛을 내게 된다. 그 가락 가운데 도둑굿가락은 판굿의 진정하고 소박하면서도 원형적인 고형의 맛을 낸다고 하는 점에서 매우 주목할 만한 가치를 지닌다. 그런 점에서 본다면, 아랫다리의 가락적 면모를 지니고 있으며 대전 이남의 가락적 특성과 연관되는 특정한 국면이 있다고 할 수 있다.

도둑굿가락에서 쇳가락 위주로 발달시키면서 특정한 가락의 즉흥성이 높은 가락들은 다른 각도에서 본다면 일정하게 지니고 있는 남다른 지역적 성격을 보여주는 적절한 사례가 아닌가 한다. 쇳가락을 한껏 고양시키면서 주박과 부박을 교묘하게 속이고, 가락은 소박을 건너뛰는 기묘한 멋을 내는 것이 특징적인데 이 가락은 좌도굿의 가락을 염두에 두고 있는 것임을 생각하지 않을 수 없다. 그런 점에서 본다면 이 가락의 면모가 바로 여기에 있으며 지역적 성격과 경계면을 염두에 둔 것이다.

그러나 좌도굿과 추양리굿을 본격적으로 연결시키는 것은 쉽지 않은 일이다. 그런데도 불구하고 산맥을 중심으로 하면서 부여, 논산, 그리고 금산, 무주 등을 중심으로 잇달아서 넘어가는 점에서 이 가락은 매우 주목할 만한 연관성을 지니고 있다. 좌도굿과의 연관성은 지리적으로 거리가 먼 것 같지만 이면적으로 잠재되어 있는 문화적 창조 원리가 여기에 있는 것이라고 볼 수 있다.

2) 추양리 농악의 갈래

추양리 농악의 다양한 가락과 기능은 세시절기와 밀접한 관련을 가지고 있으며, 이러한 전통 속에서 저마다 상이한 기능을 하면서 이룩된 것임을 분명하게 알 수 있다. 종족마을인 추양리 고추골의 전통 속에서 이룩된 결과물임을 다시 확인하게 된다. 이 농악의 갈래와 기능을 중심으로 일정한 도표를 그리게 되면 다음과 같이 정리된다.

세시절기	농악의 갈래와 기능	장소	특징
1월 2일~14일	당산제	추양정과 마을집	사신: 마을 집돌이처럼 두레풍장
5~7월 농번기	두레풍장	세 마을의 논	모내기와 논매기에서 두레풍장
7월 7일~15일	두레먹기	추양정과 마을집	두레풍장과 노름마치 판굿
비정기적 잔치	노름마치판굿	대가집과 공터	노름마치 판굿

(1) 당산제

음력과 양력이 다소 뒤섞여 있지만 음력을 기준으로 해서 농악의 갈래가 선명하게 드러난다. 정월달은 모든 세시력 가운데 집중적인 의례나 실제가 함께 이룩된 점을 볼 수 있다. 이 마을에서 가장 요긴한 것이 세 마을의 수호신격에 해당하는 추양정의 당산목에 모여서 일정하게 당산신을 위하는 제례의 절차를 지내는 것을 말한다. 두레풍장의 형식으로 가락을 치는 것을 특징으로 한다.

이에 대한 과거의 기록이 있으므로 이에 입각하여 사실을 정리한다. 정월달의 이틀에서부터 열 사흗날까지는 산신의 하강일로 간주하고 이 당산목을 중심으로 하여 일정하게 의례를 지냈다고 하는데 추양정이라고 하는 곳에서는 아주 오래된 당산목으로 참나무가 세 그루가 있었다고 한다. 그렇기 때문에 이 참나무를 각기 지칭하여 넘말나무, 안말나무, 새터나무 등으로 지칭하였다. 이 나무에서 각각의 당산제를 지냈으나 1980년도 조사 당시에 이미 이 나무들은 말라죽고 없어졌다고 전한다.

당제사 일정이 잡히게 되면 당제사에 필요한 제관, 축관, 화주 등을 구성한다. 제관으로 선정하는 방식으로는 흔히 생기복덕일을 잡아서 이로부터 일정하게 절차를 갖추는 것을 핵심으로 한다. 제관으로 선정 되면, 당제일로부터 7일 이전에 부정을 가리고 출입을 하지 않는다고 전한다. 목욕재계를 하는 것으로 자신의 신성한 기휘를 한다. 그렇기 때문에 전통적 유가의 방식을 고수하는 것이다. 이는 유가식 제사와 전통적인 농악대의 제의를 하나로 합쳐서 운용하는 것이라 하겠다.

당제사에 필요한 경비는 추렴을 통해서 조달된다. 당제를 지내기 위해서 집집마다 돌아다니면서 쌀 한 되를 걷는다. 제기를 비롯하여 제사에서 쓰는 것들은 모두 새롭게 장만하여 이것으로 제사를 지낸다고 한다. 제수 흥정이나 제기를 모두 장만해 새로운 제사를 지내는 것은 특징적이라고 할 수 있다.

당제일이 된다면 되기 전날 미리 이 추양정 일대에 "뜸집"을 짓는다고 하였다. 뜸집은 임시로 짓는 제청 비슷한 용도의 집을 말한다. 황토로 단을 쌓고 말뚝을 박고서 정방형으로 일정한 움집을 짓고 그 위에다 지붕을 엮고 갈대로 덮는다고 하였다. 이 집을 중심으로 제사를 지내게 된다.

당제를 지내게 되면 초저녁에 농기와 영기를 꽂아놓고 잡신을 없애려고 하는 의미의 "사신"을 지내게 된다. 세 마을의 풍물들이 모여서 함께 풍물을 친다. 먼저 한 마을의 풍물패가 올라와서 당산에 모여서 풍물을 치게 된다. 그러다가 다른 마을의 풍물이 올라오게 되면 서로 어울려서 잦은마치를 치면서 합굿을 치게 된다. 함께 어울려 일정하게 합굿을 치는 것이다.

"사신"을 치는데 있어서 이 굿의 실상은 노름마치 판굿이나 꽃나부 등은 존재하지 않고 소박하게 두레풍물만이 치는 것을 특징으로 한다. 이것은 원초적인 장단으로 신에게 제사를 지내는 전통을 확인하게 된다. 화려하게 악기를 구성하거나 장단을 치는 것은 아니고, 자신들의 소박한 악기로 이를 연행하게 된다. 신에게 정성을 드리는 방식을 이렇게 구현하는 것이라고 할 수 있다.

자시가 되면 세 마을의 농악대가 각기 마을로 향하게 되고 본격적인 유교식 당제가 시작된다. 농악대의 사신이 마쳐진 곳에 가서 제관, 축관, 제물을 진 화주 내외가 가서 그곳에서 일정하게 황토단에 상을 놓고 시루를 놓는다. 제상을 차리고 절을 하면서 당제를 지내게 된다. 제물은 삼색실과, 돼지, 포, 탕을 쓰지만 메와 국은 마련하지는 않는다고 한다. 분향하고 절을 하고, 다음으로 가가호호로 분향 소지하고 마친다.

젯날이 잡히면 마을 사람들의 출입이 제한되는데 대략 1970년대에 이 굿의 전통은 사라지고 현재는 새로운 새해맞이의 굿 형태로 전승되고 있다. 시대마다 지속되던 당산제의 전통이 소멸하고 새로운 형태로 달라지는 것을 보여준다. 이 점이 달라지는 현대의 농악이라고 할 수 있다.

추양리에서 정월달에 하는 당산제는 몇 가지 주요한 특징이 있다. 첫째, 두레풍장의 형태로 제사를 지내는 것이 가장 두드러지는 특징이라고 하겠다. 소박한 논농사를 지내는 방식으로 굿패를 구성하고 있으며, 여기에 노름마치와 꽃나부 등을 하지 않는 특징이 있다. 제사의 형태로 하는 것이기 때문에 소박하고 고제로 하는 특성을 이렇게 분석할 수 있다.

둘째는 두레풍장으로 하는 굿을 먼저 세 마을의 농악패가 함께 어울려서 하는 합굿의 형태로 진행한다고 하는 사실이다. 합굿이 당산제에 존재하므로 이 굿의 구성을 통해서 합두레와 같은 전통을 반복하고 재현하는 것을 확인하게 된다. 합굿을 치면서 세 마을의 농악대가 마당굿을 통해서 하나로 된다.

셋째는 합굿을 치고 나서 유교식 제례를 지내는 방식을 선택하고 있는 것을 잊지 말아야 한다. 합굿으로 마을의 풍물굿패가 하나로 되고, 이 전통에 입각하여 제관이 굿을 치는 점은 매우 인상적이다. 유교식제례와 농악대굿의 결합 양상을 흥미롭게 보여주는 전통적 방식이 존재하는 것이다.

넷째는 이 합굿에 이어서 집집마다 돌아다니면서 하는 집돌이나 유가의 형태로 진행되었다고도 한다. 그렇기 때문에 이들의 의례적 행위는 매우 주목할 만한 것인데 그러한 형태를 통해서 합굿과 당나무, 집이 수직적으로 연결되고, 수평적으로 연계되어 있는 점을 볼 수 있다. 신성한 힘의 사물이 집안마다 실현될 수 있도록 구성하고 있다.

(2) 두레풍장

추양리에서 두레풍장은 두레풍물의 전통을 확실하게 보여주는 전통적인 세시절기 농악과 관련된다. 그러므로 그 절차를 정리하면서 일정하게 농악이 어떠한 관련을 가지고 있는지 살펴보기로 한다.

    * 두레난다
    * 두레풍장친다
    * 두레풍장으로 마을굿친다
    * 두레먹기 구성한다

두레난다는 말이 이 마을에서 사용된다. 두레를 내기 위해서는 각각의 절차가 있지만 두레를 공론하고 이를 맡아서 할 일꾼을 구성한다. 그 핵심 일꾼이 바로 좌상과 공원이다. 좌상은 으뜸 수장을 말하고 경륜과 엄정함을 핵심으로 한다. 공원은 심부름을 하면서 이를 조달하는 것을 말한다. 두레에 대한 일정한 절차를 말로 하는 "새두레"라고 하는 것도 이 마을에서 핵심적인 소인이 된다.

두레로 일을 하게 된다. 두레로 하는 일은 여러 가지가 있지만 김매기가 핵심이다. 김매기는 두벌논매기에서 중점적으로 하게 되므로 이것을 중심으로 진행한다. 두레를 내게 되면 모든 것을 신이 부여한 질서에 의해서 이룩하는데 그 중심에 바로 농기와 영기가 있게 된다. 농기는 당나무에 세워두고, 영기는 신대의 구실을 하는 농기의 심부름꾼 노릇을 한다. 두레를 통해서 풍장이 필요한 이유가 적극적으로 해명된다.

노래를 하고 신명을 풀면서 함께 하는 일의 공동체를 결성하기 위해서 이러한 일이 필요했던 것이 사실이다. 아울러서 더욱 중요한 것은 두레를 내서 여러 사람이 신명공동체와 공동노동의 공동체, 예술공동체, 의식공동체의 일반적 양상을 구현하게 된다. 그 점에 있어서 이러한 두레풍장은 긴요한 역할을 했을 것으로 판단된다.

두레굿을 치게 되면 이웃 마을과 조직적으로 대결하는 일이 불가피하다고 할 수 있다. 두레굿을 하다가 두레쌈을 하는 것은 이러한 까닭이 된다. 두레쌈이 나게 되면 서로 치열하게 경쟁을 하지 않을 수 없으며, 그들을 통해서 일련의 문제가 생기는 것을 보게 된다. 두레굿과 두레쌈은 마을 사이에 불가피한 경쟁심을 조장하지만 이를 부정적으로 볼 것은 아니다.

두레굿을 집굿이나 마을굿으로 확장하는 방식이 긴요하다. 두레를 내서 대가집이나 잘사는 사람이 있을 때에 하는 것이 집안걸립을 통한 일이라 할 수 있다. 대가집을 위해서 하는 것으로 요긴한 것이 저녁을 내는 집안에 가서 함께 하는 것인데 바로 문간굿, 부엌굿(조왕굿), 외양 간굿, 당산굿, 마당굿, 술굿 등을 치는 것이다.

두레풍장의 핵심적 가락은 느진마치와 잦은마치라고 할 수 있다. 느 진마치는 느린 굿거리나 질굿과 한배가 맞다. 잦은마치는 매우 빠른 가락으로 일정하게 움직이는 특성을 갖추고 있으며 이들의 일체감이 가락과 장단으로 어울리는 것을 다시금 생각할 수 있게 한다. 두레풍장 에는 별다른 수식이 들어가지 않는다.

좌상과 공원의 협업으로 새롭게 두레가 끝나게 된다면 함께 하는 것 이 바로 두레먹기를 조성한다고 하는 사실이다. 농사꾼으로 힘든 나날 을 보낸 인물들을 위무하고 한 해 농사를 마무리하는 것이 바로 두레먹 기를 위한 공론을 구성하는 일이라고 할 수 있다. 이 점에서 매우 이례 적인 것이지만 품값을 하고 두레셈을 하는 마무리단계가 된다.

두레풍장의 가락은 들로 가는 과정에서 긴요하게 활용된다. 나발을 불어서 신호를 울리는데 이것이 나발 삼초와 같은 구실을 하게 된다. 동시에 자신세마치를 치고 나서 길을 가는데 치는 것이 이른 바 느진세 마치 가락으로 달리 질굿 가락, 가는 풍장이라고 하는 것을 핵심으로 하고 있다. 이 가락이 멋진 맛을 드러낸다.

두레풍장이라고 하는 가락이 있는데 이 가락은 가락이 푸짐하고 멋진 특성을 지니고 있다. 가령 질굿가락의 핵심적 구실을 하는데 이것이 바로 좌도의 질굿가락과 깊은 관련을 지니고 있다. "진질삼 돈닷돈 진지 리삼 돈닷돈" 등의 푸짐하고 넉넉한 가락을 멋지게 구사한다. 이 가락에 맞추어서 쇳가락이 도둑굿가락으로 발전하게 되면 이에 의거하여 색다르

게 하면서 쇠발림을 하게 된다. 쇠발림에 입각하여 일정하게 아름다움을
구현하였는데 이를 핵심적으로 보여주는 것이다.

이러한 맥락에서 다시 재고한다면 두레풍장에는 세 가지 뜻이 있다
고 정리할 수 있다.

㉮ 두레내서 곁들이는 농악으로서의 두레풍장
㉯ 특정한 가락으로서의 두레풍장
㉰ 진풀이로서의 두레풍장

㉮는 위계적으로 가장 큰 개념으로서 광의의 의미를 가지는 두레풍
장이라고 할 수 있다. 두레풍장은 두레를 내고 이를 운용하는 과정에서
사용하는 것이다. 이와 대립되는 개념으로서 꽃나부풍장이 있다. 마찬
가지로 노름마치 판굿에서의 풍장 역시 이러한 개념으로 운용되는 것
이라고 할 수 있다.

㉯는 특정한 가락 명칭으로서 나타나는 장단의 명칭이 된다. 두레풍
장은 바로 가락 명칭으로서의 개념이라고 할 수 있는데 질굿의 푸짐하
고 넉넉한 중간 빠르기의 장단을 두레풍장이라고 할 수 있다. 게다가
더욱 중요한 것은 두레풍장은 느진세마치－두레풍장－자진세마치 등
의 중간 항이 되는 점이 확인된다.

㉰는 경기도와 충청도 일대에서 보이는 돌모와 같은 진풀이의 삼겹
원을 흔히 두레풍장이라고 하는 것이다. 논바닥에서 일꾼이 세 겹으로
원을 쌓은 전통을 이렇게 말하는 것으로 보인다. 풍물잽이－법고－꽃
나부 등이 일정하게 서로를 조이면서 하나로 뭉치게 하는 것이 바로
두레풍장이라고 하겠다.

한 가지에서 나와서 달라지는 것을 이렇게 표현하는 것이라고 하겠
다. 그 점에서 두레풍장은 일정한 구실을 하고 이러한 구성들 속에서
형식, 장단, 진풀이 등이 파생되면서 의미가 전용되었을 가능성을 배제
할 수 없다. 그런 점에서 이 두레풍장에 대한 의미 부여는 매우 소중한
이 지역 농악의 전통이라고 하겠다.

(3) 두레먹기

칠월 칠석이 되면 두레를 근본적으로 마무리하는 행사로 "두레먹기"
를 하게 된다. 두레꾼들이 번 돈이 많게 되면 이들을 통해서 돈을 분배
하고 소를 사 가지고 와서 이를 균분하고 음식을 장만하며 두레먹기
농악을 위한 기본적인 면모를 과시하게 된다. 두레먹기를 통해서 일정
하게 의미 있는 일을 하고 한해 두레의 행사를 마무리하게 된다.

당산굿을 치고 나면 세 마을의 두레풍장패가 함께 내려와서 놀이를
하고 동시에 집집마다 돌아다니면서 일련의 의례를 하는 것이 핵심적
이라고 할 수 있다. 두레굿을 통하여 일련의 의미로운 결속을 다진 바
있고, 신성한 굿을 한 바 있으므로 이를 통하여 핵심적인 놀이와 의례
를 하는 것이라고 할 수 있다. 그렇게 보낸 한 해의 농사 두레를 마무리
하고 이들 사이의 해체가 이루어진다.

(4) 노름마치 판굿

노름마치 판굿은 꽃나부풍장이라고 하는 일련의 연속선상의 정합성
과 의미를 갖추고 있는 것이다. 노름마치는 소중한 토박이 말이다. 이
말에는 두 가지 뜻이 있다. 하나는 노름놀이를 마친다고 하는 뜻이며,

다른 하나는 노름마치가 탁월한 잽이들이 놀이를 함으로써 더 이상의 놀이꾼이 없이 마감된다는 뜻이다.

이 고장 고추골에서는 이러한 뜻 가운데 전자의 뜻을 사용한다. 이와 달리 두레풍장과 준별되고, 두레풍장의 전통을 이으면서도 마을 사람들의 신명난 예술적 창조력을 보여주는 것이 바로 노름마치 판굿이라고 할 수 있다. 그런 점에서 본다면 노름마치의 판굿은 일련의 의미를 가지고 있는 핵심적 예술성을 제고하는 것이다.

우리는 경기도와 충청도 일대의 뜬쇠들이 지나치게 발달한 예능을 자랑한 덕에 토박이 농꾼들의 소박한 형태의 판굿이 궁금하게 되었는데 마침내 부여 추양리 농악대들이 하는 노름마치 판굿을 통해서 본래의 원형적인 면모를 확인하게 된다. 그런 점에서 노름마치 판굿은 추양리의 농악이 지니는 위대한 힘 가운데 하나이다.

노름마치 판굿 또는 꽃나부풍장이라고 하는 예능 위주의 굿을 완전한 형태로 재현한 것을 보면 이 점이 분명하게 드러나리라고 본다.[2]

---

2) 이보형, 충청남도 부여군 초촌면 추양리 고추골 농악 현지조사 자료, 1981년 9월 30일. 이보형이 소장하고 있는 자료를 중심으로 재구성할 수 있었다. 물론 이에 대한 보고서는 이미 간행한 바 있다.
   이보형 외, 앞의 책, 1982.

굿	가락 뭉치	진풀이	특징
인사굿	두마치	• 꽃나부-법고-풍장 연장 삼열종대 • 풍물-법고-꽃나부 원형으로 오른쪽으로 돌기 • 사방으로 보면서 쇳가락에 인사하기	농악대회 연출용으로 구성된 것이다.
도둑굿	도둑굿 – 세마치 – 두마치 – 세마치	도둑굿 가락을 연주하면서 오른쪽으로 돌기	
칠채	칠채 내드림 – 칠채 – 마당굿 일채 – 세마치 – 허튼세마치	• 칠채와 다른 가락을 연주하면서 오른쪽으로 돌기	멍석말이를 하면서 이 가락을 연주하는 경기도와 차별성이 나는 대목
쩍쩍이	쩍쩍이가락	• 사물을 치는 인물은 옆걸음 치고 법고와 꽃나부는 춤을 추면서 우로 돈다	소박한 쩍쩍이 가락이다.
연풍대	느린마치 – 세마치 – 두마치	• 느린마치를 칠 때에 춤을 추면서 오른쪽으로 돈다. • 나발을 분다. • 세마치를 치면서 쇠와 징이 주받이를 한다. • 두마치를 치면서 뒤로 돌아서 왼쪽으로 돌게 된다.	남사당패에서 사용하는 굿거리탈춤 가락과 동일한 가락이다.
멍석말이	잦은세마치 – 잦은두마치	• 상쇠가 잦은세마치를 치면서 외상모를 하고 오른쪽으로 전진하고 안으로 멍석말이를 한다. • 잦은두마치를 하면서 이를 푼다.	
쓰레질	느린세마치 – 쓰레질가락 (갱--, 갱-개, 깽깨깽, 갯갱-, 깽깨-, 갱-갱, 갱--, 깽--) – 세마치	• 세마치를 치면서 풍물, 법고, 꽃나부 등이 3열종대로 선다. • 특정한 가락에 맞추어서 법고와 꽃나부가 점점이 늘어선다. • 세마치 가락에 맞추어서 풍물은 그대로 서 있고, 법고와 꽃나부가 서로 합쳐서 오른쪽으로 크게 돈 다음에 쇳가락에 따라서 법고와 꽃나부가 앉았다가 일어섰다가 한다. • 세마치 가락에 풍물과 법고가 두 줄로 나란히 갔다가 서로 좌우로 갈려 한 바퀴를 도는데 이를 쓰레질이라고 한다. • 이때 꽃나부는 두 줄의 뒤를 따르게 된다. • 풍물과 법고가 나란히 서서 오른쪽으로 돌고, 꽃나부도 오른쪽으로 돌게 된다.	다른 고장의 농사풀이나 당산벌림으로 하는 경기도일대의 모심는 사위와 같은 맥락의 농사놀이일 개연성이 있다.

좌우치기	세마치 – 좌우치기가락 (갱–개, 개개깨, 갱––, 갯––)	• 풍물–법고–꽃나부가 삼열종대로 늘어서서 제자리에서좌우전후로 두 걸음씩 옮겼다가 원위치로 돌아오는 좌우치기를 한다. • 그렇게 다른 가락으로 넘어가는 것을 준비한다.	좌우치기는 경기 충청도의 특정한 진풀이 방식이다.
삼통백이	세마치	• 세마치를 치게 되면 풍물 – 법고 – 꽃나부 등이 크게 원을 돌게 된다. • 풍물 – 법고 – 꽃나부 등이 파트별로 각각의 원을 구성하면서 돌게 된다. • 꽃나부는 수건춤을 추면서 신명풀이를 모두 다 한다.	경기도의 사통백이와 관련된다. 구성이 소박하므로 삼통백이로 된다.
장고놀음	잦은두마치 – 세마치 – 잦은마치 – 세마치	• 상쇠가 잦은두마치를 치면서 전원을 원으로 오른쪽으로 돌리게 된다. • 쇠가 장고를 달고 들어가서 그곳에서 신명나는 장고놀음을 하게 한다. • 상쇠와 장고가 마주보고 연주하다가 해체하여 밖으로 나오게 된다.	
두레풍장	세마치 – 잦은세마치	• 풍물 – 법고 – 꽃나부 등이 각각의 구성으로 삼겹의 동심원을 쌓으면서 조였다가 풀었다가 하면서 놀이를 한다.	경기도의 돌모와 같은 진풀이 유형이라고 할 수 있다.
진상모 돌리기	세마치 – 잦은세마치	• 법고잽이 하나가 진상모를 돌리면서 이를 놀리는 것을 보여준다.	
인사굿	세마치	• 오른쪽으로 크게 돌면서 함께 일정한 원을 구성하고 사방으로 인사하면서 마치는 형식으로 되어 있다.	

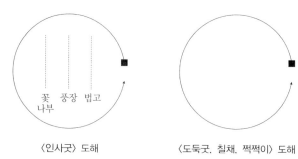

꽃 풍장 법고
나부

〈인사굿〉 도해   〈도둑굿. 칠채. 쩍쩍이〉 도해

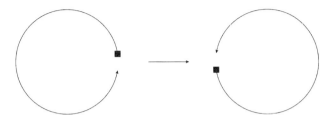

〈연풍대〉도해

도는 방향을 반대로 바꾼다.

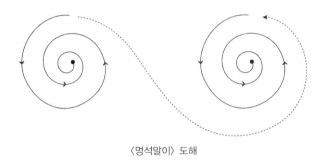

〈멍석말이〉도해

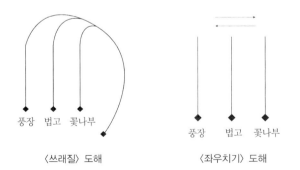

〈쓰래질〉도해   〈좌우치기〉도해

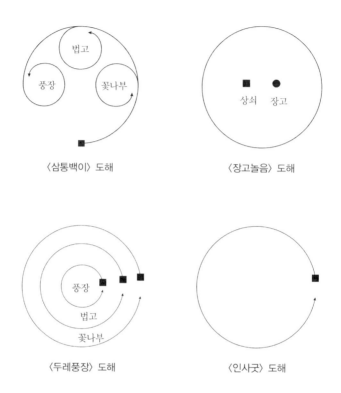

〈삼통백이〉도해   〈장고놀음〉도해

〈두레풍장〉도해   〈인사굿〉도해

　이 과정에서 중요한 것은 역시 놀이꾼들의 구성이다. 풍물을 연주하는 사물패, 춤을 추는 법고패, 뒤에서 따라다니는 꽃나부의 무동패 등이 그것이다. 이들의 구성 속에서 연주하는 점이 각별하고, 모두 세 가지 구성원 간의 조화 속에서 나오는 점이 가장 인상적인 대목이라고 할 수 있다.

　추양리에 전승되는 노름마치 판굿은 일련의 생명력이 있는 연속체이다. 연속체는 분명한 위계를 지니고 있어서 논리적인 인과성과 함께 일련의 접합성을 지니고 있다. 그 정합성의 핵심은 편장구자(篇章句字)의 원리를 들어서 해명하면 타당성이 분명해진다. 편장구자의 원리는 작은 것과 큰 것이 맺는 일련의 연속선상의 원리를 구현하는 것을 말한다.

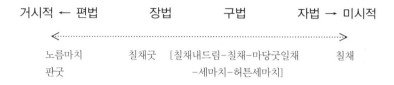

거시적 ← 편법   장법   구법   자법 → 미시적

노름마치   칠채굿   [칠채내드림–칠채–마당굿일채   칠채
판굿   –세마치–허튼세마치]

  편법은 최상의 단위이다. 한판 전체를 구성하는 판굿을 총괄적으로 이른 말이다. 장법은 일종의 단락을 구성하는 것이라고 할 수 있는데, 장법에는 통괄적인 뭉치들의 직조원리가 있다. 구법은 이 뭉치를 구성하는 원리이다. 반복되는 것과 반복되지 않는 것이 교묘하게 결합하면서 얼개를 이루는 것이다. 자법은 단순한 가락이라고 하더라도 반복하는 것이 아닌 변화무쌍한 원리를 말하는 것이다. 논리적으로 정연한 구성을 하고 있음이 밝혀진다.

  추양리 농악의 구성 원리를 통해서 우리는 경기도충청도 일대의 농악이 지니는 웃다리와 아랫다리의 가락이 지니는 불분명한 판굿의 원리를 확실하게 구성하는 분명한 것이 서로 깊은 관련이 있음을 비로소 알게 되었다. 모호한 것이 사실은 분명한 것이고 판굿에서 이룩되는 강력한 준거를 찾게 되었다고 하는 사실이다. 추양리는 비교적 명료한 준거를 제공하는 농악 가운데 하나이다.

  특징적인 지역의 성격을 지니고 있으면서도 일정하게 이룩되는 알 수 없는 것들이 있는데 이를 찾아야 한다. 쓰레질이라고 하는 것은 농사풀이의 강력한 흔적을 지니고 있는데 이들의 원리를 찾아서 정리할 수 있는 실마리들을 찾게 되었다. 삼통백이, 연풍대 등의 맥락 역시 다시금 재고할 수 있는 준거를 제공하고 있다.

〈1981년 추양리 농악 조사 당시 이보형이 촬영한 사진들〉

장구

농기

상쇠

꽃나부(무동)

나팔과 호적

판굿

판굿

마을회관에서 면담에 응하고 있는 마을 어르신들
두레풍장을 시연하고 있는 회원들

2. 충남 부여 세도리 두레풍장

1) 세도두레풍장의 전통

두레는 서로 돕고 서로 부조하는 이른 바 상부상조의 작업 방식으로, 전통적인 농업 노동력의 집약방식 가운데 하나이다.[3] 유사한 형태로 여러 가지 작업 방식이 있는데, 품앗이, 놉, 운력, 품팔기 등이다. 그 가운데 가장 중요한 것이 두레로 농업 노동력의 대표적인 작업 방식이다. 그 몇 가지 가운데 가장 한국적인 전통을 자랑하고 있으며, 사람들을 인정과 도리로 묶어주는 긴요한 노동의 조직 방식이기도 하다. 이를테면 일종의 사람과 사람의 약속과 마을을 운용하는 미풍양속이다. 인간의 힘을 이용하여 일을 하는데 절대적으로 필요하였던 시대의 산물이고, 그러한 두레는 으뜸의 작업 방식 가운데 하나라고 하겠다.

두레는 단시일 내에 이룩된 방식은 아니고 역사적으로 긴요한 의의를 가지고 있는 것으로 평가되며, 수많은 세월 속에서 이룩된 역사적

---

3) http://www.kculture.or.kr/korean/symbol/symbolView.jsp?kcs_seq=44; 주강현, 『한국의 두레』 1·2, 집문당, 1997~8; 주강현, 『농민의 역사 두레』, 들녘, 2006. 이 웹사이트와 두 저서를 중심으로 하면서 생각이 다른 쪽이나 자료를 보완하면서 서술하기로 한다.

축적의 결과일 것이다. 그렇지만 현재의 관점에서 보게 되면, 두레문화나 두레정신은 일제 강점기에 이르러서 점차로 소멸하고 근대화의 여파와 일제 강점기에 불순한 의도 아래에서 점차로 파괴되었을 것으로 추정된다.

두레는 순식간에, 그리고 급격하게 일제 강점기 때 체계적으로 소멸되기 시작하였다. 두레의 소멸로 말미암아서 우리의 정신이나 조직 그리고 많은 부수적인 문화들이 점차로 쇠퇴하게 되었다. 인간의 조직을 강제적으로 차압하고 수탈하는 과정에서 전통적인 방식을 빼앗기고 동시에 인간이 이룩한 위대한 문화가 고갈되고 소멸되는 비운을 겪게 되었다.

가령 논농사 과정에서 두레를 통해서 이룩된 수많은 정서가 침탈된바 그 가운데서고 우리가 이룩한 역동적이고 혁신적인 논농사의 아름다운 민요가 많이 사라졌으며, 두레를 구성하고 있는 정신적인 통일감을 제시하는 당산이나 마을의 지킴이도 사라졌다. 그것을 신대로 활용하면서 노동의 평등함과 주체성을 상징하는 두레기인 용기나 농기도 거세 되었으며, 인정으로 져 나르던 새참, 겨느리, 들밥 등을 논둑에서 빼앗겼다. 이에 입각한 두레밥도 사라졌음을 인정하지 않을 수 없다.

이뿐만 아니라 사람들을 더욱 신명난 삶으로 집약하고 이들을 뜨겁게 충동적으로 달구던 농악, 풍물, 풍장으로 대변하는 두레풍장이나 두레풍물 자체도 바람 앞의 촛불처럼 이들의 핵심을 상실 당했음이 사실이다. 그것은 무엇으로도 보상될 수 없는 긴요한 것이고, 인정과 사람 중심, 나눔의 정신이 함께 통일돼 자아내던 두레의 인정도 사라지게 되었다. 특히 마을 사람들이 하나가 되어서 서로 상부상조하는 공동체적 생활기풍의 두레정신을 상실하였다. 이러한 전통을 찾고 계승해야 할 책무가 우리에게 있다.

전통적인 역사와 사회 속에서 농사를 짓는 농민들은 항시 서로 돕고 살았으며, 상부상조하는 생활 속에서 마을의 기풍과 문화를 일궈내었음을 잊지 않아야 한다. 그러한 전통이 전국적으로 널리 퍼져 있으며 명목만으로도 이러한 전통이 이어졌음을 기억할 필요가 있다. 가령 두레, 황두, 소겨리, 품앗이, 수눌음, 접, 계, 향약 등으로 일컬어지는 통일되고 다양성을 자랑하는 마을 단위의 다양한 형태의 조직을 만들어 삶을 일구고 농촌생활을 꾸리고 다듬어왔다.

한국 사람이 일군 공동노동 형태 가운데 가장 대표적인 노동조직이 두레인데, 그러한 전통은 삼한시대인 청동기시대부터 출현했을 것으로 보인다. 구체적으로 두레의 어원을 이루는 단어인 '두레'가 존재한 증거를 찾을 수가 있기 때문이다. 두레라는 용어는 직접적으로 쓰이지 않았지만 유사한 단어가 사용되면서 두레의 기원을 이루었을 가능성이 있다.

삼한 시대의 진한 조에는 두레에 관하여 더욱 중요한 사실이 기록되어 있으며 그 요점이 분명하게 드러난다. 진한과 마한의 말이 서로 같지 않다고 하면서 중요한 사실을 증언하고 있다. 그것은 나라를 방(邦)이라고 하고, 활을 호(弧)라고 하고, 도적을 구(寇)라고 하고, 술잔을 돌리는 일을 행상(行觴)이라고 한다는 사실이다. 서로 부르는 것을 도(徒)라고 하므로 진(秦)나라 사람들과 흡사하니, 단지 연(燕)나라와 제(齊)나라의 명칭만은 아니라고 하였다.[4] 이 가운데 중요한 것은 도라고 하는

---

4) 『三國志』「魏志」"東夷伝"辰韓.
　　辰韓在馬韓之東, 其耆老伝世, 自言古之亡人避秦役來適韓國, 馬韓割其東界地与之. 有城柵. 其言語不与馬韓同, 名國爲邦, 弓爲弧, 賊爲寇, 行酒爲行觴, 相呼皆爲

것을 어떻게 해석할 것인지에 대한 논란이 있었으니 이들이 바로 두레
의 기원을 이룬다고 하겠다.

우리나라의 전국적인 농업 판도를 살펴보면 지리적인 영향 아래 인
문지리적 면모가 형성되었다. 지질이나 지세의 영향으로 농사의 향배
가 결정되었다. 논과 밭이라고 하는 인위적인 농업 방식이 결정되면서
지리적 분포를 이루었다고 해도 과언이 아니다. 농사 방법과 농사의
형태가 지역적 차별성을 형성하였다.

쌀농사지대이며 논농사 가운데 벼농사의 중심축을 형성한 곳이 남한
지역이다. 이처럼 남한 지역을 중심으로 한 두레가 성립되었다. 이와
달리 북쪽 지역에서는 논김매기보다는 밭김매기가 성행하고 그렇게 되
었으므로 밭농사지대인 황두가 중심이 되었으며, 그러한 논농사와 밭
농사의 비교론과 대비는 중요한 결과를 낳는다. 이 가운데 밭김매기의
전통적인 것은 일부의 〈호무타령〉과 같은 것에서 확인되고 있을 따름
이다.5) 이 소리를 할 때에 항상 '황두계논매기' 또는 '황두논매기', '황

徒, 有似秦人, 非但燕, 齊之名物也.

5) 호무는 호미의 사투리로, 황해도와 평안도 등지에서 사용하는 것이다. 이와 같은 용어의
근간을 앞세우고 이를 일정하게 다듬은 소리가 〈호무가〉이다. 〈호무가〉는 호미로 김맬
때 부르는 노동요의 일종이다. 이러한 김매기 소리는 북한의 여러 지방마다 있으며, 여기에
실린 것은 서도지방에서 불리던 것이기 때문에 서도 창법으로 되어 있는 것이 특징적이다.
그렇지만 여기에 소개하는 이 소리는 원래의 토속민요가 아니라 양악 반주로 편곡된 것이
다. 이 과정에서 후렴을 앞에다 배치한 것이 특이하며 중간에 양악 간주를 넣어 대중가요
식으로 재편해 놓았으므로 당시 유행하던 신민요의 분위기를 지니고 있다. 역시 느리고
빠른 한 쌍으로 되어 있다.
   원반 : Victor KJ-1384-A/ 연주 : 김란홍/ 녹음 : 1938.9.14.
   아에 아에헤에아 호무로다.
      아, 떴네 떴어 뗏목이 떴네.
   아에 아에헤 에아 오무로다.
      아, 용두O 각빌에길 수건 벗기를 꺼리네.

두매기'라는 명칭을 사용하게 된다.

　지역에 따라 형성된 두레가 있으며, 두레에 대한 토박이말이 발달하였다. 대표적으로 두레의 명칭은 두레, 줄레, 질, 둘개, 동네논매기, 농사, 농계, 농상계, 농청, 계청, 목청 등 다양한 이름으로 일컬어져 왔다. 논매기의 일감과 수선에 따라서 초벌두레, 두벌두레, 만물두레 등의 농사두레뿐만 아니라 꼴을 베는 풀베기두레, 여자만으로 조직되는 길쌈두레 또는 둘개삼, 둘개삼삼기 등도 있었다.

　본격적 두레의 발생은 조선후기에 전국적으로 보편화된 모내기의 확산과 동시에 이루어졌을 것으로 추정된다. 예컨대 조선후기 논농사에서 이앙법(移秧法)의 전면적 시행과 함께 이앙법을 보완하기 위한 보(洑)를 비롯한 관개 사업의 전개는 두레공동노동조직을 온전하게 추동하는 저력이 되었다. 그리하여 두레는 조선후기 농업생산 활동의 중심축으로서 자리매김하게 되었다. 이앙법의 전개와 의의는 두레를 촉진하고 형성하는데 요긴한 구실을 하였던 것으로 추정된다.

　두레는 상부상조하면서 공동으로 논매기 또는 김매기를 하던 우리 민족의 독창적이고 기발한 창조에 의해서 이루어지는 고유의 풍습을 말하는 것이니, 농촌 마을 어디서나 쉽사리 눈에 띄던 대표적인 민중들의 온전한 풍습이자 일이었다. 두레는 고통스런 들판의 일을 신명으로 달구어내고 일상의 흥과 풍취로 풀어내는 지혜의 산물이고 그 중심 복

에헤야 호미로다.
　　OOO을 O들 막고 부대간으로 가자.
아, 에헤야루 호미로다
　　석양 OOO OO 매 나갑세다.
아, 에헤루 호미로다.
　　여러분 덕분에 OOO O서

판에 도사리고 있는 상징적인 체계이며 고도의 문화적 압축이자 정신과 물질의 종합적 산물이었다고 판단된다. 그것은 매우 놀랍고 역동적인 문화행위의 생산물이었다.

오늘날 우리나라 전역에 남아 있는 핵심적인 수단과 정신적 상징의 산물이 바로 농악이다. 농악의 전통은 각양각색의 산물로 그 중심의 뿌리에 신앙이자 예술이고 주술인 것이었으며, 그 구체적인 상징으로 등장한 것이 바로 농악이었다. 농악 가운데 두레풍장이 긴요한 구실을 하였으며, 두레풍장이 우리가 볼 수 있는 구체적이고 생동감 있는 예증으로 바로 두레에서 이루어졌음을 알 수 있다. 농악과 두레풍장이 말은 달라도 하나의 근간에서 비롯되었으며 역동적이고 충동적인 음악이 되었다.

농민과 농사문화의 중심에서 이를 두레풍장이나 두레굿이라고 하면서 이따금 이들의 전통이 원용되고, 풍물굿이라고도 지칭하게 된다. 두레풍장, 두레풍물, 두레농악, 두레굿 등은 이러한 맥락에서 탄생한 말이다. 아울러서 두레는 민중들이 향유하는 굿의 뿌리로부터 비롯된 셈이다. 일과 놀이를 겸비한 두레문화를 발전시켜 삶의 진정성과 흥취 그리고 모두 하나가 되는 합일성을 도모하고자 한 것이다. 이를 한자어로 말하자면 이른 바 대동성(大同性)을 확보하고자 했던 셈이다.

또한, 두레는 농민의 평등주의와 마을의 공동체문화를 관철하고자 하는 터전이자 현장이었다. 농사일을 결정하는 호미모둠이나 두레의 결산을 보는 호미씨세, 호미씻이, 합두레 등의 형태는 그러한 성격을 뚜렷하게 보여주는 것이다. 호미씻이 같은 종합적인 두레 파접의 형태는 농민회의의 공동체 정신을 일구는 전형인 사례였다. 농청에 호미를 걸어두고 다음 해를 결산하는 것이 바로 호미씨세와 같은 형태로 구현되었던 것이다.

　두레꾼들은 신의 의사에서 결정되는 신성성을 외면으로 하고 동시에 마을의 관습과 전통에서 비롯되는 자체적으로 제정한 엄격한 규율을 정해 공동노동의 단결성을 내면으로 하면서 조직을 확보하고 운용하였다. 향약 규례와 같은 상부상조의 전통을 엄히 지켜서 마을의 노약자나 과부 등 일손이 공출될 수 없는 곳에서는 이를 감면하면서 제공하는 경지를 무상으로 지어주는 미풍양속도 있었다고 전한다.

　동시에 마을 두레풍장 단체는 내적인 걸립이나 외적인 걸립으로 공동자금(契金)을 확보하여 악기를 보수한다거나 마을 대소사에 자금을 대어주는 기능도 담당하였으므로 경제적인 공동체 구실을 하였다. 두레는 한솥밥공동체로 묶였던 농민들의 세계를 잘 보여주는 것이며, 그러한 생활상의 저력에서 농민들의 순박하면서도 강인한 힘이 잉태되었던 것이다. 추렴이나 공동자금을 걷기 위한 거출 등을 형식적인 걸립의 형태로 구현한 일은 중요하다. 마을의 자발적인 공동 기부와 거출의 성격을 지니고 있으며 자신들의 마을 아닌 다른 마을로 향하게 되면 외적 걸립으로 변화된다.

　더욱 중요한 것은 이들 두레를 통해서 했던 특별한 면모가 있다는 것이다. 두레를 통해서 마을의 두레가 서로 우위를 점하는 다툼을 벌였다. 이는 마을마다 신을 다르게 모시면서 별도의 조직을 운용하며 두레놀이를 다르게 하고 있기 때문에 선후나 위계를 다투게 된다. 따라서 이들 사이의 일정한 전투의식을 고취하고 마을을 일사분란하게 묶어주는 특정한 구실을 했던 것으로 추정된다. 그러한 관점에서 이들의 두레는 정말로 소중한 공동체의 산물임을 거듭 알게 된다. 두레기를 빼앗고 꿩장목을 앗으려고 하는 싸움 때문에 기싸움이나 기세배와 같은 형태를 구현했다.

노동집약적인 논농사는 농사절기의 특성상 공동체적 노동을 요구한다. 노동을 발전시키고 논을 중심으로 논농사를 집약적으로 행하면서 마을의 결속력을 다지는 두레의 형태나 두레굿의 형식을 선택하는 것은 중국, 일본 등지에서도 찾아낼 수가 없다. 일본에서도 전악(田樂)이라고 하는 농악을 연행하지만, 그러한 노동의 조직을 운용하지는 않는 것으로 파악된다. 두레라고 하는 개별적인 문화의 형성은 살펴지지 않는다.

그러나 한국에서처럼 농악을 중심으로 하면서 여러 가지 소리와 노동을 함께 작동하게 되는 두레와 같은 형태는 없는 것으로 안다. 노동의 공동문화나 공동체조직을 꾸린 사례는 이웃하고 있는 나라인 일본이나 중국 어디에도 없음을 알 수 있다. 그러한 점에서 두레굿과 더불어 두레문화는 우리나라의 독창적인 산물이라고 할 수가 있다.

오늘날은 농촌 곳곳에서 두레는커녕 농악소리조차 듣기 힘든 지경이 되었다. 농악의 소리는 이제 거의 유산으로나 문화유물로 형해한 채 남아 있음이 확인된다. 전통적인 농사문화가 급격하게 해체되고 세계적인 자본주의 횡행과 함께 전통적인 농사의 방식은 이제 존재하지 않게 되었다. 그러나 두레와 긴밀하게 얽혀 있으면서 농악과 함께 이룩된 두레문화는 새 시대에 맞는 전환과 모색을 함께 해야만 한다.

과거와 같은 방식의 두레는 현재 존재하기 어렵게 되었으며, 그 기반이 함께 사라졌기 때문에 함께 존재할 수가 없다. 그러나 두레의 정신이나 문화적 산물을 함께 하면서 이들을 일정하게 공통적으로 운용하는 정신 계승과 이들의 논리를 계승하는 것이 필요한 작업이라고 할 수가 있다. 두레문화의 전통을 함께 살리면서 우리 농촌에서 만든 문화적 유산을 계승하는 것이 필요한 작업이라고 할 수가 있다.

2) 두레의 얼개, 논농사, 농요, 농악

오늘날 농악 가운데 가장 아름답고 가장 역동적인 것 가운데 하나가 두레풍장이다. 현재는 그 존재 의의도 점차로 희미해지고 쇠퇴의 과정을 거치고 있지만, 인간이 이룩한 문화 가운데 그 가치와 의의를 지니고 있는 것이 바로 두레풍장이다. 인간의 노동력이 절대적인 기능을 하고 인간의 힘을 합쳐서 일을 하는 과정에서 파생된 것이 바로 노동력을 집약하는 정신이자 기술의 산물이며, 이것이 바로 두레풍장이라고 할 수가 있다. 두레풍장에는 인간의 슬기와 예술이 서려 있다고 하여도 과언이 아니다.

한국의 문화적 전통에서 확인되는 것이 바로 두레이고, 두레는 전국적으로 다양하게 전개되었으며, 그 실상이 다양하다고 하겠다. 그 가운데서도 충청남도 지역에서 확인되는 두레풍장은 그 실상이 온전하고 가치가 있는 것이다. 그 가운데서도 혁신적 의의가 있는 자료가 바로 두레풍장이다.

두레풍장은 전통적인 농업 사회의 핵심적 산물이고, 자료적 가치와 함께 예술적인 노동의 미학을 한껏 가지고 있는 것임이 명확하다. 농악에서 두레풍장은 진정한 의의가 있으며, 가치가 있다는 사실이 여러 모로 증명된 바 있다. 두레풍장은 달리 두레풍물, 두레굿 등의 이름을 지니고 있으며, 두레풍장의 전통을 발견하고 이 유산을 계승하는 일이 화급하다. 기실 이 두레풍장의 전통은 쉽사리 쇠퇴하고 장차 미래의

농악 유산을 개척하는데 있어서도 소중한 구실을 할 전망이라고 판단
된다. 두레풍장에서 시급한 과제는 그 시대를 기억하고 체험한 이들을
발굴해 이를 풍부한 문화유산으로 발전시켜 나가는 것이다. 현지조사
를 다양하게 하고 저인망식으로 전개하면서 이를 확실하게 개척하는
소중한 작업이 필요하다. 이러한 작업을 체계적으로 해야 하며, 가능
지역을 선택하여 이에 관련된 자료를 집중적으로 수집하는 것이 필요
하다. 그렇지만 현재의 관점에서 그러한 작업을 할 수 있는 여건은 그
렇게 녹녹한 것이 아니다. 그러므로 이에 관련한 작업을 하면서 가능한
범위에서 타당한 작업을 해보는 일이 필요하다.

두레풍장에서 화급하게 확인하고 시급하게 파악해야 할 사항들은 여
러 가지가 있지만 그것의 근간은 간단하다. 두레라고 하는 것에 근거하
여 농사의 전개, 조직, 두레소리인 농요, 두레의 핵심이라고 해도 과언
이 아닌 두레풍장 등이 긴밀하게 관련된다. 그 핵심적 요체를 들어서
그림으로 그리고 이를 확인하도록 한다.

인간이 자연의 리듬을 근간으로 하여 만들어낸 일정한 주기가 있다.
그것은 인간과 자연이 만나는 통로이고 공유하는 시간과 공간이라고

하겠다. 일 년의 세시절기를 중심으로 인간과 자연은 서로 리듬을 공유하게 된다. 자연의 세시는 주로 계절로 구분되는데, 자연의 절기가 결국은 인간의 문화적 적응과 함께 구조적인 변화를 획책하게 된다. 그것이 바로 인간의 문화적 창조로 이어지게 되고 문화적 창조의 근간이 농사라고 하는 생업적인 생산주기를 결정하게 된다.

　논농사의 전개는 인간이 만들어낸 생산의 주기이다. 논농사를 적절하게 하면서 일정한 리듬을 가지게 되고 이를 중심으로 우리는 필요한 일들을 결정하게 된다. 그것이 농사의 핵심적 요소가 되는데, 그것은 주로 몇 가지 과정으로 압축된다. 갈이, 뿌리기, 옮기기, 가꾸기, 거두기 등으로 요약된다.

　갈이는 논을 상대로 하는 특정한 과정인데 논을 갈고, 논을 삶는 것을 말한다. 갈이와 삶이는 인력이나 축력을 이용하는데 이 과정은 논농사를 준비하는 과정이다. 갈이와 삶이는 서로 깊은 관련을 가지면서 인간이 농불의 힘을 이용하여 하는 것을 말한다. 갈이 과정에서 보이는 일정한 관련은 주목할 만한 절차인 셈이다. 소를 이용하면서 농사를 도모하고, 소를 부리는 재주를 필요로 하였다.

　뿌리기는 논농사를 하는 과정에서 생명이 약동하는 단계이다. 주로 모판을 짜고 이앙법 이전에는 씨를 뿌려서 곡종을 파종하는 단계를 말한다. 그렇지만 농사 그 가운데서도 논농사의 기본적 방식은 뿌리기이다. 파종하면서 모판에다 볍씨를 뿌려서 모를 거두는 것이 바로 뿌리기의 핵심 절차이다. 논의 한 곳을 갈아서 모판을 짜는 것이 핵심이다. 뿌리기를 통해 일정한 형태의 문화를 창조하는 것이 가능하여 뿌리기에서 볍씨를 생명으로 여기는 신성한 의례를 구현하기도 한다.

　옮기기는 모를 찌는 과정과 모를 옮겨 심는 과정을 구체화하는 것으로 이른 바 모내기와 모심기를 함께 이르는 말이다. 모판에서 모를 찌는 과정은 혼자나 가족의 힘으로 할 수가 있으나, 모를 심는 것은 단순하지 않다. 모판에서 모를 쪄서 내거나 심기를 하는 과정은 많은 노동력을 요구하게 되는데, 모심기는 바로 품앗이라고 하는 특별한 형태의 노동력을 모으게 되었다. 옮기기는 특별한 형태이고 이 방식은 조선후기의 이앙법이라고 하는 절차를 통해 구체적으로 발달한 것으로 추정된다.

가꾸기는 논매기 또는 김매기 등으로 불리기도 한다. 김매기 또는 논매기는 회차가 결정되는데, 이 과정에서 집약적인 형태로 일을 해야 하기 때문에 두레를 성립하게 된다. 지역에 따라, 지질에 따라, 생장 정도에 따라서 일정하게 논매기를 하게 되는데 그것은 단순하지 않아 범형을 설정하는 것이 쉽지 않다. 김매기의 형태와 방식은 지역마다 다르지만, 기본적으로 세 차례에 걸쳐서 하는 것이고 두레라고 하는 형태를 결정하는 것에서는 크게 다르지 않다. 논매기와 두레는 불가분의 관계를 이룬다고 할 수가 있다.

거두기는 벼를 거두는 과정을 말한다. 벼를 베고, 볏단을 나르고, 볏단에서 분리하여 알곡을 털어내는 과정 전체를 이르는 것이 바로 거두기의 과정이라고 할 수가 있다. 곡식의 알을 검불이나 티와 분리하는 것도 거두기에서 중요하다. 거두기의 형태에서 발생하는 여러 과정이 더 있어서 쫓기 등이 있는데, 이것은 특별한 형태의 것은 아니고 보편적으로 주어지는 것이다. 거두기의 형태를 통해서 논농사가 완성되고 한 해에 이루어지는 논농사 과정이 마무리되는 것을 볼 수가 있다.

두레짜기는 실제로 두레를 결성하고 조직화하는 과정을 말한다. 한시적이기는 하지만 논매기라고 하는 절차에 맞춰서 이를 실행하는 것을 말한다. 전통적인 사회에서 하는 두레짜기의 형태는 인근의 여러 마을과 깊은 관련을 지닌다. 구체적인 예증으로 과거의 사례에서 가지고 오는 것이 필요하다.

공원이 두레 작업 신청을 한 집의 작업 규모와 작업의 정도(일거리가 얼마나 되는지, 논에 잡초는 얼마나 많은지 등)를 판단하여 좌상과 함께 일에 대한 대가를 쌀이나 돈으로 정한다. 그래서 두레는 '부잣집 일 쳐주는 것'이라 한다. 논이 넓은 집에서 가족들로만 논을 매는 것이 어려우므로, 마을 일꾼을 모아서 일을 하는 것이기 때문이다.

이렇게 두레가 구성되는 것을 '두레를 낸다' 혹은 '두레가 난다'라고 하며 일단 두레를 냈으면, 두레기(농기)와 영기 그리고 악기를 가지고 당산에 가서 두레기에 신을 받는다. 마을마다 자연부락의 형태로 여러 가지 두레 구성원을 중심으로 두레를 내는 것이 확인된다. 두레풍장패가 모두 당산에 올라 두레기에 신을 받는 것이다. 두레기에 신을 받고 나서 세 동네 두레꾼은 각 마을로 흩어진다. 각 마을의 두레풍장패와 두레가 각기 조직되고 활동하면서도, 좌상과 공원 그리고 두레기와 영기를 중심으로 합두레를 진행하는 것이 여느 두레의 특징이다.

두레기에 신을 받는 것은 당산제와 같이 특별한 의례를 지내는 것은 아니고, 두레꾼들이 깃발과 악기를 가지고 올라가 풍물을 한바탕 치고 당산에 절을 하는 것으로 두레기에 마을신의 기세와 영험함을 받고, 마을에 두레가 났음을 알리는 것이다. 두레가 조직이라고 한다면 논매기와 두레풍장은 실제적인 내용을 이룬다.

두레기에 신을 받았으면 두레패는 당산을 내려와 일터로 향한다. 두레기는 깃발이 크고 깃대가 높고 굵어서 장정 한 명이 감당하기 어렵다. 깃대 옆으로 보롯줄 세 개를 달아 깃대를 잡은 기수를 세 명이 보좌해야 깃발이 흔들리거나 쓰러지지 않게 이동할 수 있다. 두레기는 마을

의 편편한 마당에 세워놓는데, 두레가 나면 두레 끝날 때 까지 농기를
비가 오나 바람이 부나 세워놓는다고 한다.

두레패는 영기 한 쌍을 앞세우고 풍장을 치며 일터로 이동한다. 일터
에 도착하면 영기 한 쌍을 논둑에 양 쪽으로 꽂아놓고, 악기를 내려놓
은 일꾼들은 작업을 준비한다. 공원과 좌상의 구체적인 지시에 따라
일터가 정해지고 두레 작업이 시작된다. 두레풍장에 맞추어서 〈못방구
소리〉나 〈논매는소리〉를 한다.

여유가 있는 집에서는 풍장 치는 사람을 얻어서, 쉴 때 막걸리 한
잔 하고 풍장 치고 놀기도 하고, 하루 두레 일과가 끝나고 마을로 돌아
올 때 풍장을 치면 마을 사람들은 그 소리를 듣고 '오늘 저 집 일 끝났구
나' 생각하고 와서 술도 한 잔 얻어먹기도 했다. 두레풍장이 논매기에
서 얼마나 긴요한 구실을 하는지 알 수가 있는 대목이기도 하다.

두레는 한 번 나면 보통 일주일 정도의 기간 동안 활동하게 되는데,
일을 신청한 집의 사정에 따라 아시를 맬 때도 있고 두벌 매는 집도
있다. 그것은 집집마다 모 심는 시기가 다르고, 각 집마다 일 한 상황이
다르기 때문이다. 논매기에서 보여주듯 일정하게 두레의 구실을 하는
것이 중요하고, 조직이 이와 함께 움직이는 것을 확인하게 된다.

두레풍장은 다음과 같은 필수적인 구성 속에서 성립되었다고 증언하
므로 이러한 양상에 대한 이해를 도모할 필요가 있다.

구분 \ 과정	모내기	논매기 또는 김매기			두레먹기	벼타작
논매기과정		아시논매기	두벌논매기	만물매기		
노동조직	품앗이/두레		두레	두레	두레 해체	

두레풍장	두레풍장		두레풍장	두레풍장	두레풍장 / 노름마치	
소리유형 1	못방구소리		두벌논매기 소리	만물소리		벼바숨소리
소리유형 2	상사소리		에이양허리 소리	곤두레소리		왔네소리

　　모내기에서는 품앗이와 두레가 사용된 것을 볼 수 있다. 모내기에서 가장 인상적인 것은 대갓집에서는 넓은 평야가 있는 곳에서 두레를 냈다고 하는 사실이다. 대체로 다른 고장에서는 품앗이를 활용하는데 이 고장에서는 품앗이보다 두레를 했다고 하는 증언이 있으므로 이 점이 남다른 면모이다. 두레를 내게 되면 당연히 노동의 효율성을 제고하고 분란 없이 일사분란하게 움직여야 하는 노동조직과 함께 두레풍장을 함께 곁들이는 것이 일상적인 면모이다.

　　두레풍장에서 궁극적으로 필요한 것이 바로 농악이라고 할 수 있다. 모내기에서 논바닥까지의 행진에 필요한 것으로 두레풍장의 기본 가락을 구성하게 되는데 질굿가락과 같은 것이 적절한 예증이 된다. 질굿가락은 고형의 장단인데 이 고장에서도 역시 이러한 날풍장 또는 들풍장과 같은 가락을 사용하는 점이 인상적이다.

　　논바닥에 들어서면서 하는 못방구소리가 가장 특징적인 것이라고 해도 과언이 아니다. 이 소리는 늦은소리와 자진소리로 양분되는데 늦은소리는 느리게 되어 있으며 장구와 징으로 구성되는 가락에 맞추어서 소리를 하면서 장단을 구성하는 특징이 있다. 메기는소리와 받는소리로 되어 있으며 이 소리의 장단을 통해서 서로 장단을 맞추고 가락을 이어가는 특성을 갖는다.

잦은상사소리는 역시 메기고 받는소리로 되어 있지만, 선소리와 훗소리를 반복하면서 선소리를 다르게 구사하는 것이 기본적 성격이라고 할 수 있다. 훗소리는 일종의 판소리 사설과 같은 것을 대면서 길게 이어가는 소리라고 하는 것을 인식하고 있는 듯하다. 그래서 사설을 대고 선소리꾼이 사설을 이어가는 특성이 있다고 하겠다.

논매는소리는 두레소리의 핵심이라고 할 수 있으며, 논매는소리와 두레풍장은 서로 불가분의 관계에 있음을 분명하게 드러낸다. 논매는소리는 이 마을에서는 바로 하지 않으며, 아시논매기에서는 두레를 내지 않기 때문에 두벌논매기에서 시작하여 다음으로 만물매기에서만 하는 것이 특징이다. 아시논매기에서는 호미를 사용하고 두벌논매기에서도 호미를 사용하지만, 만물매기에서는 손으로 사용하게 된다.

〈긴김매기〉
가: 어화 덩어리
　　에하 덩어리
가: 얼가차 덩어리요
　　에하 덩어리
나: 해는 지고 저문 날에
　　에하 덩어리
가: 옥창앵두가 다 붉었구나
　　에하 덩어리
나: 동방이 밝아온다
　　에하 덩어리
가: 소치는 아이들아
　　에하 덩어리
나: 일터로 나가보자

에하 덩어리

〈자진김매기〉

가: 어화덩이
　　　어화덩이
　　어화덩이
　　　어화덩이
　　어화덩이
　　　어화덩이
　　어화덩이
　　　어화덩이
　　얼가차덩어리
　　　어화덩이
　　　어화덩이
　　통고리 맨돌로
　　　어화덩이
　　　어화덩이
　　어서 매고
　　　어화덩이
　　　어화덩이
　　집으로 가자
　　　어화덩이
　　　어화덩이
　　　우-화-

　　논매기소리는 긴김매기와 자진김매기로 구분되는데, 논바닥에 들어
서서 하는 과정이 다른 것은 아니다. 세도면을 중심으로 여러 가지 논

농사소리가 전승되지만, 이 소리는 일정하게 규칙적인 특성을 지니고 있으며, 논을 매면서 일정한 회차와 작업 방식에 의해서 전승되는 일면을 지니고 있다. 두레소리와 두레굿이 서로 교직되면서 이룩되는 틀을 보여주게 된다.

논매기소리에서는 느린소리와 자진소리로 나뉘고, 느린소리는 고형의 장단에 맞추어서 하고 자진소리는 잦게 몰면서 소리를 대고 마지막으로 논을 둥글게 싸면서 다른 논으로 옮겨 가기 위해서 소리를 하는 특성이 있다고 하겠다. 논매기소리의 특성이 두레풍장의 장단에 맞추어서 발전한 것이 특징이라고 할 수 있다. 후렴에 의하여 '에이양허리'라고 하는 말을 하고 있다.

만물매기하는 때에 하는 소리를 곤두레소리라 하여 채록된 것이 있는데 과연 그런지 의문이 있다. 만물매기하는 소리를 흔히 논매는소리의 마지막 단계에서 했다는 기록이 있으나 과연 그런지 의문이다. 또한 이 소리를 곤두레소리와 연관 지어서 볼 수 있는지 그 연관성을 조심스럽게 보아야 할 것이다. 이 소리를 통해서 보여주는 일종의 소리에 대해 일반적 의미를 부여하는 것은 조심해야 할 것으로 보인다.

두레풍장에서 두레먹기는 서로 분리되지 않는 특징이 있다. 이 과정이 논매기의 연맥 속에서 그리고 두레풍장의 확장과 마무리 과정에서 중요한 기능으로 작동하는 것은 사실이지만 이러한 단체와의 연맥을 통해서 이룩되는 특정한 의례적 절차와도 같다는 것을 우리는 앞에서 살펴본 바 있다.

두레먹기를 하면서 농악의 예능악과 제악적 특징, 그리고 소박한 노동의 원형으로서의 두레풍장이 가지고 있는 점을 중요하게 인식할 수 있기 때문이다. 두레먹기의 과정을 통해서 농악의 쓰임새를 활발하게 하고 노동의 신성한 전개와 의미를 해체하는 것이 가장 중요한 절차로 남아 있음을 우리는 알게 된다. 두레의 먹기가 결과적으로 노동의 신성한 의무를 확인하고 하나의 노동집단을 해체하는 일은 매우 주목할 만한 결집력을 가진 마지막 행례임이 드러난다.

마지막으로 두레풍장과 직접적 관련이 있는 것은 아니지만 개상질을 하면서 부르는 소리와 같은 것으로 마당바닥이나 멍석을 깔고서는 커다란 확독, 또는 통나무에다 태질을 하면서 부르는 소리로 일종의 '자네 왔는가' 하고 물으면 '왔네' 하면서 답변을 하는 벼바숨소리가 있는 것을 특징으로 하고 있다. 이 소리의 정체는 부여의 다른 고장에서 하는 것과 어느 정도 일치한다.

우리는 경기도와 충청도 일대의 뜬쇠들이 지나치게 발달한 예능을 자랑한 덕에 토박이 농꾼들의 소박한 형태의 판굿이 궁금하게 되었는데 마침내 부여 세도면 일대의 농악대들이 하는 노름마치 판굿을 통해서 본래의 원형적인 면모를 확인하게 된다. 그런 점에서 노름마치 판굿은 세도면의 농악이 지니는 위대한 힘 가운데 하나이다. 다른 고장에서 찾을 수 없는 두레농악이나 두레풍장의 위대한 면모가 이 굿에서 확인된다.

두레풍장에서 가장 중요한 것은 두레풍장의 형식이라고 할 수가 있다. 노름마치 판굿 또는 꽃나부풍장이라고 하는 예능 위주의 굿을 완전한 형태로 재현한 것을 보면 이 점이 분명하게 드러나리라고 본다. 두레굿의 실상 또는 두레풍장의 실상을 가장 완벽하게 보여주는 것이 바로 부여군 세도리의 두레풍장이며, 충청남도 부여군이나 논산시, 그리고 공주시, 멀리는 일정하게 존재하는 익산의 성당포 등지의 농악에서도 이러한 면모가 확인되는 것을 볼 수가 있다.

　전형적인 사례를 보여주는 일련의 범형을 상정하고 이를 통해서 두레풍장의 일반적 면모를 개괄하고자 한다. 그 가락의 실제 전개는 다음과 같은 일정한 틀을 지니고 있으며, 그것이 전개되는 특색을 지닌다. 이것을 먼저 정리하고 범형을 확장하는 작업을 할 필요가 있겠다.

　두레풍장의 구성 요소는 여러 가지이지만 일단 기치를 먼저 거론해야 할 것이다. 두레기와 영기로 표상되는 두레의 상징, 두레의 조직과 위용, 마을의 역사를 대표하는 두레기가 가장 중요한 요소이다. 당산이나 마을 조상으로부터 일정하게 신을 받아서 신앙적 합일점을 분명하게 하는 것이 두레기이다.

　두레기에는 보통 "農者天下之大本也"나 "神農遺業"이라고 한자로 기록하고, 지네발을 드리는 것이 일반적이다. 이와 달리 용기나 용당기를 들기고 하고, 실제로 방향이나 신대의 위업을 대신 행하는 영기가 있어서 주목할 만하다. 두레기가 농사의 상징이고 농업의 신성한 임무를 대표하는 것임을 알게 한다.

　두레풍장에서는 실제적으로 쓰이는 악기인 군물이나 풍장, 또는 풍물이 가장 중요한 요소이다. 이 요소를 통해서 농악은 두레의 농악으로 전환되고 농악기를 통해서 농사의 고통을 덜어내고 농사를 짓는 사람들의 신명을 극대화하고 흥취를 공유할 수 있다. 농사를 통한 일련의 예술적 고취와 함께 주술적인 성취를 거두어들이게 된다.

　악기 그 자체는 두레풍장의 조직적 특성을 구현하는 점에서 중요한 구실을 한다. 악기는 대규모 편성보다는 두레패의 집결과 이동에 중요한 수단이 된다. 농악기에는 태평소, 나발 등이 긴요한 구실을 하는 것과 함께 타악기인 꽹과리, 장구, 북, 징 등으로 구성된 편성이 기본적이다. 나발은 이를 불어서 천고성(天鼓聲) 또는 천고성(天告聲)을 내는데 활용하게 된다.

두레풍장은 본래 논바닥에서 울리던 음악이고, 마을에서 들판으로 나가고 들어오면서 하는 것이므로 일정한 진풀이나 형식을 갖추는 것은 아니다. 그렇지만 현장에서 사라진지 오래되는 두레풍장을 일깨우는 것이므로 이에 의한 일정한 절차를 갖추고 예술적으로 무대에 올리면서 가다듬어진 것을 볼 수가 있다. 그렇기 때문에 예술성을 드높이는 구실을 하는 것으로 전환되고 변형되었다.

구체적으로 널리 알려지고 부여군의 자랑거리 가운데 하나인 초촌면 추양리의 두레풍장을 예증으로 삼아서 그 전개와 진풀이 등을 살피는 것도 의의가 있을 것으로 본다. 단순한 하나의 사례가 아니라, 여러 가지 보편적 예증으로서의 두레풍장을 점검하는 것이 필요하다. 이러한 두레풍장의 전례를 통해서 일정한 규범과 전형을 살펴보도록 한다.[6]

두레풍장의 굿 순서, 가락을 이루는 일정한 뭉치, 가락에 의해서 구현되는 일성한 진풀이의 전개, 그러한 것들이 지니는 일반적인 특징을 일정하게 정리하면 다음과 같은 두레풍장의 실상이 나온다. 이 두레풍장의 순서와 함께 일반적인 두레풍장의 면모를 보이는 것은 이러한 것과 관련된다.

---

6) 이보형. 충청남도 부여군 초촌면 추양리 고추골 농악 현지조사 자료. 1981년 9월 30일. 이보형이 소장하고 있는 자료를 중심으로 재구성할 수 있었다. 물론 이에 대한 보고서는 이미 간행한 바 있다.

　　이보형 외, 『한국민속종합조사보고서-농악·풍어제·민요편』, 문화공보부 문화재관리국, 1982.

굿	가락 뭉치	진풀이	특징
인사굿	두마치	1. 꽃나부 - 법고 - 풍장 연장 삼열종대 2. 풍물 - 법고 - 꽃나부 원형으로 오른쪽으로 돌기 3. 사방으로 보면서 쇳가락에 인사하기	농악대회 연출용으로 구성된 것이다
도둑굿	도둑굿 - 세마치 - 두마치 - 세마치	도둑굿 가락을 연주하면서 오른쪽으로 돌기	
칠채	칠채 내드림 - 칠채 - 마당굿일채 - 세마치 - 허튼세마치	칠채와 다른 가락을 연주하면서 오른쪽으로 돌기	멍석말이를 하면서 이 가락을 연주하는 경기도와 차별성이 나는 대목
쩍쩍이	쩍쩍이가락	사물을 치는 인물은 옆걸음 치고 법고와 꽃나부는 춤을 추면서 우로 돈다	소박한 쩍쩍이 가락이다.
연풍대	느린마치 - 세마치 - 두마치	1. 느린마치를 칠 때에 춤을 추면서 오른쪽으로 돈다 2. 나발을 분다 3. 세마치를 치면서 쇠와 징이 주받이를 한다. 4. 두마치를 치면서 뒤로 돌아서 왼쪽으로 돌게 된다.	남사당패에서 사용하는 굿거리탈춤 가락과 동일한 가락이다.
멍석말이	자진세마치 - 자진두마치	1. 상쇠가 잦은세마치를 치면서 외상모를 하고 오른쪽으로 전진하고 안으로 멍석말이를 한다. 2. 잦은두마치를 하면서 이를 푼다.	
쓰레질	느린세마치 - 쓰레질가락(갱 - -, 갱 - 개, 깽깨깽, 갯갱 -, 깽깨 -, 갱 - 갱, 갱 - -, 깽 - -) - 세마치	1. 세마치를 치면서 풍물, 법고, 꽃나부 등이 3열종대로 선다. 2. 특정한 가락에 맞추어서 법고와 꽃나부가 점점이 늘어선다. 3. 세마치 가락에 맞추어서 풍물은 그대로 서 있고, 법고와 꽃나부가 서로 합쳐서 오른쪽으로 크게 돈 다음에 쇳가락에 따라서 법고와 꽃나부가 앉았다가 일어섰다가 한다. 4. 세마치 가락에 풍물과 법고가 두 줄로 나란히 갔다가 서로 좌우로 갈려 한 바퀴를 도는데 이를 쓰레질이라고 한다. 5. 이때 꽃나부는 두 줄의 뒤를 따르게 된다. 6. 풍물과 법고가 나란히 서서 오른쪽으로 돌고, 꽃나부도 오른쪽으로 돌게 된다.	다른 고장의 농사풀이나 당산벌림으로 하는 경기도일대의 모심는 사위와 같은 맥락의 농사놀이일 개연성이 있다.

좌우치기	세마치-좌우치기가락 (갱-개, 개개깨, 갱--, 갯--)	1. 풍물-법고-꽃나부가 삼렬종대로 늘어서서 제자리에서 좌우전후로 두 걸음씩 옮겼다가 원위치로 돌아오는 좌우치기를 한다. 2. 그렇게 다른 가락으로 넘어가는 것을 준비한다.	좌우치기는 경기 충청도의 특정한 진풀이 방식이다.
삼통백이	세마치	1. 세마치를 치게 되면 풍물-법고-꽃나부 등이 크게 원을 돌게 된다. 2. 풍물-법고-꽃나부 등이 파트별로 각각의 원을 구성하면서 돌게 된다. 3. 꽃나부는 수건춤을 추면서 신명풀이를 모두 다 한다.	경기도의 사통백이와 관련된다. 구성이 소박하므로 삼통백이로 된다.
장고놀음	자진두마치-세마치-자진마치-세마치	1. 상쇠가 자진두마치를 치면서 전원을 원으로 오른쪽으로 돌리게 된다. 2. 쇠가 장고를 달고 들어가서 그곳에서 신명나는 장고놀음을 하게 한다. 3. 상쇠와 장고가 마주보고 연주하다가 해체하여 밖으로 나오게 된다.	
두레풍장	세마치-자진세마치	풍물-법고-꽃나부 등이 각각의 구성으로 삼겹의 동심원을 쌓으면서 조였다가 풀었다가 하면서 놀이를 한다.	경기도의 돌모와 같은 진풀이 유형이라고 할 수 있다.
진상모돌리기	세마치-자진세마치	법고잽이 하나가 진상모를 돌리면서 이를 놀리는 것을 보여준다.	
인사굿	세마치	오른쪽으로 크게 돌면서 함께 일정한 원을 구성하고 사방으로 인사하면서 마치는 형식으로 되어 있다.	

두레풍장에 의한 긴요한 의미를 가지는 특성을 발견하게 된다. 그것은 두레풍장을 구성하는 일반적인 용어가 있다. 토박이말이 두레에서 어떻게 쓰이며, 자신들의 본디 모습을 언어적으로 정의하고 투박하지만 토박이말로 된 것을 찾아내는 것이 두레풍장 이해의 관건이라고 할 수가 있다. 이 토박이 언어, 이들만의 정신을 담은 두레풍장의 속살이

이 언어를 통해서 적절하게 드러난다.

이 언어의 복원이 진정한 두레풍장의 복원이 된다. 다음의 도해된 그림을 보면 이 점이 직절하게 드러난다. 꽃나부는 무동을 이르는 말이고, 법고는 소고를 지칭한다. 풍물은 연장을 가진 인물을 말한다. 이들이 연계해서 두레풍장의 전통을 자랑하고 이들이 복원되면서 일정한 의례를 행할 수가 있다.

인사굿은 반드시 시계반대 방향으로 돌면서 하게 된다. 원진을 만들면서 이러한 방향을 도는 것은 분명한 이유가 있을 것으로 추정된다. 맴돌면서 대형을 이루는 것은 두레풍장의 놀이에서도 드러난다. 그렇지만 다음 단계로 하는 순서에서는 특별한 장단 명칭이 사용된다.

도둑굿이라고 하는 말을 사용하고, 칠채, 쩍쩍이 등을 활용한다. 도둑굿은 가락인지 형태인지 불분명하지만 이러한 것은 남사당패를 비롯한 웃다리 지역에서도 거의 같은 양상을 보이면서 활용된다. 도둑잽이 가락이나 도둑잽이 춤을 추면서 이러한 장단을 연주하는데 두레풍장의 가락이 그것과 밀접한 관련을 지니고 있는 것이라고 할 수가 있다.

칠채나 쩍쩍이는 가락의 명칭이다. 칠채라고 하는 말은 길군악칠채와 같은 가락을 바꾸면서 달리하는 것으로 보인다. 이와 달리 쩍쩍이

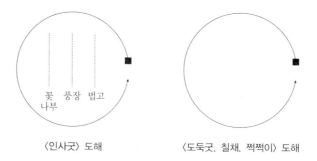

〈인사굿〉 도해   〈도둑굿. 칠채. 쩍쩍이〉 도해

가락은 쩍쩍이 춤을 추면서 연주하는 가락이라고 할 수가 있다. 순서로 보면 진풀이의 양상이 달라졌다. 그것은 전개 방식을 달리하는 것이고, 앞의 진풀이를 뒤집는 방식이다. 가락을 연주하면서 변화를 주는 것이야말로 기본적으로 진풀이에 의한 리듬을 구현하는 수단이 된다.

이어서 연풍대라고 하는 진풀이를 전개한다. 이 전개 방식은 인사굿과 도둑굿으로 이어지는 것을 반복하면서 확장하는 방식이다. 시계반대 방향으로 돌던 것을 이어받으면서 다시금 이를 뒤집는 방식으로 활용한다. 도는 방향을 반대로 하면서 일정하게 이것을 역으로 서술하면서 다시금 돌리는 것을 볼 수가 있다.

그 점에 있어서 앞의 진풀이를 반복하지만 미묘한 변화를 구현하는 것이다. 연풍대는 그냥 개별적으로 도는 것이고, 진풀이에서 큰 형태를 바꾸고 있다. 진풀이를 지속하면서 변화를 주고 우주적 리듬으로 이를 활용하고 달리하는 것이 선명하게 드러난다. 리듬은 끊임없이 변화하는데 개별적인 가락의 붕지도 바꾸고 동시에 전체적인 조율의 진풀이를 리듬적으로 달리하는 것이 선명하게 드러난다.

단순한 차원에서 전개되는 것을 이제 한 차례 더 바꾼다. 진풀이에서 보이는 감고 풀기라고 하는 수단은 중요한 것이라고 하지 않을 수 없

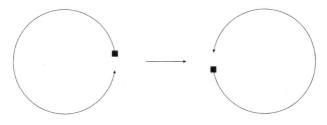

〈연풍대〉 도해
도는 방향을 반대로 바꾼다.

다. 멍석말이는 지역마다 다양한 이름으로 불리지만 두레풍장을 하는 지역에서는 이를 멍석말이라고 하고, 감고 풀기를 구현한다. 감고풀기는 우주적 리듬을 지상에서 연행하는 것이라고 할 수가 있다. 이 원리는 우주적 원리이니 그것은 달이 차고 기우는 원리와 흡사하다.

멍석말이를 통해서 보여주는 일정한 구성 요소와 그것을 결합하는 것의 방식은 정말로 주목되는 것 가운데 하나이다. 왜 이러한 행위를 마당이라고 하는 평면 위에서 재현하는 것인가? 그것은 풍요를 기원하는 의미를 지니고 있으며, 달이 차고 기우는 것을 통해서 농사를 주술적으로 기원하고, 동시에 생식력을 생기도록 하는 것이 중요한 법칙이다. 대열을 지어서 다니면서 이를 지상에서 보여주고 주술적인 기원을 드리던 행사에서 이러한 법칙과 순서를 재현한 것으로 보인다.

이것은 감고 푸는 것과도 관련이 있다. 아래의 도식에서 평면적으로 그려져 있지만 중앙점을 향해서 감고 들어갔다가 거기에서 다시 풀고 나오는 연행을 하게 된다. 감고 푸는 법직이 이루어지고 이를 봉해서 일정한 원리적 반복을 구현하는 점은 정말로 중요한 것이라고 할 수가 있으며 농악대의 진풀이 가운데 주술적 기원과 생식력을 상징적으로 드러내는 놀라운 진풀이 가운데 하나이다.

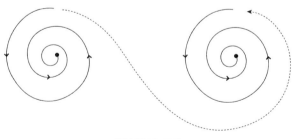

〈멍석말이〉 도해

두레풍장의 근간은 농사이다. 농사를 기초로 해서 두레풍장을 연행하는 것이므로 두레풍장에서 가장 빛나는 창조 가운데 하나가 농사짓기 과정을 진풀이의 형식으로 만들어내는데 있다. 가령 고유한 말과 행위, 그리고 농사의 과정이 반영된 증거로 다음의 진풀이는 특별하게 주목할 만하다.

논삶이 과정에서 하는 특정한 절차가 있는데 이것이 써레질이라고 하는 것이다. 써레질은 논에 있는 여러 가지들, 가령, 벼의 밑둥이나 거름을 준 것들의 나머지 등을 걸러내는 것으로 소를 논에 넣어서 이를 써레에다 걸고 하는 것을 써레질이라고 한다. 써레질을 모방하여 드러내는 것이 바로 진풀이 가운데 써레질이라고 할 수가 있다.

경기도와 충청도 판제가 흡사하다고 하는데 전혀 다른 기원을 가진 두레풍장의 면모로 이와 같은 "쓰래질"이 있는 것은 주목할 만하며, 주목에 값하는 의미를 지니고 있다. 논삶이를 하면서 이를 새롭게 하는 것이 바로 농악, 그 가운데서도 두레풍장이라고 하는 절차로 되어 있는 점은 두레풍장의 중요성을 보여주는 것이다.

이에 아울러서 있는 좌우치기 역시 주목할 만하다. 웃다리 지역에서 보이는 좌우치기와 같은 것이지만 소박한 형태로 좌우치기의 면모

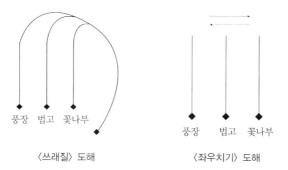

〈쓰래질〉 도해   〈좌우치기〉 도해

를 보여주는 것으로서 소중한 구실을 한다. 풍물, 법고, 꽃나부 등이 서는 방식과 좌우로 오가면서 대오를 맞추는 것은 기본적으로 농악의 근간이 단체의 집단성과 함께 공동체 의식을 도모하는 것임을 분명하게 한다.

삼통백이라고 하는 진풀이 역시 주목할 만한 것이다. 남사당패나 다른 고장에서는 이를 흔히 사통백이라고 하거나 유사한 형태로 오방진과 같은 것이 있는데 이들의 전통적인 것들은 달리 삼통백이라고 하는 용어를 독자적으로 사용하면서 이를 연행하는 것을 볼 수가 있으며, 그 자체로 의미가 있는 것임을 보여준다.

두레풍장에서 삼통백이가 있음을 보여주는 것은 이들의 연행 자체가 숫자로 모자라고 독자적인 전승의 결과를 구현하면서 소박하게 이룬 결과이므로 이러한 현상이 생기는 것을 볼 수가 있다. 악기를 담당하는 쪽, 법고를 담당하는 쪽, 무동을 담당하는 쪽 등이 각기 연대의식을 도모하면서 집단끼리의 결속을 다지며 신명하는 대목이므로 이러한 구성을 하는 것임이 것이다.

이와 아울러서 장구놀음을 중심으로 하는 치배들의 특장을 발휘하는 진풀이가 구성된다. 이 치배들의 구성은 두레풍장의 신명을 고조시킬

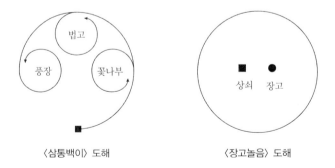

〈삼통백이〉 도해   〈장고놀음〉 도해

수 있는 것으로 구성원들이 이른 바 짝다리를 집고서 일정하고 비스듬하게 서서 장구의 궁편을 독자적으로 치며 북이나 쇠를 함께 연주하면서 특징을 발휘하는 것이 이 놀이의 핵심적인 면모이다. 신명난 가락을 극단적으로 몰아가며 신명떠름을 한껏 끌어올리면서 여러 사람을 들뜨게 하는 특징을 구현한다고 할 수가 있다.

두레풍장의 핵심은 역시 두레풍장에 있으며, 두레풍장에서 세 겹의 원을 구성하면서 매우 불규칙하면서도 무질서한 것이 결코 무질서가 아닌 신명의 프랙탈 현상을 자아낸다. 이것이 바로 이 두레풍장에서 보이는 요점이다. 단순한 것에서 무질서한 것으로, 일면적인 창조에서 다면적인 확장으로 이어지는 것이 두레풍장의 진풀이에서 거듭 확인되기 때문이다. 이러한 창조의 궁극은 여럿이 하나로 되면서도 개성을 잃지 않는 것임을 보여준다.

하나와 여럿, 평면과 다면, 면과 입체 등이 하나로 귀결되면서 차원을 달리하는 움직임을 구사한다. 이러한 움직임의 극단이 하나에서 여럿으로 발전하면서 다양한 형태로 귀결되고 확장하는 현상을 실감하게된다. 가령 가장 적절한 예증이 되는 것이 바로 프랙탈 현상이라고 할수가 있다. 각각의 것들이 하나로 되는 것이 모여서 세 겹의 원을 결성

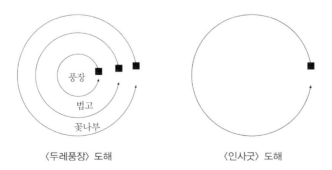

〈두레풍장〉 도해   〈인사굿〉 도해

하는데 그 과정이 앞에서 겹쳐서 이루어지는 것과 무관하지 않다.

이 과정에서 중요한 것은 역시 놀이꾼들의 구성이다. 풍물을 연주하는 사물패, 춤을 추는 법고패, 뒤에서 따라다니는 꽃나부의 무동패 등이 그것이다. 이들의 구성 속에서 연주하는 점이 각별하고, 모두 세 가지 구성원 간의 조화 속에서 나오는 점이 가장 인상적인 대목이라고 할 수 있다. 두레풍장의 긴요한 면모를 이로써 알 수가 있으며, 두레풍장이 진실로 중요한 농악 가운데 하나이다.

두레풍장을 해명하는 논리는 여러 가지가 있지만 단순한 것에서 출발하여 창조하고, 생성하면서 코흐곡선(Koch snowflake 또는 Koch curve)을 그리면서 확대되는 과정을 우리는 두레풍장의 그것에다 비교할 수 있다. 무한한 반복에서 증식과정을 거쳐서 결과적으로 하나의 원래 형태로 되돌아오는 것을 핵심으로 하고 있다. 그러한 그림으로 우리는 다음의 도식을 가지고 와서 두레풍장의 과정을 해석할 수도 있을 것이다.

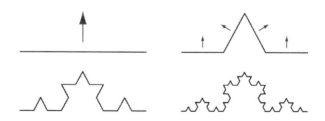

코흐곡선에 의한 무한 반복과 자기 복제에 의한 도형적 구조

첫 번째는 최초의 직선이나 도형이고 이것은 창시자이다. 여기에 프랙탈 규칙이나 원형이 작동하여 만들어지는 것은 생성자이다. 선분을

삼등분해서 가운데 것이 위로 구부려져서 올려져 만들어진다. 생성자는 길이가 원래 선분의 1/3인 선분 네 개로 만들어지고 선분을 다시금 생성하여 다음 단계의 생성을 거듭한다. 층위를 달리하면서 축소하여 생성자를 거듭 만들어 나가면 코흐곡선으로 되고, 이 작업은 무한히 반복되어 나타나게 된다.

부분과 전체가 연결되고 자기닮음 구조를 일관되게 반복하면서도 그 구조는 본질적으로 변화하지 않는다. 이것이 생성과 변화를 거듭하면서 반복하는 프랙탈의 개념이고 두레풍장에서도 적용된다. 특히 두레풍장의 구조에서 보이는 카오스의 이면에 잠재한 프랙탈을 보여주는 적절한 예증이 된다.

두레를 중심으로 하는 일련의 움직임과 역동적 관계를 잠시 살펴보았다. 두레가 진정하게 주인공 노릇을 하고, 집단적인 창조를 거듭하면서 다방면의 질서를 만들어낸 점을 확인하게 된다. 두레의 문화적 진정성을 중심으로 우리는 논농사 관련 농요 가운데 두레의 일에 관련된 일 소리 또는 두레소리, 그와 다른 두레를 통해서 보여주는 두레풍장의 전통, 일자리에서 창조된 문화적 유산임이 분명해졌다.

두레는 인간이 자연에 순응하면서 자연을 개조하여 역동적으로 구현하는 산물이다. 이것은 소리와 같은 음악적 창조도 곁들이고 있으며, 특히 단순한 타악기만으로 중요한 음악문화를 일구는 장치와 같은 구실을 하였다. 논매기소리와 두레는 서로 불가분의 관계에 있으며, 집단 공동체의 노동을 고양하고 예술적으로 발전시킨 특성이 있음을 부인하기는 어려운 것 같다.

자연의 대립적 소인을 극복하고 이를 문화적으로 창조하면서 가장 밀도가 높은 예술로 발전하게 된 것은 주목할 만한 현상이다. 대립적 질서와 간고한 삶의 실상을 창조하면서 이를 예술적으로 만들어나가는 데서 창조적 과정이 개입하고 있음이 드러난다. 그렇기 때문에 이 창조는 단순하지 않고 차원을 달리하는 것임을 분명하게 인식할 수가 있겠다. 창조적인 예술을 통해서 창조적인 작업을 한 전통이 두레의 전통을 자각하게 한 것이다.

두레소리의 전통이 〈논매는소리〉로 귀결되고, 두레풍장이 곁들여지면서 이 세상에서 가장 아름다운 음악, 이 세상에서 가장 역동적인 음악이 만들어졌다고 해도 과언이 아니다. 창조의 전통과 혁신의 굽이가 모두 두레를 통해서 이루어진 것임을 우리는 잊지 말아야 할 것이다. 두레굿의 전통은 두레소리의 전통과 무관할 수 없으며, 두레소리의 진면목이 두레굿의 전통 속에서 아울러 만들어지는 점을 볼 수가 있을 것이다. 두레의 전통을 통해서 이루어진 창조의 실상과 혁신적 면모를 우리는 다시금 생각하여야 할 것이다.

3) 두레전통이 뻗을 자리

두레라고 하는 노동 조직은 민요와 농악의 양축에서 가장 열정적이고 열정적인 사유를 넘어서는 일련의 창조를 거듭하였다. 두레는 노동의 열정이고, 사유의 열정까지도 결정한 점에서 주목할 만한 것이라고 하겠다. 두레를 통해서 이룩된 전통은 중요한 것이고, 두레문화의 정수를 창출했음이 드러난다. 그렇다면 이 문화를 어떻게 계승해야 할 것인가? 두레의 미래는 가능한가?

앞에서 두레의 전통과 얼개를 살피면서 두레가 한 시대의 위대한 창조물임을 거듭 말한 바 있다. 내적으로 우리의 공동체문화를 일구면서 종교적인 신앙공동체, 예술적인 공동체를 이룩한 결과임을 분명하게 하였다. 외적으로 두레와 같은 것들이 다른 민족이나 나라에 없기 때문에 정신적인 합일성을 통한 대동의 정신적 구현물이 바로 두레전통인 점을 분명하게 확인하였다. 두레전통이 예술적인 기능과 함께 정신적인 심미성을 고취하는 위대한 유산임을 분명하게 한다.

현대의 자본주의 사회에서 도달할 수 없는 개인주의와 자유주의 관점에서 얻는 상실감과 좌절, 현대인의 정신적 고립을 극복할 수 있는 중요한 전통이 두레적 대안으로 제안될 판국에 이르렀다. 여럿이 함께 어울려서 두레의 전통을 일깨우고 두레문화의 참다움을 일으킬 수 있는 적절한 참다움의 길이 두레에 있다고 해도 과언이 아니다. 여러 사람이 함께 어울려서 진정한 사람살이와 모둠살이를 일구는 것이 바로 두레에 있음을 절감하게 된다. 두레의 전통과 문화적 정신을 계승하는 것이 두레의 신성한 길임을 깨닫게 된다.

이기영의 『고향』이라는 소설에서 구현되는 두레와 품앗이가 진정하게 감동으로 와 닿게 되는 것은 이 때문이다. 두레를 하면서 논매기를 협력하고, 품앗이로 벼베기를 하는 모습은 잊을 수 없는 장면이다. 두레를 일으키고 두레를 짜면서 마을을 재발견하는 것은 지식인의 무지를 극복하는 단박의 효과를 가지게 된다. 『고향』의 마지막 장면에서 보이는 그리고 희준이 인동과 갑숙을 '앞세우고' 자기는 '뒤따라오다가' '조금 높은 곳에서' 발을 멈추고는 '먼동이 트는 새벽하늘' 밑으로 흩어져 가는 그들의 뒷모양을 내려다보는 것으로 끝을 맺는다.

두레의 가능성이 여기에 있다. 먼동이 트는 새벽하늘이 가장 중요하다. 두레가 죽지 않고 살아나야 할 이유가 여기에 있는 셈이다. 여명의 아침에 새벽이 곧 미래이다. 두레를 포장한 여러 가지 이름이 가능할 것이다. 두레문화, 두레교회, 참살림두레, 두레식품 등이 허울일 수 있다. 두레를 진정한 인간 화합으로 삼아서 시대의 화두로 되살리는 길은 소외의 극복에 있다.

두레는 이제 낡은 유산이 아니다. 우리가 살아야 할 진정한 정향과 지침이 바로 여기에 있다. 그것이 있다면 이는 새로운 시대의 새로운 두레여야 마땅하다. 두레의 전통을 통해서 우리가 사람다운 삶, 남을 배려하고 함께 사는 사회의 지혜를 여기에서 구해야 한다. 두레는 두레 이상의 무엇이 아니다. 두레의 전통을 고수하면서 이 시대의 문화적 혁신과 창조를 이룩해야 마땅하다. 그것이 두레가 뻗어갈 자리이다. 두레의 전통과 두레의 문화를 혁신하면서 미래로 이어야 할 책무가 있는 셈이다. 그러한 전통을 혁신하고자 하면 여기에서 출발해야 마땅하다.

두레는 근대가 시작되는 지점에서 타격을 입었다. 그렇지만 탈근대 시대에 다시금 대안으로 제시되고 있는 것이 바로 두레이다. 중세의 낡은 유습이 아니라, 두레의 문화적 혁신을 통해서 새로운 시대, 먼동이 트는 새벽을 찾아서 정리해야 한다. 여명이 밝아오는 시대의 문화적 전개는 새로운 차원을 이룩할 수 있다. 그곳에 두레가 뻗을 자리가 있는 셈이다.

3. 전북 익산 성당포농악聖堂浦農樂

1) 성당리 월명 마을 농악의 가치

전라북도 익산시 용안면 성당리 월명 마을에 전승되는 농악의 가치와 의의를 연구하고자 하는 것이 이 글의 목표이다. 성당포농악의 세부적 면모에 대해서는 이미 현지조사에 입각한 보고서와 논문이 나왔으므로 굳이 이 작업을 반복하거나 확대할 필요가 없다고 판단된다.[7] 그것은 부질없는 작업일 뿐만 아니라 단순 작업을 통한 지식 확대와 번다한 설명을 하며 사족을 그릴 위험에 있으며, 적절한 연구 풍토 진작을 하지 못하는 작업에 그칠 우려가 있기 때문이다.

성당포 지역은 세곡창고가 있고 세곡선을 중심으로 하는 조운의 조창이 있었던 지역이므로 이 고장을 중심으로 하는 별신제를 비롯한 민속연희에 대한 조사보고서가 있으며 다양한 가치와 의의를 가지고 있는 고장임을 알 수가 있다. 그러한 사실은 주목할 만한 것이면서 성당

---

7) 유장영, 『익산농악』, 익산문화원, 1995; 이재정, 「호남 좌도농악에 관한 연구: 익산 성포 농악을 중심으로-」, 원광대학교 대학원 국악과 석사학위논문, 2014; 허정주, 「금강좌도 성당포농악의 지역적 전파와 변이」, 『한국풍물굿학회 제10치 학술대회』, 전북대학교박물관, 2016년 2월 25일.

포를 중심으로 하는 성당리의 중요성을 부각시키는 요소라고 하겠다.[8] 별신제를 중심으로 하는 의례에 성당포 농악이 있었음은 분명한 사실이리라 짐작된다.

성당포농악이라고 총칭하지만 이 농악은 작은 자연부락 마을을 중심으로 하는 것이므로 특정하게 이를 적칭하자면 월명마을 농악이라고 하는 것이 더욱 적절할 것이다. 그러나 이미 이 농악이 성당포농악으로 알려져 있으므로 이를 굳이 별칭하며 부각하면서 혼란을 초래하는 것은 바람직하지 않다.

이 농악을 현지 조사한 결과, 이 지역의 농악은 참으로 문제적이라고 단언할 수가 있을 것이다.[9] 농악의 근본적인 면모도 그러하거니와 아울러서 농악의 지역적 유형과 문제를 알 수가 있는 적절한 범례이므로 근본적 차원에서 연구의 많은 문제의식을 환기하거니와 장차 우리나라 농악의 전반적 문제의식을 가다듬는데도 요긴한 가치를 지닐 수 있다고 판단되기 때문이다.

이 글에서는 세 가지 문제를 제기하고 현지조사와 기왕의 논의를 검토하고 일단의 해답을 구해보고자 한다. 첫째, 이 지역 농악의 성격을 어떻게 규정하고 특징이 무엇인지 검토하는 것이라고 할 수가 있다. 이 문제에 대해서는 이왕의 논의에서 면밀하게 논의한 바 있을 것 같으

---

8) 박순자, 『성포마을 별신제』, 익산문화원, 1993; 김성식·유장영, 『성포 별신제 조사보고서』, 익산문화원, 1997.

9) 2016년 3월 25일 오전 11시부터 오후 1시까지 전라북도 익산시 용안면 성당리 월명마을 이인수옹의 자택인 좌도농악의 전수관에서 집약적인 조사가 이루어졌다. 이 조사를 통해서 많은 사실을 감지할 수 있었고, 급하게 이 글을 쓰는 이유도 생동감이 사라지기 전에 일단의 정리를 할 필요가 있다고 생각하였기 때문이다. 이 현지조사에 경기대학교의 김헌선, 시지은, 신소연, 김현수 등이 동참하였다.

나 필자의 독자적 문제의식과 감식에 의해서 기본적 관점을 새롭게 제안할 예정이다.

둘째, 성당포농악은 단순하게 좌도나 우도의 논쟁으로만 해결할 수 없는 근본적 문제가 있으며, 이에 대한 본격적인 재론이 필요한 시점에 이르렀다. 이러함에도 불구하고 보존회나 연구 논문에서 금강좌도라고 하거나 좌도풍물굿이라고 하면서 이를 논하는 것은 확실하게 본다면 문제 설정을 잘못하였거나, 더 심층적이고 확장적 관점에서 이 농악의 지역유형적 특색을 논하는 것을 재론하여야 할 것으로 보인다. 그점에 대한 논란이 적어도 이루어지지 않았으며, 막연하게 직감으로만 말하는 것은 쉽사리 동의할 수 없는 것이라고 생각한다.

셋째, 성당포농악을 예증 삼아 우리가 인식하는 문화적 중심부와 주변부, 그리고 주변부의 지역유형적 특색들이 충돌하면서 이루어낸 역사지리학적 견해를 새롭게 규명할 수 있는 이론이 필요하고 그러한 이론을 시험하는데 성당포의 농악은 아주 적절한 예증을 보여주고 증명이 가능한 대상임을 다시 환기할 필요가 있겠다. 성당포농악의 전범을 통해서 우리나라 농악의 근본적 판도를 재편하고 이론화하면서 정립할 수 있는 가능성을 타진할 수가 있을 것이다.

지역적 특징이나 농악의 얼개가 지니는 독자성은 주목할 만한 것이고, 이를 기반으로 대상을 세밀하고 정밀하게 정의하면서 이 지역 농악을 살핀 결과를 얻어내는 것이 사실 판단으로서 긴요하다. 구성의 요소를 적출하고 대상을 규정하는데 현장의 맥락과 의미를 중시하는 작업이 선결되어야 한다는 점을 말하고자 한다. 성당포농악은 고유성, 정체성을 가지고 있으며 다른 고장과 중요한 변별점이 있음을 말하는 것이겠다.

　이러한 정의에 입각하여 필요한 작업은 결국 미세한 국면에서 가지는 내적 증거와 이를 대국면에서 전라도 농악을 정의하거나 인접하는 농악과 관련지어서 논의하면서 외적 비교와 확장을 통하여 대상을 심층적으로 이해하고 동시에 동심원적 확대를 하면서 다른 지역의 농악과 함께 비교하는 것을 핵심으로 하고 있다. 미시적으로 대상을 고증한 결과를 통해서 거시적으로 확대하고 심화하는 작업이 필요하다.

　특정한 고장의 지역적 특색을 가진 농악을 우리가 지역유형적 성격을 지녔다고 정의할 수 있으며, 이 정의를 통해서 문화적 지리학이나 문화지리적 인문학문의 설정을 통한 이론화 작업이 필요하다고 할 수가 있다. 성당포구를 근간으로 하는 생업적 기반 위에서 다른 고장의 농악과 교유하면서 의사소통을 한 것의 산물인 동시에 지역문화의 특정한 중심부와 주변부가 충돌하고 연접하면서 이를 산출한 결과임을 증명하는 이론이 새롭게 설정되어야 마땅하다.

　이 글은 그러한 것의 산물이고 시험적 성격을 지니는 것이다. 그러므로 시론에 지나지 않고, 시론 이상의 타당한 논증이나 예증이 보강된다면 이론에 있어서 가장 중요한 진전을 시킬 수 있는 여지가 있는 논의라고 할 수가 있다. 특히 그러한 이론을 구성하는 예증은 같은 것들의 비교를 통해서 이룩하는 것도 소중하지만 더욱 중요한 것은 심층적 차원에서 상호관련성을 맺고 있는 다른 민속연행예술을 증좌로 삼는 것도 필요한 작업이 되리라고 기대된다.

　특정한 권역에서 생업적 기반을 공통점으로 하면서 이들을 중심으로 하는 문화소통은 기정사실이고, 동시에 서로의 친밀성을 확보하면서 문화적 향유와 참여를 유도하고 있는 점에서 지역문화권은 당연하게 필요하였을 것으로 추정된다. 성당포구는 바닷물과 민물이 서로 넘나드는 고장이고, 웅포를 연접하고 있으면서 많은 물화가 번성하던 고장이다. 군산의 하구뚝이 마련되면서 이것이 단절된 것은 일종의 문화적 자연생태와 인문생태를 학살이라고 해도 과언이 아니다.

주로 어물이 풍성해 봄, 여름, 가실 등에 조기, 갈치, 홍어 등의 어물이 풍부하고 이를 사기 위해서 김천, 대구를 비롯한 경상도와 다른 고장이 함께 했다고 하는 것은 주목할 만한 증언이다. 곳간에 돈이 넘쳐나고 이인수옹의 집에 돈이 가득 쌓였다고 하는 증언은 가히 허언은 아니었던 것으로 추정된다. 그리고 성당포구의 도당산을 중심으로 세곡선이 출발하던 것이라고 하는 사실은 더욱 주목할 만한 문화지리적 우위를 점하던 지역이라고 해도 지나치지 않다.

그렇기 때문에 성당포를 중심으로 하는 함열, 강경이 직접적인 금강의 흐름에 의한 동질성을 확대하고 더 크게는 군산, 논산, 부여, 서천 등지와 맞물리면서 서로 긴밀한 관련성을 가졌다고 하는 전제를 통해서 이러한 논의를 하고자 한다. 이러한 문화지리적 배경을 염두에 두고 심층적 논의와 이론을 수립해야 할 것으로 보인다.

2) 성당포농악의 특징, 문화지리적 접변, 문화권역론적 해명

(1) 성당포농악의 특징

성당포농악은 금강의 핵심 하부 부위인 성당포를 중심으로 하는 지역의 농악이다. 이웃하고 있는 곰개라 하는 웅포와 함께 중심지역 노릇을 하는 고장인 점을 주목해야 할 것으로 보인다. 금강은 백마강이라 이름하는 부여, 백마강의 원줄기인 공주와 증평 지역의 물줄기를 받아서 모여진 강이다. 이 강이 군산으로 흘러나가 서해바다에 이른다. 바닷물이 밀려들어오게 되면 성당포구까지 왔다고 하니 민물과 짠물, 담수와 해수가 마치 압수(Apsu)와 티아맛(Tiamat)이 만들어내는 천혜의 자연적 물화의 생산지 노릇을 했을 가능성이 있다.

성당포농악은 이러한 자연지리적 배경 위에서 크게 보자면 매굿, 걸궁풍장, 두레풍장 등으로 형성되고, 향유되었던 농악임이 밝혀졌다. 정월 세시력으로 매굿은 보통 섣달그믐에 이루어지는 구나의례의 전통과 관련되는 것으로 집집마다 매구를 해주어야 하는 농악을 말한다. 정월 초하루부터 보름까지는 당산굿과 함께 마당밟이를 하면서 농악을 거행하였다고 한다. 집집마다 돌아다니는 농악은 흔히 문굿-시암굿-장굿-부엌굿-마당굿 등의 순서로 진행하였다고 한다.

"대동두레"가 나게 되면 두레풍장을 쳤다고 하는데, 이 풍장은 논농사를 기반으로 하면서 논매기 중심의 특정한 굿이라고 할 수가 있다. 대동두레는 두레를 짜는데, 두레 구성원은 좌상, 공원, 총각좌상 등을 중심으로 하여 대략 월명리의 경우에는 100여 호가 되는 큰 것이었다고 한다. 이웃 마을인 성당리는 200여 호, 괴향 마을은 100여 호가 되었다고 하니 그 규모를 짐작할 수가 있다. 월명리의 뒷산인 대명산에 농기를 꼽고, 총각좌상으로 영기를 들게 하여 "심바람"을 시켰다고 한다.

두레풍장은 질굿, 자진마치, 몰아띠기 등의 가락을 쓰고 논에 들어서는 더욱 신나게 쳐야 논매기를 하게 되었다고 한다. 중간에 더드래기 장단을 쳐서 신명을 내고는 하였다. 진행 절차에 의하여 이룩하는 풍장 가락을 중심으로 놀이를 하면서 치는 것을 핵심으로 하고 있다. 두레풍장의 진행은 주목할 만한 것이며 제한적으로 논농사소리를 하고 놀이를 하면서 논매는 소리인 〈몸돌소리〉를 통해서 유지되었다고 한다.

대동두레의 끝은 두 가지 방식으로 진행되었던 듯하다. 하나는 실제 일을 마치고 하는 것으로 이는 대동잔치를 하는 일종의 호미씻이와 같은 것을 핵심으로 한다. 이날이 바로 칠월 칠석이고, 가장 크고 장엄하게 놀았으며, 마을의 커다란 잔치를 벌였다고 한다. 다른 명절보다 더욱 크게 놀았음이 드러난다.

다른 하나는 기절놀이로 8월 보름이 되면 농사를 마치고 기에 절을 하는 기절 의례를 했다고 하는데, 기절 의례는 여러 곳에서 여러 놀이 패들이 왔다고 하며, 인근의 지역으로 갓개(夫餘郡 양화면 笠浦), 칠산(夫餘郡 林川面 七山里), 논산군의 강경읍과 망성면 등지의 농악패들이 모여서 장엄한 놀이를 한 것으로 전한다. 다른 마을의 기들이 두레기를 들고 와서 특정한 마을인 월명리의 두레기에 절을 하는 것이 핵심적인 것이라고 할 수가 있다. 이후의 풍장은 전혀 하지 않았다고 전한다.

월명리를 중심으로 하는 성당포농악의 특징을 정리하면 다음과 같은 몇 가지 사실이 명료하게 드러난다.

① 매굿·마당밟이·두레풍장·기절의례
② 질굿·마치굿
③ 삼채굿(세마치)·칠채굿·더드래기·꽃나부풍장

이 가운데 주요한 것은 ①과 같은 농경세시력의 기반이 되는 요소이다. 그것이 바로 처음에 상세하게 드러난다. 농경세시력 가운데 섣달그믐에 하는 것이 출발점이고 마지막으로 하는 것인 팔월 보름의 기절의례이다. 농악이 결국 농사와 의례로 필수적인 구성을 하는 요소이고, 일의 신명과 신성한 신명을 공통점으로 하는 것임이 명확하게 드러난

다. 다른 고장과 별로 다를 바가 없지만, 이 가운데 주목해야 할 것은
바로 기절을 하는 의례를 팔월 보름에 하는 것이다. 이웃하고 있는 마
을의 삼기면이나 금마면과 같지만 기절이라고 하는 용어를 사용하는
점에서 각별하게 주목되고, 그것이 바로 두레의 마무리 절차가 된다.

더욱 주목할 만한 사실은 논농사와 함께 주목을 요하는 배풍장과 같
은 소인이 있었을 것으로 보인다. 사리와 조금이라고 하는 자연주기를
통해서 사리때는 바다 가서 바닷고기를 잡고, 조금 때는 성당포구로
들어오는 일을 하면서 배풍장을 했을 가능성이 있고, 반농반어의 생활
적 기반과 세곡선을 옮기면서 이를 통해서 일을 하던 전통이 있었다고
하는 사실을 본다면 이는 주목할 만한 일이라고 할 수가 있겠다. 그러
한 일을 하는 과정에서 여러 지역에서 사람이 오고 칠산, 갓개, 강경
등에서 오는 여러 가지 물산과 농악꾼들이 하는 전통이 새삼스럽게 이
해될 필요가 있겠다.

성당포는 이러한 배경을 통해서 새로운 문화적 특징과 지역적 위상
을 고수하고 있었던 것으로 보인다. 그것은 군산 하안둑을 막기 이전에
벌어진 현상이고 결과이다. 그 문화적 속성에 의해서 첫 번째 소인들이
마련되었고, 다른 지역과 준별되는 것이라고 하지 않을 수 없다. 지역
의 특징과 의미를 주목할 수 있도록 하는 것이 바로 지역적 세시의례와
농경세시력을 형성하게 되었던 것으로 추정된다.

②는 더욱 주목할 만한 것이라고 하지 않을 수 없다. 두레풍장에서
사용하는 질굿과 같은 것은 들풍장과 날풍장으로 사용되었다고 하는데
이 가락은 좌도굿에서 보이는 이른 바 외마치질굿과 형태가 거의 비슷
한 것을 볼 수가 있다. 그것은 참으로 중요하며, 소박한 들풍장의 전형
을 보이고 있는 점에서 이 가락은 참으로 올곧은 전승이 이어져야 하는

기본적 가락 가운데 하나임을 보이고 있다.

다음으로 주목되는 것은 기본 가락 가운데 이른 바 마치굿이 올곧게 전승되는 점은 주목할 만하고 하겠다. 마치굿은 가락을 늘려가는 특정한 현상이 발견되는 것인데, 이는 다른 고장에서는 잘 발견되지 않는다. 외마치·두마치·세마치·네마치·홑오채·접오채·육채·홑칠채·접칠채 등으로 구성되는 면모를 보이고 있다. 전형적인 채굿 또는 마치굿으로 지칭되는 좌도농악의 특징을 구현하고 있음이 발견된다.

이것은 징의 점수와 가락을 늘려가는 방식으로 필자가 이를 발산으로 정의한 바 있으며, 가락이 누적적으로 이루어지는 좌도굿의 특징이라고 명명한 바 있다. 그 점을 통해서 본다면 마치굿의 전통은 성당포농악의 근간을 이루는 요소 가운데 하나임이 명료하게 드러난다고 할 수가 있다. 농악의 전통과 가림새로 본다면 성당포농악은 그러한 특징을 분명하게 공유하고 있음을 알 수 있다. 농악 가락의 얼개에서 이 점이 드러난다고 할 수가 있다.

③은 앞에서 살핀 ②와 관련되지만 동시에 그것과 차별화되는 현상 가운데 하나이다.[10] 가락의 표리관계를 형성하면서 서로 긴밀한 의의를 가지고 있는 것이라고 하지 않을 수 없다. 그러한 점에서 이 가락은 주목해야 하고 무엇이 표리를 이루는가! 다시 정밀하게 논의를 하는 것이 바람직할 것이라고 하겠다.

일단 세마치는 전국적으로 보편적 가락 가운데 하나이다. 세마치가 지니고 있는 특성을 중심으로 하면서도 두드러지는 면모가 있다. 세마치는 징점이 세 번 쳐지기 때문에 이를 세마치라고 하지만 이 지역의

---

10) 김헌선·김은희·시지은, 『부여추양리 두레풍장』, 부여문화원, 2014.

세마치는 겹가락으로 구성되고 암채와 숫채로 이루어지는 다른 지역의 그것과 차별성을 지니고 있다. 이 가락을 성당포농악에서는 삼채 또는 세마치라고 하지만, 다른 지역 곧 경기도 남부와 충청남도 지역에서는 이것을 흔히 쩍쩍이가락이라고 한다.

세마치는 익산에서 이르는 말이고, 다른 고장에서는 이를 동리3채 또는 쩍쩍이라고 지칭하며, 이 명칭은 무동을 세우고 동리무나 맞동리를 세우면서 치는 가락이므로 이를 말하는 것인데 익산의 성당포농악에서 이를 연주하는 것은 주목할 만한 것이라고 하겠다. 쩍쩍이라고 하지 않고 세마치 또는 삼채라고 하는 것은 매우 인상적이다.

성당포농악의 삼채라고 하는 것은 다른 고장의 쩍쩍이가락과 같으며, 다른 고장의 쩍쩍이가락은 3소박 4박자의 악구가 세 개로 늘어서지만 이를 악구별로 달리 치기 때문에 이를 정의하자면 세 겹으로 되어 있으며, 징점이 셋이 쳐지기 때문에 이에 대한 가락의 면모나 명칭이 중요하게 작동하고 있음이 드러난다. 장단의 특징을 통해서 기본적으로 소박한 것이지만 상당히 기능적으로 달라진 가락 가운데 하나이다. 이를 악보로 표시하면 다음과 같다고 하겠다.

구분＼가락	삼채·세마치·쩍쩍이·동리삼채
단순 배열	겐지겐/ 겐지겐/ 겐지겐/ 겟쩡– / 게갱– / 겐지겐/ 으껫– / 으껫– / 게갱– / 겐지갱 ▲ ▲ ▲ / 으껫– / 으껫–
세겹 배열	겐지겐/ 겐지겐/ 겐지겐/ 겟깽– ▲ 게갱– / 겐지겐/ 으껫– / 으껫– ▲ 게갱– / 겐지갱/ 으껫– / 으껫– ▲

3소박4박자	3 / 3 / 3 / 3 3 / 3 / 3 / 3 3 / 3 / 3 / 3

우리는 비로소 중요한 사실을 이 가락을 통해서 알 수가 있다. 경기도와 충청남도 지역에 존재하는 일련의 가락을 가지고 와서 이를 배열하고 있음이 드러난다. 채굿의 얼개 또는 마치굿의 얼개에 의한 가락의 발산이라고 하는 원리를 근간으로 하면서 동시에 이를 확장하고 일정하게 확대하는 방식은 주목할 만한 것이라고 하지 않을 수 없다. 그러므로 이 지역의 특정한 면모가 이러한 대목에서 발견된다.

이뿐만 아니라 다음 가락에서도 동일한 면모가 발견된다. 그러한 발견의 핵심을 홑칠채와 접칠채에서도 발견하게 되는데 그것은 가령 경기도와 충청남도에서 쓰이는 것을 가져다가 쓰는 결과임을 볼 수가 있다. 이는 중요한 면모를 지니고 있으며, 단순한 것 이상의 공통점을 보여주는 것이라고 할 수가 있다.

구분＼가락	칠채(길군악7채)
홑칠채	겐지/ 갱- // 겐지/ 갱- // 겐지// 겐지// 겐지/ 갱- // 겐지/ 갱- // 갱- / 겐지겐/ 겐 ▲ ▲ ▲ ▲ ▲ ▲ ▲ 지겐/ 갱- // 3 / 2　//　3 / 2　　3 / 3　//　3 / 2　//　3 / 2　　2 / 3　//　3 / 2 　　A　　　　　B　　　　　A　　　　　A'
접칠채	겐지겐/ 갱- // 겐지겐/ 갱- // 겐지겐// 겐지겐// 겐지겐/ 갱- // 겐지겐/ 갱- // 갱- ▲ ▲ ▲ ▲ ▲ ▲ / 겐지겐/ 겐지겐/ 갱- //

이것은 길군악7채로 알려진 것으로 성당포농악에서는 이를 홋칠채와 접칠채로 구분하고 있으며, 마치굿의 관계 속에서 이를 구현하고 있다. 혼소박으로 된 이 가락을 중심으로 하여 마치굿의 얼개 속에 넣고 이를 단순가락과 복합가락으로 구분하면서 징의 점수를 같은 마치를 유지하고 있는 점이 발견된다. 길군악7채 가락인데 이 고장의 성당포농악에서는 일곱마치의 굿 가락에 배열하고 있음이 드러난다.

다음으로 주목되는 가락은 더드래기라고 하는 신명나는 가락이 존재한다. 이 가락이 바로 두레풍장의 멋과 맛을 한껏 드러내는 가락이라고 할 수가 있는데 이 가락의 존재를 분명하게 증언하고 있으므로 주목할 만한 것이라고 하지 않을 수 없다. 더드래기는 장구가락과 북가락이 거의 같은 양상을 보이면서 장구의 궁편과 채편을 한데로 어울리게 하는 묘한 맛을 드러내는 장단이라고 할 수가 있다. 이 가락에 움직이면서 교묘한 맛을 드러내는 점에서 이것은 주목을 요한다. 두레풍장이든 걸궁풍장이든 긴요한 것으로 더드래기를 보이는 점은 참으로 소중한 전례라고 할 수가 있다.

더욱 중요한 것은 꽃나부 풍장의 존재이다. 세마치와 오채 가락에 맞추어서 무동들의 놀이로 노는 신명나는 가락이 바로 꽃나부 풍장이라고 이를 만하다. 그러한 가락이 있다고 하는 것은 전라북도의 좌도나 우도 지역의 농악에서는 전혀 발견되지 않으며, 충청남도 농악의 참다운 맛을 내는 것인데 이 농악의 부여 초촌면 추양리농악, 부여의 세도면 두레풍장, 논산의 노성면 두레풍장, 논산시 놀뫼 두레풍장, 광석 두레풍장, 상월면 대명리 두레풍장 등에서 거의 같은 양상으로 재현되는 점이 확인된다. 꽃나부 풍장의 존재만으로도 일련의 가치와 의의를 가지고 있는 점이 이 대목에서 확인된다.

우리가 세 가지 현상을 합쳐서 본다면 성당포농악의 외견상 발견되는 특징에서 두 가지 상이한 요소가 서로 밀고 당기면서 교묘한 복합성을 구현하는 점을 정리할 수가 있다. 성당포농악은 일단 채굿과 같은 구성을 하고 있으므로 전형적인 채굿의 전통을 유지하고 있으면서 좌도만의 독자적인 맛을 구성하고 있음을 알 수 있다. 표면적 얼개에서는 분명하게 채굿의 전통이 유지된다.

그렇지만 채굿의 외형적 형태에도 불구하고 충청남도 두레풍장에서 발견되는 여러 가지 가락 장단이 두드러지는 점이 나타난다. 그것이 바로 삼채와 칠채 등에서 나타나는데 이 채굿의 구성 속에서 순수한 좌도적 맛을 내는 채굿의 면모는 없고, 이것들이 오히려 경기충청의 쇳가락이나 장구가락의 면모를 유지하고 있음이 발견된다. 그러한 점에서 우리는 표리의 관계가 전혀 다르게 구현됨을 확인하게 된다.

채굿에서 보이는 일련의 특징은 분명하게 어색하고 이상한 구성을 하고 있으며, 좌도굿의 전통에서 분명하게 어긋나 있다. 동시에 충청남도의 두레풍장에 입각하면 성당포농악은 전혀 어색하지 않으며, 충청도 두레풍장의 면모를 여실하게 지니고 있으며, 쩍쩍이가락이나 길군악7채의 가락과 하등 다를 바가 없는 것임을 동시에 확인하게 한다. 이 가락의 전통을 통해서 우리는 성당포농악의 양면이 드러나고 상호 밀고 당기는 힘의 역동적 양상이 성당포농악에서 구현되는 것이 확실하게 드러난다.

더구나 흥미로운 사실은 판굿에서 이루어지는 특징이 긴요하다. 판굿에서 보이는 일정한 면모는 이 농악의 근간을 이해하는데 무척 도움이 된다. 이 농악의 판굿은 모두 다섯 마당으로 이루어진다.

기본가락	첫째마당	둘째마당	셋째마당	넷째마당	다섯째마당
느린반채	얼림굿	된반채	홋칠채	육채굿	느린된마치
자진반채	자즌된마치	자진된마치	겹칠채	풍류굿	자진된마치
된반채	인사굿	홋오채	뒷가락	미지기	된된마치
한마치	느린반굿	자진된마치	이채	자진된마치	
두마치	자즌반채	된된마치	판굿		
세마치(쩍쩍이)	느린된마치	매듭	매듭		
네마치	자진된마치	세마치			
홋오채	인사굿	자진된마치			
접오채	질굿	굿거리			
육채	양산도	자진굿거리			
홑칠채	판굿	자즌된마치			
접칠채	매듭				
꽃나부–삼채·홋오채					

　판굿을 정식으로 관찰한 것은 아니지만 보존회에서 제시하고 있는 기본적 틀은 위의 표와 같다. 그렇다면 이상의 표에 근거하여 발견되는 특징들이 외적으로 감지된다. 첫째마당에서는 여느 마당에서 등장하는 서두의 전개와 거의 같은 것을 보여준다. 좌도굿과 다르고 우도굿의 전개와도 전혀 다르다고 할 수가 있다. 형식적인 측면에서는 매듭이 있으므로 이것이 서로 우도굿의 전개틀을 일정하게 가지고 있다고 하는 점을 발견할 수가 있다.[11]

　둘째마당은 매듭이 중간에 있지만 대체로 어떠한 굿거리로 진행되는지 이해는 된다. 그렇지만 온전하게 규명된 것은 아니다. 셋째 마당은 칠채굿을 중심으로 하면서 매듭이 있는 것을 볼 수가 있다. 넷째마당은

---

11) 익산지역의 농악이 우도굿에서 비롯된 대목이 없지 않다. 솜니농악이 우도굿의 틀을 유지하고 있으므로 그에 대한 일정한 영향이 확인된다. 이인수옹이 김형순과 더불어서 굿을 친 적도 있으므로 이러한 영향으로 말미암아 판굿의 판제가 구성된 것은 아닌지 의문이 적지 않다. 이는 장차 판굿을 보고서 해명해야 할 과제라고 본다.

육채굿을 비롯하여 풍류굿과 미지기 등의 진풀이가 있는 것으로 이해된다. 다섯째 마당은 된마치로 이루어지는 세 단계 빠르기로 된 마무리마당이라고 할 수가 있다. 이상한 틀을 가지고 있지만 짐작 가는 바가 없지 않다. 판굿에 이르러서는 더욱 알 수 없는 것들이 대부분이다.

무엇이 진실인가? 이러한 작위적인 구성을 통해서 성당포농악을 만들어내는 이들의 창조력이 의심스러운 면모가 있으며, 어찌 이러한 가락을 구성하여 하나의 농악을 만들어냈으며, 그러한 가락의 특성을 통해서 우리는 성당포농악의 면모를 감지할 수 있지만 이를 온전하게 해명할 수 있는 길이 없는지 외형적 특색을 통해서 새로운 차원의 논의를 할 가능성을 짚어내게 된다.

(2) 문화지리적 접변, 경계면적 복합

성당포농악은 우리가 알 수 없는 더 큰 힘이 구현해낸 장조적이고 역동적인 것의 산물임이 비로소 감지된다. 문화지리적 접변이라고 하는 말을 사용한다면 분명하게 성당포농악은 그 점에서 소중한 구실을 하는 범형이고, 전례를 가능하게 하는 패러다임 자체가 여기에 공존하고 있음이 드러난다. 그 점에 입각하여 이 성당포농악을 움직이는 힘이 있으며, 이를 새롭게 이해하는 시각을 제공하게 모색이 필요하다.

그것은 성당포농악의 자연지리적 배경에 의해서 점검이 가능하다. 일단 금강의 하구 막바지에 이 지역이 존재하고 성당포구의 위치를 가늠하면서 이를 확인하여야 할 것이다. 성당포구를 중심으로 반농반어의 생활을 하고 있는 점에서 이들의 지역은 금강의 이북과 상류, 하류 등과 지속적으로 연결된다. 논산군과 부여군, 논산군의 강경이 등이 이 자연지리적 공유를 하고 있음이 드러난다. 동시에 함열, 군산, 임피, 익산 등지가 한 동아리를 유지하고 있는 점이 확인된다. 따라서 행정구역의 구획과 구분에 의해서 이를 단정하고 획정하는 것은 온당한 구분이 아니다.

자연지리적 인접성에 입각하여 동아리를 구성하고 있는 점을 보면서 한편에서는 생활지리적 면모를 구성하고 있는 점에서 이는 주목할 만한 특성을 지니고 있음이 확인된다. 생활적인 권역을 공유하면서 문화를 운반하고 이를 접목하는 관점이 주목할 만한 특성을 지니고 있다. 충청도도 아니고 전라도도 아닌 심층에서 우러난 활발한 활력이 뭉쳐서 이루어낸 위대한 문화적 의사소통이 온축되면서 만들어진 것이 바로 생활문화적 창조와 접변이 이루어낸 결과물의 면모라고 할 수가 있겠다.

그렇게 하는데 있어서 주목할 만한 사실이 바로 성당포구를 중심으로 하는 일정한 조장이 자리하고 있음을 수복해야 할 섯으로 보인나. 그러한 기록 가운데 장차 크게 조명해야 할 바이지만 이러한 면모를 드러내는 증거들이 있다. 그 증거로 우리는 조창의 면모를 강조하는 지역적 특징을 규명해야 마땅하다. 조창이 있었던 곳이므로 성당창이 긴요한 구실을 하였음을 실제 기록으로 확인할 수 있다.

> 용안현의 덕성창은 수호군이 3명이다.[12] 호조에서 전라도 감사의 보고에 의하여 계하기를, "용안현(龍安縣)의 득성창(得成倉)은 본래 그 마을 이름으로 인하여 붙여진 이름인데, 이제 함열현(咸悅縣)의 피

포(皮浦)로 옮겼사오니, 청하옵건대 덕성창(德成倉)이라 고치도록 하
소서." 하니, 그대로 따랐다.[13]

그러나 이러한 사정이 성당포구를 중심으로 하는 지리적 특성만을
온전하게 해명할 수 있다고 하는 것은 바람직한 견해는 아니다. 조창
이 있었으며, 조운선에 의해서 물화를 집적할 수가 있지만 그것이 전
부는 아니다. 그러한 사정을 통해서 이미 이룩된 문화적 특성을 더 해
명할 수 있었을 것으로 이해된다. 외적 조건에 의해서 이루어지는 결
과일 뿐이고, 이러한 것이 거의 전부는 아니었을 가능성이 있다. 오히
려 더욱 중요한 기반은 지리적 인접에 의해서 고유성과 외지성을 합쳐
서 새롭게 만들어내는 결합의 방식과 창조력이 집중적으로 조명되어
야 한다.

성당포 지역은 조창이 있던 지역으로 문화적으로 지리적으로 매우
구욕일 만한 특성을 가진 곳으로 징리된다. 성성창은 널리 닉성창 또는
득성창으로 불리었다. 이 성당창이 생겨나면서 물화의 집적과 함께 활
발한 문화소통이 이루어졌고, 동시에 여러 지역의 문화적 교류가 이루

---

13) 『世宗實錄』 42권 세종 10년 12월 22일 기해 세 번째 기사: 戶曹啓 全羅道監司報 龍安
縣 得成倉, 本因里名爲號 今移於咸悅縣 皮浦 請改以德成倉 從之
 http://encykorea.aks.ac.kr/Contents/Index?contents_id=E0006659 『한국민족문
화대백과사전』 성당창의 항목에 이렇게 기술되어 있다. "성당창(聖堂倉)은 전라북도 익산
시 성당면 성당리에 설치되었던 조선시대의 조창(漕倉)이다. 본래 용안(龍安) 금두포(金
頭浦)에 위치하여 덕성창(德成倉)으로 불렸는데, 1428년(세종 10) 물길이 막혀 함열의
피포(皮浦)로 옮겼다. 그 뒤 성당창으로 개칭해 전주·용안·임실·남원·임피·김제·장수
·금구·운봉·익산·만경·여산·금산·진산·태인·옥구·진안·고산·무주·함열 등 20개 고
을의 세곡을 수납하였다. 성당창에는 배 한 척의 적재량이 500~600석인 조선 63척을 보유
하고 있었다. 그러나 피포 역시 항구적인 포구가 아니어서 1482년(성종 3) 용안으로 다시
옮겨, 덕성창 또는 득성창(得成倉)이라 하였다."

어지도록 하는 특징을 지니고 있게 되었다. 그 지점에서 성당창과 성당포 지역의 문화는 자연지리적 배경을 중심으로 형성되어 있음이 확인된다.

지리적으로 인접하고 있으면서 문화적으로 접변하는 것이 어찌 보면 당연한 현상이다. 그러한 창조의 면모를 무엇이라 단절하면서 분할할 수 없기 때문에 우리는 문화적 복합이나 경계면의 성당포농악에서 주변부가 충돌하면서 만들어낸 결과물에 탄복을 하지 않을 수 없다. 한쪽만의 끝자락에 있는 것들을 가지고 검증하면서 이쪽이라고 말할 수 없으며, 다른 한쪽만의 끝자락을 들고서 저쪽이라고 단정할 수 없다. 그 자체로 용융점이 있으며, 복합하면서 생산적으로 창조한 힘의 원천이 이곳에 도사리고 있음을 우리는 아연 놀라지 않을 수 없다.

문화적 충돌의 결과이고 역동적인 파쇄에 의해서 오히려 전혀 다른 맛을 내는 위대한 선인들의 미립과 슬기에 놀라움을 드러낸다고 하겠다. 오랜 동안 어우러져 나온 결과이므로 현재의 분할적이고 분석적인 시각으로는 쉽사리 단정할 수 없는 것을 솔직히 시인하지 않을 수 없다. 네 편과 내 편으로 편가르기로 갈라서는 문화적 현상을 모두 해명할 수 없듯이 성당포농악은 인접하고 있는 농악의 전형적인 면모와 깊은 상관성을 지니고 있음이 드러난다.

기본적으로는 근간이 좌도농악 또는 좌도굿의 전통에 입각하여 있지만 세부적인 대목에서 충청도의 가락을 섞어서 쓰는 것을 볼 수가 있으며, 영향을 통해서 일단의 혼합적인 현상을 보이고 있다. 인간이 이룩하는 문화에 정답은 없으며, 이를 통해서 일련의 작업을 체계적으로 하는 것이 필요하다. 특히 두레풍장의 가락은 거의 온전한 면모를 지니고 있음이 확인된다.

성당포농악에서 보이는 것으로 주목할 만한 것은 두레풍장의 깊은 흔적이 가락에서 확인된다는 것이다. 특히 특히 "더드래기"라고 하는 가락을 창조적으로 운용하는 면모가 깊이 있게 드러난다. 논바닥에서 치는 맛을 순연하게 우러나게 하면서 다리를 짝다리 비슷하게 서고, 조금씩 상하로 움찔거리면서 북과 장구가 이끌어가며, 쇳가락은 윈가락을 조금씩 짚어가는 것은 두레풍장의 가장 역동적인 신명이라고 할 수가 있다. 그런 점에서 성당포농악은 더드래기와 같은 충청남도의 두레풍장 정수를 잇고 있다고 해도 과언이 아니다.

이들의 창조가 단순한 것은 아니다. 우리가 알지 못하는 더 구체적이고 역동적인 힘이 있어서 이들의 농악에 일정하게 높이와 깊이를 더하고, 역동적이면서 한층 새로운 힘을 덧보탰음을 쉽사리 짐작할 수가 있다. 농악의 전통적 가림새가 오히려 이들 농악을 분별하는데 무기력할 뿐만 아니라, 그러한 단순 논리로 성당포농악을 규정지을 수 없음을 쉽사리 알 수가 있겠다.

자연지리적 인접성과 문화지리적 복합성은 핵심적인 것이고, 성당포농악을 해명하는데 가장 중요한 준거를 이루고 있다. 이 두 가지 조건이 결합하여 성당포농악의 면모를 형성하고 이질적인 요소를 하나로 연결하는 것이 확인된다. 그것이 문화적 접변이고 기층문화에서 이러한 경계면의 복합적 형성은 지속적으로 이루어지는 것이라고 할 수 있다.

(3) 문화권역론적 추론

문화권역은 씨종자에서 출발한다. 이것이 어느 시대에 생성되었는지 알기 어렵지만 적어도 농사와 농악, 그리고 두레가 긴밀한 관계를 맺으면서 성장하고 발전하면서 이루어진 결과이다. 성당포농악의 특징은 문화적 씨종자에서 파생된 결과이다. 그러면서도 특정한 씨종자의 문화권역적 중심부는 아니고, 다른 문화권역적 중심부도 아니며, 특정한 문화권역적 주변부와 주변부에서 발생한 것임을 알 수가 있다. 주변부와 주변부가 격돌하면서 이루어진 복합적 경계면에서 발생한 결과일 따름이다.

북쪽 특정한 곳의 중심부는 경기도와 충청도 지역의 어느 곳일 것이리라고 추정된다. 이와 함께 남쪽 특정한 곳의 중심부는 전라북도 산간지대를 중심으로 하는 지역의 어느 곳일 것이라고 추정된다. 중심부로 확정할 수가 있는 곳은 인접하는 곳에서 심각한 변이나 변형이 이루어지지 않는 곳으로 거의 관계망처럼 얽혀 있는 곳이라고 하겠다. 금산·진안·전주·임실·남원 등지의 농악이 이러한 면모를 구성하고 있다. 익산은 이 가운데 중심부에서 먼 곳에 위치하고 있으며, 일정한 거리를 유지하고 있음이 드러난다.

이와 달리 경기·충청지역의 온상지는 웃다리라고 하는 고장으로, 평택·진위·안성 등과 천안·대전·논산·부여를 비롯하여 그와 연결되어 있는 공주·청양 등지로 까치내다리를 중심으로 하면서 넓게 북쪽으로 자리하고 있는 곳으로, 일정하게 관련된 지역으로 중심부를 이루는 곳이지만 익산의 성당포지역은 주변부에 해당한다. 중심부와 중심부의 밀고 당기는 힘이 주변부에서 일정하게 관련되는 점을 보이는 곳이 여러 곳이지만 그곳이 바로 주변부와 주변부가 만나면서 서로 융합하고 복합하면서 서로의 것을 적절하게 섞어내는 힘이 작용하는 곳이 바로 성당포구임을 알 수가 있다.

그 결과 매우 이례적인 면모가 구현되었으니 가락에 있어서 좌도굿

의 형태와 웃다리가락 형태가 공존하고 있으며, 특히 두레풍장의 경우
에는 거의 논산이나 부여의 형태를 판박이대로 구현하는 점이 확인된
다. 동시에 솝니농악(裡里農樂)의 영향을 받은 것으로 추정되고 우도농
악이라고 하는 것이 일정하게 영향을 미친 것도 확인된다. 그 점에서
성당포구는 온갖 가락의 영향을 모두 받으면서 다양한 창조력과 의미
를 가진 것으로 추정된다.

  서해안을 중심으로 갯가와 내지의 일정한 권역에서 문화적 접변과
상호 영향이 이루어지는데, 그러한 현상은 단순하게 농악에서만 이루
어지는 것은 아니다. 익산을 중심으로 북부와 남부, 그리고 동부와 남
부가 각기 역동적인 현상이 발생하여 좌도굿과 충청도의 두레풍장, 좌
도굿과 우도굿이 서로 긴밀하게 연결되는 결과가 농악에서 이루어졌
다. 이리농악과 익산성당포농악, 성당포농악과 좌도굿의 전통이 만나
는 것은 이러한 각도에서 이해된다.

  성당포농악의 유례는 좀 더 찾아야 할 과제로 남는다. 성당포의 경우
가 일반적인지 아니면 주위의 것이 어떠한지 추적할 필요가 있다. 그렇
지만 적절한 예증 가운데 무속음악의 권역은 이들과 관련된다. 김제와
부안군, 그리고 군산에 이르는 지역에 넓게 분포하는 살풀이권의 음악
이 충청남도 남부 지역의 저산팔읍(苧産八邑) 또는 저포팔읍(苧布八邑)
과 연결되는 지점은 주목할 만한 것이다.[14]

  저산팔읍은 저포가 생산된 충청도의 팔읍을 말하며 이들은 18세기
후반의 모시를 거래하는 장을 중심으로 활성화된 읍을 말한다. 대체로

---

14) 김헌선, 「내포제 굿과 중고제 판소리의 표리 관계」, 『제34회 '서산의 인문학' 연구발표
   회』, 서산문화발전연구원, 2016년 3월 31일.

충청도의 부여(夫餘), 임천(林川), 한산(韓山), 홍산(鴻山), 서천(舒川), 비인(庇仁), 남포(藍浦), 정산(定山) 등이 그곳이다. 살풀이권의 무악이 이 고장까지 장악되고 넓게 움직이고 역동적인 흔적을 보이고 있는 지역이라고 할 수가 있다.

저포팔읍의 대표적 무악권에 해당하는 예증으로 비인출신의 이동백이라고 하는 판소리 광대가 있었고, 부여별신제가 거행되었던 지역의 세습무녀인, 부여 규암면에 이어린년이 있어서 군산의 고인들을 쓰면서 굿을 했다고 하는 증언은 이러한 사정을 명확하게 말해주는 것이다. 군산 출신의 고인들로는 신인국과 같은 인물이 긴요한 구실을 하였다고 하며, 장구잽이로 널리 알려진 것을 볼 수가 있다. 이 증거들은 유력하고 살풀이 무악권에 보이는 특징적인 면모이다.

농악과 무악은 서로 문화권역 속에서 상이한 작용을 한 것 같지만 사실은 그렇지 않다. 농악은 겉에서 이루어진 작용을 하고, 그 구체적 양상이 복합되면서 특정한 가락을 공유하고 복합하지만, 무악에서는 그렇게 되어 있지 않고, 오히려 이면적으로 특정한 권역을 광범위하게 이루는 속성을 지니고 있다. 농악에서 보이는 웃다리농악의 특성과 좌도굿의 복합처럼 이루어진다. 이와 달리 무악에서는 살풀이권과 도살풀이권이 광범위한 차원에서 충돌하고 복합하면서 서로 긴밀하게 이루어지는 점을 보이고 있다고 해도 과언이 아니다.

농악과 무악은 심층적이면서 광범위한 범위의 문화권역적 표리관계를 형성하고 있음이 드러난다. 저포팔읍과 내포제는 서해안을 근거로 남과 북에 양립하는데, 이것은 살풀이권과 도살풀이권의 무악이 서로 충돌하고 있으며, 동일한 면모가 농악에서도 웃다리농악과 좌도굿이 양립하면서 발견된다. 그러한 과정이 서로 긴밀한 관계를 이루는 대립

항으로 존속하고 있으며 둘 사이의 일정한 차별성과 대립성을 가지고 있다고 하겠다.

농악에서는 서로의 경계면을 보이면서 농악이 복합되는 현상이 드러나지만, 같은 지역권역을 이루고 있는 무악에서는 경계면이 존재할 가능성이 있으나 실제로 현실화되지는 않았다. 이인수옹의 증언에 의하면 성당리에도 단골네가 있었지만 일제 강점기 시대에 사라졌다고 하였다. 당골네의 존재는 서로 깊은 관련성을 가지면서 굿을 주관하면서 일정하게 권역을 이루었을 것으로 추정되는데 현재는 거의 그 흔적을 찾을 길이 없다.

문화권역을 중심으로 하는 것에 우리는 일단의 이론적 가설을 구상할 수 있다. 하나의 권역은 작은 단위로 중심부와 주변부가 존재하고, 특정한 권역의 우위를 점하는 것이 있다. 이와 달리 다른 권역에서도 역시 이와 같은 의미의 중심부와 주변부가 존재하며 특정한 권역의 우위를 점하는 것이 있다. 그러나 이 권역의 주변부와 주변부가 충돌하게 되면 전혀 다른 양상을 보이고 있음이 발견된다. 중심부와 중심부가 상호작용을 하고 문화권역의 접변 현상이 일어나서 두 가지 것이 경계면을 이루고 문화적 복합이 이루어진다고 하는 사실이 긴요하다.

문화권역은 하나만의 경계면만을 이루지 않으며, 그것은 우리나라 민속문화의 경우에 여럿으로 되어 있을 가능성이 많다. 아직 이 현상의 이면은 다양하게 존재하고, 온전하게 규명된 바 없다. 성당포농악의 사례를 중심으로 해서 보면 금강을 매개로 하여 농악의 특정한 성격이 구현되고 경계면적 의의를 둔 것들이 철저하게 발현된 결과물임을 알 수 있게 된다. 그러한 것들은 무악권에서도 마찬가지이고 일단 더욱 커다란 차원의 경계면이 있을 가능성을 배제할 수가 없다. 문화권역론의 가설을 통해서 이에 준거한 예증은 장차 연구되거나 조사되어야 할 시점에 이르렀다.

우리는 다음과 같은 그림을 그릴 수 있으며, 이 그림을 토대로 농악의 경계면을 중심으로 새로운 이론을 정립할 가능성을 타진하게 된다. 그 이론의 근간을 수립하기로 한다.

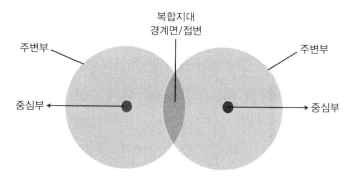

농악권역의 중심부·주변부·경계면

성당포농악의 사례는 권역과 권역이 충돌한 결과이다. 이를 토대로 귀납적 특성을 정리하기로 한다. 다시 이 사례를 추론하여 더 새로운 차원의 이론을 구성하기로 한다. 그 결과는 다음과 같이 명제로 정립이 가능하다.

1) 농악권역 1은 충청남도 두레풍장이고, 농악권역 2는 전라북도 좌 도굿이다.
2) 농악권역 주변부는 경계면을 형성하고, 두 권역의 특정 국면이 복합된다.
3) 농악권역 경계면은 하나만이 아니고 여럿이다.

4) 농악권역 경계면은 다양한 소인에 의해서 이룩된다.

이러한 조건문을 가지고 전국적인 농악의 판도를 굽어보게 되면 단순하지 않은 농악의 지리지와 농악권역을 산출할 수가 있을 것으로 추정된다. 농악권역이 서로 만나고 동시에 충돌하면서 이룩된 사례는 진실로 다양하고 다양한 양상을 구현한다. 전국적인 농악의 판도 내에서 이러한 조건을 충족하는 사례로 우리는 몇 가지 예증을 더 들 수 있다. 우선적으로 착상된 결과 가운데 하나인 이리농악, 고창농악, 김천빗내농악, 원주매지농악, 평창둔전평농악 등이 그러한 예증에 해당한다.

이리농악은 솜니농악으로 알려져 있는데 이 존재는 그간에 정확하게 규명되지 않은 측면이 있다. 우도농악이라고 분류된 바 있으나, 이 농악은 정체성 때문에 곤혹스러운 존재로 남아 있다. 그렇지만 이인수옹의 지적대로라면 황등초등학교에서 있었던 농악대회에서 솜니농악이 이미 우도굿의 면모를 지니고 있었다고 하니 과연 그런지 의문을 가지게 된다. 솜니농악의 실체를 우리는 우도농악이라고 잠정 규정하고 증언이 맞다면, 대체로 1931년 정도에 이미 우도굿의 특성을 하고 있었음을 증명할 수가 있을 것이다.[15]

고창농악은 우도굿의 권역에 있지만 이른 바 영무장농악의 전통도

---

15) 김헌선, 농악성지순례 7-전라북도 익산시 용안면 월명리 611번지 이인수(李仁洙, 1926 丙寅-)옹, 2016년 3월 25일 오전 11시~오후 1시: 2016년 3월 25일 이인수옹의 증언에 의하면 다음과 같은 특성을 지니고 있었다고 한다. "상쇠 김삼룡과 더불어서 황등초등학교에서 17세 때에 농악경연대회를 하게 되었는데 그곳에서 상을 타게 되었다. 장구는 이인수옹이 쳤다. 그때 부상은 1등은 황송아치인데 자신의 마을 용안면 성당리 농악이 탔고, 2등은 만성면에서 온 강경농악(충남지역)을 사가지고 온 만성면의 농악이 탔는데 농악대의 옷과 악기 1벌 등이었다. 그때는 솜니농악이 왔는데 솜니농악은 쇠, 징, 장구만이 있고 북이 없었던 것으로 기억되고 솜니농악은 우도농악이라고 하는 증거를 알게 되었다고 한다."

일부 지니고 있다. 영무장농악의 전통에 입각하여 본다면, 고창농악이 온전한 영무장농악도 아니다. 좌도굿과 우도굿이 적절하게 도드라진 특성을 지니고 있으며, 그 농악의 전통이 전혀 질적으로 다르게 되어 있으며 일정하게 면모를 지니고 있는 것이라고 하겠다. 그 점에서 고창농악은 새삼스러운 면모를 지니고 있다고 하겠다. 호호굿을 중심으로 하는 콩동지기의 면모는 좌도굿의 요소를 상징하고 있다.

김천빗내농악은 호남좌도굿의 요소와 경상북도, 그리고 경상남도의 요소를 복합한 것임을 볼 수가 있다. 좌도굿의 핵심 부위 가운데 하나인 금산, 무주, 진안 장수 등지의 농악과 경상북도 농악의 대표적인 것들이 서로 경계면을 형성하면서 좌도굿의 많은 부분들이 김천농악과 공유되고 있는 현상을 만나게 된다. 김천빗내농악은 좌도반경의 농악이라고 하는 증거가 확실하게 드러나 있으며, 경상북도 농악도 아니고, 전라북도 농악도 아닌 특성이 발현된다.

원주회촌지역의 매지농악은 웃다리지역의 농악과 관련이 있으면서 독자적으로 변형되는 특성을 보여주고 있다.[16) 농사풀이농악의 면모를 일부 지니고 있지만, 진풀이나 내용에 있어서 두레풍장의 면모 역시 잔존하고 있음이 드러난다. 농악 가락의 특수성과 보편성은 경기충청 가락의 면모를 우세하게 유지하고 있으면서도 두레풍장의 면면이 일부 반영되어 36방이나 태극진, 꽃나비진을 중심으로 하는 특성을 보이고 있음이 사실이다. 원주회촌의 농악적 면모는 원주지역의 특색에 맞게 변형되어 있음이 드러난다.

평창 둔전평농악은 농사풀이농악만이 드러나는 것은 아니다. 서낭

---

16) 오영교 외, 「매지농악을 조명하다」, 『원주 회촌마을』, 원주문화원, 2009, 303~332면.

굿 계통의 농악과 두레굿 형태의 농악이 복합되면서 다채로운 면모를 드러내는 것을 볼 수가 있다. 그러한 점에서 둔전평농악의 다면성과 복합성을 읽어낼 수가 있으며, 이들 농악의 전반적 면모를 다양하게 수렴하면서 전 지역의 농악이 합쳐진 내력을 더 탐구해야 할 것으로 보인다. 농악의 다양성은 깊은 의미를 지니고 있으며, 영동농악과 영서농악의 차별성을 함께 아우르는 작업이 필요하다고 하겠다.

우리나라에 이러한 농악만이 있는 것은 아니다. 전국적인 판도에서 흔히 소홀하게 취급되는 농악이 전라남도 해안과 섬지방을 중심으로 하는 군고의 면모도 고려되어야 한다.[17] 그러나 이들 농악의 요소가 구체적으로 어떠한 권역에 소속되는지 아직 판별한 바 없다. 그 가능성을 두면서 우리는 몇 가지 요소를 통해서 이론적 가설을 수립할 수가 있으며, 우리나라 문화권역의 특성을 보이고 있는 중심부는 그렇게 많이 존재할 것 같지 않음을 확인하게 된다.

문화권역의 중심부를 이루는 농악의 근간을 이루는 것으로 경기도 북부와 강원도의 영서와 영동 지역을 중심으로 하는 농사풀이농악이 있다. 경기도와 충청남북도를 중심으로 하는 웃다리농악이 그 핵심 부위 가운데 하나임을 알 수 있다. 충청남도를 중심으로 하는 두레풍장의 권역을 하나의 소인으로 정리할 수 있다.

전라북도 산간지역과 넓게 분포하는 좌도굿의 권역을 하나의 중심부로 인정할 수 있다. 전라북도와 전라남도를 중심으로 하는 우도굿의 권역을 하나의 중심부로 인정할 수 있다. 경상북도의 내륙지역을 중심

---

17) 박흥주, 「전라남도 해안·섬 지역 풍물굿 군고 연구」, 경희대학교 대학원 박사학위논문, 2012.

으로 하는 굿물 진굿을 하나의 권역 중심부로 인정할 수 있다. 전라남도 해안가와 섬을 중심으로 하는 군고를 중심부로 인정할 수 있다.

문화권역의 중심부가 마련되면 자연스럽게 주변부가 획정되고, 주변부 획정이 이루어지게 되면 우리는 문화권역과 문화권역의 충돌에 따르는 역동적인 작용에 의해서 일정하게 경계면을 찾을 수가 있으리라 기대된다. 그 기대에 의해서 농악의 전통적 판도가 재구성되어야 하고 그러한 면모를 근거로 하는 경계면의 농악 판도와 중심부의 농악 판도가 다시 획정되어야 할 시점에 이르렀다.

이상으로 성당포농악의 특징, 성당포농악의 문화지리적 접변과 복합, 성당포농악의 사례에 입각한 문화권역론적 해명 등을 통해서 우리는 성당포농악의 가치와 의의를 입증하려고 하였다. 그 결과 우리는 현재의 행정구역이나 지리 인식과 사뭇 다른 전통문화의 지리적 인식이 필요하고, 생활 기반을 중심으로 하는 전통문화의 권역 인식을 새삼스럽게 해야 하는 문제를 발견하게 되었다. 금강의 하류에 속하면서 군산의 해안과 연결되고, 금강의 상류 지역인 백마강을 중심으로 하는 부여군과의 면모가 연결되는 점이 익산 성당포농악의 존립 근거를 형성하였음을 확인하게 된다.

생활문화권역을 통한 상호 연결이 긴요하고, 그것으로부터 일정하게 활발한 의사소통의 결과가 성당포농악의 면모를 생성시켰을 가능성이 있다. 성당포농악이 인위적으로 조작된 농악이 아니라 토박이농악이라고 하는 점은 숨길 수 없으나, 자연지리적 기반과 인문지리적 근거를 통해서 인접하고 있는 농악과 역동적인 작용을 하면서 이루어낸 놀라운 농악의 경계면적 복합이 산출한 결과임이 분명해졌다. 현재의 행정 구역이 삽시간에 이루어진 결과는 아니지만 오랜 전통의 숙성 과정 속에서 행정 단위로 해명할 수 없는 농악권역의 경계와 복합이 다단하게 이루어졌을 가능성을 저버릴 수 없다. 성당포농악에서 이것이 생성된 점을 규명하게 되었음이 바로 주목할 만한 결과이고 성과라고 할 수가 있다.

3) 성당포농악의 의의

성당포농악은 현재의 행정 구역으로만 해명되지 않는 독자적 특징이 있고, 그것들은 서로 깊은 연관성을 가지면서 지역적 정체성을 갖추고 고유한 성격을 드러낸 결과물임을 알게 되었다. 성당포구를 중심 배경으로 하지만, 반농반어의 생활경제적 기반 위에서 두레풍장의 전통을 생기발랄하게 유지하던 농악이라고 말할 수 있다. 두레풍장에서 발견되는 질굿과 더드래기 가락은 충청남도 지역의 부여논산공주 등지에서 연행하는 두레풍장과 놀라울 정도의 일치점을 지니고 있었다. 그 점이 이 논문의 주된 문제의식의 출발점이 되었다.

성당포구는 금강을 중심으로 하는 긴요한 문화적 집산지이자 조창인 성당창이 있던 전례로 말미암아 활발한 의사교환의 통로지 구실을 하였음이 인정된다. 이 고장을 중심으로 반농반어의 생활 터전에서 일정하게 기능을 한 것이 성당포농악이다. 성당포농악은 지리적 위치의 선입견으로 본다면 농악의 성격이 전라북도 익산지역의 농악과 가까울 것으로 인정되지만, 기실 현장에서 찾아본 결과 전혀 성격이 다른 농악이 전승되고 있다. 성당포농악은 한 마디로 쉽사리 정의되거나 규정될 수 없는 다면적 환기를 하게 한다.

　성당포농악의 현지조사가 이루어진 것에 근거하여 이 글은 마련되었다. 그 결과 종래 우리가 알고 있었던 많은 선입견을 버리게 되었고, 생업적 기반을 두었던 여러 국면의 토박이 농악에 대한 재인식과 재발견이 이루어져야 하는 점을 새삼스럽게 자각하게 되었다. 판굿이나 연희자들이 창안한 특정한 농악 또는 굿의 전통에서 벗어나서 대상을 현장에서 관찰하고 다면적 국면을 가지고 있는 것들을 체계적으로 재인식하면서 대상의 특성을 드러내면서 광범위한 관찰을 해야 하는 책무를 얻게 되었다. 성당포농악의 전반적 특색을 규명하면서 우리는 종래의 호남농악에 대한 편견을 버려야 하는 강력한 요구에 직면하게 되었다.

　성당포농악은 호남의 좌도굿도 아니고, 더구나 우도굿도 아니다. 좌도굿의 특징을 일정하게 채굿으로 정비하여 보이고 있으나, 다른 한편에서는 특정한 가락이나 두레풍장을 중심으로 한다면 경기충청가락을 중심으로 하는 웃다리농악의 성격을 많이 공유하고 있음이 드러난다. 그렇기 때문에 성당포농악은 전혀 다른 다면성을 근거로 하고 있으며 지역적 위치가 표면적인 판단의 근거가 되어서도 되지 않으며 일정하게 다른 고장의 여러 가지를 흡수하고 발산하면서 특징적인 면모를 구현하고 있는 농악임을 새삼스럽게 인식할 필요가 있겠다.

　성당포농악에 대하여 굳어진 틀로 바라보는 인식의 틀을 연신하고 유연하게 확장적으로 적용할 필요가 있음을 느끼게 한다. 그러한 점에서 종래의 협소하거나 배타적으로 구현된 농악의 판제와 가림새에 입각한 농악지역구분권에 일정한 반성의 필요를 절감한다. 대상은 다양하고 다면적인데, 논의의 분석틀이 협소하거나 분석적인 범주에 치중하여 다면적 실상과 함께 다면적 환기를 할 수 있는 대상에 대한 정의를 새롭게 해야 할 책무를 느끼게 한다.

성당포농악은 두레풍장과 걸궁풍장으로 양분되고 농경세시력에 입각한 면모를 선명하게 보여주는 자연적인 농악의 표본이라고 할 수가 있다. 성당포농악의 웃다리적 정서나 미학을 충실하게 구현하는 것은 바로 두레풍장이라고 할 수가 있다. 더드래기가락에 충실한 면모를 과시하는 대목에서는 두레풍장 또는 대동두레풍장의 실제적 사례를 건실하게 보여주고 있는 예증이다.

성당포농악은 문화지리적 접변을 통하여 인접성과 복합성을 근거로 하여 경계면적 특성을 복합한 것으로 최종적 면모를 드러내고 있다. 성당포농악의 전형적 면모에 대해서는 추가적인 조사 작업을 하면 더욱 다양하게 드러날 것으로 예견되는데, 성당포농악의 중추적 기능이나 핵심이 문화적 접변에 입각한 경계면적 복합성이나 다면성을 환기하는 점에 있음을 새삼스럽게 인식할 수가 있다.

성당포농악의 사례는 특정한 문화권역적 해명 가설로 규명이 가능한 문화권역의 중심부와 주변부에서 이루어지는 역동성을 중심으로 하는 특별한 면모를 보이고 있는 점에서 주목할 만한 하다고 하겠다. 중심부에서 멀어지고 다른 중심부에서 멀어진, 특정한 곳에서 생업적 기반이나 생활의 의사소통을 중심으로 하는 곳에서 활발한 상호작용을 하면서 문화권역의 복합이 일어난다. 성당포농악은 두레풍장이나 판굿의 가락이나 판제와 가림새가 그러한 면모를 구현하고 있는 적절한 예증 가운데 하나다.

성당포농악과 관련되나, 이면적으로 권역을 거의 유사하게 드러내는 살풀이권으로서의 저산팔읍과 전라북도 갯가를 중심으로 하는 지역의 살풀이 음악은 참으로 중요한 공통점을 지니고 있다고 하겠다. 성당 포농악과 살풀이권의 권역에서도 주변부적 공유와 경계면적 복합이 매우 흥미롭게도 공유되고 있는 점을 알 수가 있다. 그렇기 때문에 성당 포농악의 전형은 문화지리학이나 인문지리적 융복합을 다룰 수 있는 새로운 가능성을 전망하게 하는 적절한 대상이 아닐 수 없다.

현장에서 이론으로 가야 할 책무를 안겨준 성당포농악은 진귀한 사례이다. 아마도 우리가 굳어진 틀로 보는 것과 다르게 경계면과 경계면에서 놓여 있는 것들은 그러한 실상을 충실하게 드러내면서 한편에서는 미끄러지고 다른 한편에서는 정박하면서 우리에게 새로운 차원의 인식틀을 가질 것을 요구하고 있다고 생각한다. 연구를 새롭게 하려면 낡은 이론의 더미에서 유산을 얻고 다른 한편에서 멀어지는 지혜가 필요하다. 그것은 현장을 답사하고 해묵은 이론과 의견을 주고받으면서 이루어져야 하고, 그래야만 길을 잃지 않고 새로운 모색과 지침을 얻어 나갈 수가 있다고 본다.

4. 충남 서산 내포제 문화

1) 서산지역 내포제 문화의 재인식

서산지역을 중심으로 하는 충청남도 내포(內浦) 일대는 포구가 내륙 안으로 들어와 있다고 하여 지칭된 명칭으로 충청남도 예산, 서산, 홍성 일대를 일컫는 것으로 암묵적 인정을 받아온 고장이다. 따라서 내포제라고 하는 명칭은 특정한 문화적 창조의 결과물을 이르는 인문지리적 개념이다. 자연지리와 인문지리가 연계되어 있으면서도 서로 긴밀한 관련을 가진 용어가 바로 내포제이다.

그런데 내포제라는 개념은 협의의 개념과 광의의 개념으로 둘로 갈라진다. 실제로 내포문화권의 개발계획서 등을 보아도 협의의 개념에 의한 지역으로 서산시 일대를 중심으로 하는 재래의 개념을 적용한 것이 확인되고, 다시 여기에 인접하고 있는 예산, 서산, 홍성 일대를 포괄적으로 확대 적용한 개념이 확인된다. 이는 내포제 문화권역의 역동성을 근거로 하는 것으로 내포제 문화권의 역동성을 부여한 것으로 판단된다. 협의의 개념에 입각한 근거를 중심으로 형성된 것을 서산지역 내포제 문화라고 잠정적으로 규정하고자 한다.

구체적인 내포제 문화권의 분포를 보면 다음과 같다. 충청남도 전체

에서 서산시를 중심으로 확대하여 펼쳐 보이면 다음과 같은 양상을 볼
수 있다. 서산시를 중심으로 왼편에 태안군이 있으며, 오른편에 당진
군, 예산군, 홍성군 등이 부채꼴 모양으로 펼쳐져 있어서 내포제 문화
의 지역적 분포를 옹위하고 있다고 하겠다. 내포제 문화의 실제 면모를
지도로 확인할 필요가 있다.

〈서산시와 인접시군〉

　서산지역 내포제 문화의 실제가 이제 긴요하다고 하겠다. 내포제 문
화는 해양을 중심으로 하는 바다의 지리적 영향과 대륙에서 갈라져 나
간 뭍의 지리적 영향을 동시에 구현하는 특징을 가지고 있다. 그러한
특징을 구현하는데 이 지역은 지정학적으로도 문화적으로도 아주 긴요
한 위치를 점유하고 있다는 것을 알 수 있다. 내포제 문화의 특징을
구현하기 위해서 이러한 문화적 변용과 지리적 특징이 공유하는지 알
아보아야 한다. 서산지역의 내포제 문화의 특징을 찾기 위해서 일단

폭넓은 접근과 함께 이들을 통해서 보여주는 다양한 실상을 정리하는 것이 긴요한 과업이다.

내포제 문화의 범위를 아는데 구조적 이해가 필요하다. 수직축에 상층문화와 하층문화를 둘 수 있다. 역사적으로 고정된 개념이 아니지만 이러한 구분은 문화적 실상을 대립적 관점에서 이해하는 중요한 틀이 된다. 다른 한편에서는 문화의 존재 양태에 의한 것으로 무형과 유형의 문화적 형태를 비교하는 것이 긴요한 틀이 된다. 둘의 대립은 문화적 양태를 총괄적으로 파악하는 대립 요소가 되기 때문에 이러한 양상을 고려하면서 보여주는 대립인자가 된다.

상층문화는 고도의 창조물이다. 한 시대의 집약물이면서 국가적 역량이 기울어지면서 창조되는 것이 예사이다. 특히 이러한 창조는 외래문화와 고유문화가 복합되거나 융합되면서 이루어지는 특징이 있다. 고도의 창조물은 한 시대의 창조로 이어지면서 위대한 민족문화의 유산이 된다. 상층문화의 주도권은 그러한 각도에서 새로운 면모를 가지면서 이어지는 것을 볼 수가 있다.

하층문화는 저급한 창조일 수 있으나, 긴요한 것은 실제적이고 생활속에서 우러난 역동적 창조물이라고 하는 점에서 주목을 요한다. 특히 고유한 문화적 속성을 유지하면서 정체성이나 주체성을 유지하는데 매우 중요한 특성을 가지고 있게 된다. 저급하고 산만한 창조의 이면에 매우 중요한 삶의 원리를 집약하고 동시에 세계 전체를 휘어잡는 놀라운 창조력을 지니고 있다.

무형문화는 개인 창조와 집단 창조를 적절하게 조화하여 구비전승으로 전하고 구비전달로 공간적 확장을 시도하는 것이 바로 무형문화의 특징이라고 할 수가 있겠다. 무형문화는 집단 창조이고 집체창조이므로 유형적 전승성과 함께 각 편적 특징, 그리고 지역적 창조를 핵심으로 하고 있음이 확인된다. 상층문화는 무형문화적 창조를 하지 않는 것을 핵심으로 한다.

유형문화는 개인 창조를 핵심으로 하고, 아울러서 사상창조와 나란히 가는 특징을 지니고 있다. 고도의 종교적이고 역사적 창조물은 이곳에 집중된다고 할 수가 있겠다. 유형문화의 창조는 단순한 창조가 아니라, 제반의 여러 창조물을 응집하고 새로운 관점의 총합을 이루는 특징이 있다고 하겠다. 고도의 창조와 집단의 창조를 아우르는 특성이 있기도 하다.

이 같은 문화의 대립원리를 인정하면서 이에 대한 문화적 영역과 범위를 동일한 기준으로 이를 적용할 필요가 있겠다. 내포제 문화에서도 이러한 기본적 대립 요소를 거의 동일하게 지니고 있으며 같은 양상으로 정리될 수가 있기 때문이다. 그러한 점에서 기본적 양상을 인정하면서 이들이 관련되는 면모를 확인할 필요가 있다. 내포제문화권을 문화권답게 만다는 소인이 무엇인지 이를 중심으로 정리하면 일정한 대립현상을 구현할 수 있을 것으로 판단되기 때문이다.

내포제문화권의 사례를 염두에 두고 이를 정리하고자 한다. 내포제를 중심으로 하는 것이 바로 이러한 제반의 문화적 창조를 중심으로 하는 것이면서 내포 지역의 지역적 특징을 구현하는 놀라운 문화창조라고 할 수가 있다. 내포제라고 하는 말의 이면에 지역적 창조의 핵심이 결집되어 있다고 해도 지나친 말이 아니다. 거의 지역유형적 창조를 이러한 이름으로 이른다고 할 수 있을 것이다.[18] 이상의 논의 결과를

---

18) Carl Wilhelm von Sydow, Geography and Folktale Oicotypes, *International*

정리하면서 다음과 같은 그림을 그려놓고 이를 논하기로 한다.

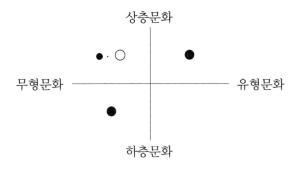

〈문화의 대립적 분포〉

● : 핵심적 창조물, ○ : 복합적 창조물

　가장 중점적 창조는 역시 상층문화와 유형문화에 있음이 확실하다. 그러한 대상을 그림으로 그려서 지도로 나타낸 결과만을 본다고 하더

Folkloristics, Rawman & Littlefield, 1999, pp.137~151 카를 빌헬름 폰 시도프(Carl Wilhelm von Sydow, 1878~1952)는 설화의 유형론을 새롭게 개척하면서 자신의 독창적 개념을 창안하였다. 그것이 이른 바 오이코타입(oicotype, 또는 oikotype, ecotype)이라고 하겠다. "In 1927 von Sydow first proposed the concept of "oicotype"(somtimes spelled "oikotype"). The term was borrowed from botany where it reffered to a local or regional form of a plant. The word is derived from the Greek root "oikos," meaning house or home, the same root found in such English words as "economy" and "ecology." Von Sydow argued that jist as a plant may adopt to different climatic and soil conditions in different areas, so folktales (and by implication other genres of folklore) would take on local charecteristics as they moved from one district, region, or country to another. Oicotype is a logical extension of the comparative method."(p.138) 폰 시도프가 식물학에서 차용한 개념을 설화뿐만 아니라, 구비전승되는 갈래 모두에 적용될 수 있는 개념으로 지역유형을 제안하였다. 이 개념이 내포제 문화권을 이해할 수 있는 긴요한 개념이 될 수 있다고 생각하지는 않지만 적어도 이 개념을 통해서 우리는 내포제 문화권의 지역적 특색을 알 수 있는 요긴한 사안을 정리할 수가 있다고 생각한다.

라도 이 분면의 창조물은 내포제 문화권의 소중함을 일깨우는 구실을 한다. 동시에 이와 반대편에 있는 것으로 대각선 쪽에 있는 것이 바로 무형문화와 하층문화가 결합된 창조물들이다.

그러나 종래의 논의에서 이에 대한 창조의 결과물에 대하여 그간에는 주목하지 않았으며 이들을 중시할 만한 관점의 수립이 없었다고 생각한다. 문화를 창조하고 기여한 점에서 둘 다 소중한 면모가 있지만 지역적 특징을 구현하는 것이 바로 이러한 창조물에 있음은 물론이다. 상층문화적 지향을 하고 있는 견해가 상식화되면서 내포제 문화권의 진정한 맥락과 의미를 보여주는 하층문화와 무형문화를 주목하지 않았음을 이로써 알 수가 있다. 이 점에서 긴밀한 논의가 재론되어야 하겠다.

반대편에 있는 창조물을 현양하는 것이 매우 보편화되어 있으며 가치가 있는 것임을 인정할 수 있다. 그러나 이러한 문화의 창조물은 화급한 사안들이 아니다. 그러면서도 이에 대한 논의를 일반화하는 것 이외에 다른 창조가 이어지는 것은 아니다. 있는 대상을 그대로 정리하면서 이를 창조물로 하는 것만이 유일한 창조물로 간주되어서는 안 된다.

가령 다음의 지도에서 쉽사리 확인할 수가 있겠다. 이 창조물의 결과를 온전한 내포제의 그것으로 말할 수 있는 것은 아니지만 전반적 견해에 의해서 암묵적으로 이를 동조하는 것임을 인정할 수가 있다.

그러나 이것이 전부는 아니다. 오히려 내포제의 문화권 가운데 하층문화와 무형문화는 진정한 가능성과 지역유형적 특징을 가지고 있는 것이라고 단언해서 말할 수가 있겠다. 모두 이 점에 주목하지 않은 잘못이 있다. 개별적인 논의는 많이 이루어져 있지만 이를 전반적으로 집약하고 내포제 문화권의 가능성으로 다시 수렴해서 논의를 할 필요가 있다. 그러한 문화적 성격으로 하층문화와 무형문화를 주목해야 한

내포제 상층문화와 유형문화의 창조물

다. 특히 소리문화의 전통이 내포제 문화의 진정한 핵심인 점을 인정해야 한다.

기왕의 논의에서 이에 대한 논의는 몇 가지로 이루어졌으나 진정하게 통일된 모습으로 정리되지 않았다. 특정한 문화에만 주목했는데 필자는 이를 혁신하는 방안으로 지역유형이라고 하는 개념을 제안하면서 토박이소리, 내포제시조, 내포제-중고제의 관점과 사례를 중심으로 하층문화와 상층문화, 그리고 중심부의 문화와 주변부의 문화 등을 새롭게 조명할 필요가 있겠다.

하층문화인 토박이소리 가운데 논농사소리를 중심으로 지역유형과 인접하고 있는 곳의 지역유형을 함께 검토하고자 한다. 내포제시조를 통해서 독자적인 지역유형을 이룩한 시조의 전통을 새롭게 하기 위함이다. 게다가 상층과 하층의 복합적 창조물이라고 할 수가 있는 내포제-중고제의 판소리적 특징을 새롭게 하면서 이를 집중적으로 검토하면 지역유형의 개념을 확대하여 적용하고자 한다. 세 가지 사례를 중심으로 지역유형과 이 개념에 입각한 내포제 문화의 다양한 가치를 새롭게 말할 수 있을 것이다. 소리문화의 전통을 통해서 내포제문화의 전통을 인식하고 이에 근거한 다양한 창조의 원천을 새롭게 조명할 수 있을 것으로 기대된다.

2) 내포제 소리문화의 세 가닥

(1) 토박이소리

서산 지역의 농업노동요가 가장 기층적인 음악으로 내포제 토박이소리의 대표적 성격을 지니게 된다. 내포제의 기층음악을 검토하지 않고서는 내포제 소리문화의 성격을 점검할 수 없을 것이라고 해도 과언이 아니다. 따라서 이를 일정한 근거를 통해서 검토하고 이 소리가 지니고 있는 지역유형적 성격을 상세하게 알아볼 필요가 있다.

농업노동요는 세시절기에 따라서 일련의 순차적 구조를 가지는 것이 일반적인 현상이다. 작업의 과정에 따른 일련의 소리를 일정하게 구성한다. 이 소리의 구성이 매우 중요하다. 세시절기에 의한 순차적 질서를 찾고 이에 입각한 특징을 규명하면서 내포제 토박이 소리의 전반적 성격을 논하는 것이 바람직할 것이다.

기초 분류	심기(모내기)		가꾸기(논매기)	거두기(벼바심)	
	모찌는소리	모심는소리	논매는소리	벼터는소리	검불날리는소리
1차 분류	모찌는소리	모심는소리	논매는소리	벼터는소리	검불날리는소리
존재유무	●	●	●	○	●
2차 분류	또한침쩠네	수혜는소리	도살이 아시뎅이(얼카뎅이) 두벌뎅이(얼카뎅이) 마무리소리(몬돌소리)	개상질소리	죽가래질소리
3차 분류			건쟁이, 아귀더듬이 민생이, 면생이, 문생이 몸돌소리(어거리넘차류)		

● : 있음, ○ : 있을 수 있음

기초분류는 전국적인 분류를 염두에 두고 한 것이다. 이 분류가 완전한 것은 아니고 지역에 따라서 다른 과정이 순차적으로 더해질 수 있다. 일단 잠정적으로 크게 구분을 하고 이에 의한 분류를 가설적으로 제시하고자 한다.

1차 분류는 서산지역의 소리를 알아보고자 하는 것이다. 이 가운데 서산지역에서 없는 소리도 있다. 이 소리의 존재 유무를 전부 조사한 것은 아니지만 인근의 소리를 중심으로 서산이외의 내포제를 중심으로 하는 소리의 존재 여부를 정리한 것이라고 할 수가 있다. 이 점에서 이 소리의 여부는 장차 수정될 수가 있다.

2차 분류는 구체적으로 소리의 존재 유무에 의해서 어떠한 소리가 불려지는가 하는 점을 명기하였다. 소리의 토박이말이나 후렴 등의 주요한 용어를 들어서 이를 제시한 것이다. 특정하게 어떠한 소리를 하는가가 관건이다. 이 소리의 기본적 골격을 중심으로 하는 얼개가 이로써 드러난다. 특히 복잡한 구성을 하는 것이 이른 바 〈논매는소리〉이다. 〈논매는소리〉의 체계적 구성이 여부가 이 소리의 핵심적 구실을 가늠한다고 하겠다.

3차 분류는 2차 분류에서 드러난 소리의 구성 체계 속에서 달리 불리거나 일정한 다른 소리가 이칭으로 존재하거나 온전하게 다른 소리를 하는 것 역시 함께 분류해야 한다. 완전한 체계를 지향하면서 지역적 특색에 의한 다른 소리를 구성하는 것의 여부가 바로 이 소리의 근간을 구성하는 분포와 변이를 보여주는 것이라고 하지 않을 수 없다. 이러한 점에서 토박이말에 의한 변이를 알 수 있는 좋은 사례이다.

서산지역의 논농사소리를 전수 조사한 것이 아니므로 이를 포괄적으로 말할 수 없으나 대체적 윤곽이 잡힌다고 하겠다. 일단 이 분류가 신뢰할 수 있는 것이라고 가정하고 하나 하나의 자료를 귀납적이고 개별적으로 살피고 이에 의한 의미와 의의를 부과하기로 한다. 그러한 과정에서 서산을 중심으로 다른 내포제 지역의 토박이 소리와 비교하면 선명한 결과를 얻을 수 있으리라고 기대한다.

서산지역의 〈모찌는소리〉는 가장 특징적인 현상으로 지적된다. 다른 고장에서는 〈모찌는소리〉가 취약한데, 이 고장에서는 이 소리를 강조해서 부른다. 소리를 부르는 방식은 선후창과 교환창으로 하게 되는데, 이 소리는 대체로 3소박 4박자로 부르는 것이 일반적이라고 하겠다. 선후창의 형식으로 부르는 사례를 하나 소개한다.

철떡 철떡 하더니만 또 한 찜 쪘네

철떠럭 철뜨럭 하더니만 또 한 찜을 쪘네
일락 서산 해 떨어지고 월출 동녘이 달 솟아온다
철뜨럭 철뜨럭 하더니만 또 한 찜 쪘네
오 철뜨러쿵 하더니만 또 한 찜 쪘네
철뜨럭 철뜨럭 하더니만 또 한 찜 쪘네[19]

선후창이기는 하지만 핵심적인 사설은 '한 침 쪘네'라고 하는 말을 중심으로 일련의 연속성을 보인다. 연속성은 황해도 일대에서 경기도 북부와 남부, 경기도 그리고 충청남도의 서해안을 따라가는 동일한 사설의 연속성을 보여준다. 그러한 과정에서 선율이나 사설을 구현하는 방식은 달라지지만 모춤을 찌는 과정의 동일한 면모를 구현한다고 하겠다. 3소박 4박자로 두 장단을 반복하는 것으로 긴요한 특징을 구현하며, 일반적인 사례를 보여준다. 그러나 불규칙한 장단으로 되어 있는 것도 있어서 선후창에서 교환창에도 혼소박으로 된 사례와 규식적인 것이 두 가지 종류가 있음이 분명하다.

교환창으로 하는 소리는 더욱 중요하다. 교환창의 특징이 경상도의 모정자소리와 같은 것으로만 되어 있는 것은 아니다. 충청남도의 서산 지역에서 이러한 교환창이 있는 것은 매우 인상적인 것이라고 하지 않을 수 없다. 교환창으로 하는 것은 3소박 4박자로 되어 있으며, 사설의 창조력을 분명하게 보여주는 것을 볼 수가 있다. 가령 서산 지역의 교환창을 하나 제시하면 다음과 같다.

---

19) 최진옥구연, 「모찌는소리」, 서산군 음암면 탑곡리 고양골, 『한국민요대전』(충청남도편), 문화방송, 1995, 250면.

가: 술렁 술렁 하더니마는 또 한 찜 쪘네

나: 화란춘산 만화방창 때가 좋다 벗님네야

다: 어 아가씨가 밥 이고 나오는디 모는 아직 들 쪘구나

가: 허하아 에헤야 또 한 찜 쪘다

나: 출렁 출렁 하시더니만 또 한 찜 쪘네

다: 어허둥둥 내 사랑아 보리밥을 갖고 오느라고 밥이 참이
  늦었구나[20]

교환창이라고 하는 것이 사설을 2행으로 하는 것이 아니라, 달리 1행을 기준으로 삼아서 하는 것임을 분명하게 알 수가 있다. 단출하게 두 사람이 반복하는 것이 아니라 모를 심는 사람 모두가 작시능력이 있으면 동참하는 특징이 있다. 그렇다고 하더라도 사설의 창작력이 일정한 여을 구성하는 것이 이님을 이러한 변에서 알 수가 있다. 교환창의 방식으로 이러한 구성을 하는 것이 인상적이지만 사설이 높은 서정성을 구현하는 것 같지 않고 작업 환경에 따라서 이러저러한 면을 사설에 반영하고 있다.

〈모심는소리〉는 특별하게도 존재하지 않는 것이 일반적이다. 그러나 헴소리가 있을 수 있다고 하겠다.[21] 모춤을 논바닥에 꽂는 것이 작

---

20) 김호동 외 구연, 「모찌는소리」, 서산군 지곡면 대오리 한우물, 『한국민요대전』(충청남도 편), 문화방송, 1995, 282면.

21) 이 내용을 발표하자, 그 자리에 있었던 청중 가운데 유충식 선생님이 이에 대한 반론을 제기하고 소중한 자료를 보내주어서 사실을 시정할 수 있었다. 이에 깊은 감사를 드린다. 그 자료는 『지곡면지』(지곡면지 간행위원회, 「서산시 지곡면 농요와 농악」, 『지곡면지』, 지곡면, 2008, 1486~1492면. 전형적인 상사소리 유형이다.
  에 헤 에 헤디어라상사디여

업의 핵심이므로 몇 춤을 땅에다 꼽는 것이 관건이다. 이 소리를 하는
경우도 있으나, 충청남도 서산에서 일반적이라고 말할 수 있을지 의문
이다. 대체로 소리를 하지 않았다고 하는 것이 조사된 결과의 내용이
다. 다른 고장에서 〈모찌는소리〉가 없는 대신에 이 고장에서는 〈모심
는소리〉가 형성되지 않은 것도 의문이라고 할 수가 있겠다.

〈논매는소리〉는 서산지역에서는 대체로 일정하게 공통점을 반영하
는 것은 아니지만, 논매기와 직접적인 관련이 있다. 논매기는 대체로
네 단계로 진행된다. 위의 표에서 예시하듯이 도살이－아시뎅이－두벌
뎅이－마무리 등이 그것이다. 도살이는 본격적인 논매기를 하기에 앞
서서 하는 것으로 손으로 피살이와 같은 형식을 취하는 것을 의미한다.
서산의 지역에 따라서 이것을 건쟁이, 아귀더듬이, 아기더듬이 등으로
지칭하는 형식이 있다. 이 과정에서도 소리를 했으며, 이 소리는 매우
중요한 형태였을 것이다.

다음으로 처음에 하는 논매기와 다음에 하는 논매기가 긴요한데, 이
과정에서 호미로 바닥을 파면서 하는 소리를 했다. 이것이 '얼카뎅이'

에 헤 에 헤디어라상사디여
여기도 심고 저기도 심고
작년에 심었던 그 자리에
올해도 똑같이 심는구나
　　에 헤 에 헤디어라상사디여
아이구 아이구 잘들 한다
서마지기 논뱀이가
반달만큼 남았구나
　　에 헤 에 헤디어라상사디여
앞가슴엔 붙여 심고
언덕뒷 도구밑엔 띄어심세
　　에 헤 에 헤디어라상사디여

라고 하는 소리인데, 이 소리는 서산지역에서만 쓰이는 것이 아니라, 경기도 남부에서부터 지속적으로 확인되는 소리이다. 그런데 더욱 중요한 것은 이 소리가 일련의 과정 속에서 이루어지는 소리를 구성하게 된다.

특히 '문생이', '민생이', '먼생이' 등으로 불리는 소리와 '뎅이소리'가 서로 깊은 관련이 있다고 하는 것이다. 서산지역 현장의 제보자들은 이 소리를 허리 펴면서 하는 소리, 먼들녘을 쩌렁쩌렁 울리는 소리라고 하는데, 이는 현장의 증언일 뿐이고, 다른 각도에서 이 소리가 긴요하다. 그것은 두 가지 이유 때문이다. 일단 불규칙한 소리로 한다는 점에서, 논바닥에 들어서면서 하는 소리라는 과정에 대한 재인식이 요구된다.

> 아아아 아아아 에이혜 에에
> > 오우오하 에라 물라차라아
> 진소리 끝에는
> > 아하 헤에
> 짜른소리가 분명쿠나야
> > 오호오 에에
> 서산에 지는 해는
> > 아하 헤에
> 지고 싶어서 지느냥
> > 오호오 에에
> 농자는 천하지대본
> > 아하 헤에
> 농사밖에 또 있느냐
> > 오호오 에에

진소리 끝에는
　　아하 헤에
뎅이 소리가 분명쿠나야
　　오호오 에에

얼카뎅이
　　얼카뎅이
잘 넘어간다
　　얼카뎅이[22]

　'먼생이'는 진소리와 짜른소리로 구성된다. 진소리와 짜른소리의 뒤에 얼카뎅이가 이어진다. 긴소리는 불규칙한 리듬으로 되어 있으며, 짜른소리는 느린 장단으로 대체로 3소박 4박자로 되어 있다. 이어서 얼카뎅이의 소리로 이어진다. 우리는 이 지점에서 한 번 반성적 사유를 전개할 필요가 있다. 먼생이의 기능이 무엇인지 하는 것이다. 허리를 펴는 것 이상으로 매우 중요한 의미를 가지고 있다. 그것은 바로 순차적 구성상 일을 시작하면서 하는 소리이고, 논바닥에 들어서면서 하는 소리이기 때문이다.

　일을 처음 시작하고 논바닥에 들어서면서 하는 소리가 길고 우렁찬 소리를 내는 것이 예사이고, 그러한 각도에서 이 소리의 존재가 분명하게 있다고 하는 것이 이 소리의 특징이라고 하겠다. 길고 우렁찬 소리이지만 불규칙한 장단의 자유리듬으로 되어 있으면서도 이에 대한 독자적 용어를 가지고 있는 점에서 이 소리의 소중한 면모가 있다.

---

22) 전병희 외 구연, 「논매는소리—문성이」, 서산군 대산읍 영탑1리 탑골, 『한국민요대전』 (충청남도편), 문화방송, 1995, 273면.

전국적으로 〈논매는소리〉에서 이러한 불규칙한 소리로 되어 있는 것은 흔하게 발견되는 사례이다. 〈논매는소리〉의 위계와 관계가 긴요하듯이 위계의 관계로 본다면 이러한 소리는 전국적으로 여러 가지인데, 긴방아소리, 무삼벗기는소리 또는 무삼삼장, 오장소리, 큰노래 등이 이러한 사례에 해당한다.

실제로 〈논매는소리〉의 본격적 면모는 여러 가지가 있지만 도살이로 하는 소리, 얼카덩이 또는 얼카덩어리, 상여소리와 성격이 같은 어거리넘차, 오호 훔쳐라 등이 쓰이고 있다. 율격적으로나 장단으로 보나 특별한 것은 존재하지 않고, 다른 각도에서 보면 같은 장단에 후렴구만 달라지는 특징이 있다고 할 수가 있다. 후렴구가 소리의 하위유형을 달라지게 하는 것이므로 이에 대한 후렴을 정리한다면 다음과 같다.[23]

* 얼카뎅이-얼러차-허 허 허허 허야 어처리 넘치 니허라(서산군 대산읍 운산5리)
* 에-헤-야 에헤이나호오오야-얼러라 훌티려(서산군 대산읍 영탑 1리) : 만물소리
* 오호오 오호오하 에헤헤 오호오아-어혀라 훔티려라(팔봉면 어송 3리) : 두살이
* 어헐카 덩어리-얼카뎅이(음암면 탑곡2리 질마재) : 덩어리소리·문들가락

일정하게 후렴에 의해서 소리의 하위유형이 나누어지고 있으며, 이

---

23)『한국민요대전』(충청남도편), 문화방송, 1995. 서산군편의 결과를 이용하나 재조사에 의해서 기본적인 방향이나 소리의 판도가 달라질 수 있을 것으로 예견된다.

에 따른 일정한 소리의 유형과 분포를 짐작하게 한다. 논농사소리 가운데 규칙적인 소리가 있으며, 이에 의한 일정한 소리의 패턴이 정해지게 되는데, 이 소리의 진정한 면모가 바로 두레와 논매기를 하는 시기에 결정되는 것을 볼 수가 있다. 이 점에서 소리의 일정한 패턴이 결정되는 것이다. 느린소리에서 자진소리로, 후렴구를 다르게 하면서 이뤄지는 것이 이러한 결과로 나타나는 것을 볼 수가 있다.

서산지역을 비롯한 이 고장의 중요한 특징 가운데 하나가 바로 상여소리와 같은 것을 논농사소리의 전용하고 있다는 사실이다. 상여소리의 후렴구가 매우 중요한데, 이 소리를 논농사소리에 쓰는 것은 흔한 일이 아니다. 이러한 점에서 이 소리의 기본적 면모가 매우 유다른 점을 확인할 수가 있다. 서산지역뿐만 아니라, 이러한 소리가 나타나는 것은 이 지역의 주요한 특징이라고 하겠다.

이러한 특징은 경기도의 서북부 일대에 널리 퍼져 있는 〈논매는소리〉와 〈회다지소리〉의 전용과 깊은 관련이 있다. 논매기 작업과 회다지 작업의 유사성이 없는데도 불구하고 이에 입각한 소리의 공유가 있는 현상이 경기도만의 특징이 아니고, 충청남도 일대에서 색다르게 나온다는 점이 확인된다. 소리의 전용이 체계적이지 않고, 만물소리의 뒷대목에서 이러한 소리가 나오거나 도살이를 할 때에 이러한 소리를 하는 점이 인상적이다.

서산지역에서 벼를 들이면서 하는 소리인 〈죽가래질소리〉가 인상적인 것이다. 죽가래는 가래와 같은 형태를 하고 있지만, 벼의 알곡을 올려서 바람에 날리도록 만든 것이다. 이 작업을 죽가래질이라고 하고, 달리 인접 지역인 당진에서는 이를 죽드림질이라고도 한다.

이 소리는 벼를 털어서 바람에 검불을 날리면서 하는 소리인데, 이른 바 〈벼들이는소리〉라고도 한다. 이 소리는 기본적으로 다양한 특징을 지니고 있는 것은 아닌데 서산일대에서 널리 확인된다. 〈나부질소리〉나 〈부뜻질소리〉와 일정한 맥락이 확인되는 소리가 바로 이 소리이다. 벼를 갈무리하면서 들이기 위한 방법으로 이러한 소리가 쓰인다.

서산지역에서 이러한 소리를 다양하게 구성하고 있는 점이 지역유형의 특징을 구성하는 소리임을 다시금 확인하게 한다. 이러한 점에서 이 소리는 매우 중요한 소리이고, 서산지역이 바다와 연접하고 있는 점을 본다면 다른 각도에서 어업노동요 역시 무시할 수 없는 소중한 특징이라고 하겠다. 그런데 이 자리에서 이 소리의 특징은 이 자리에서 자세하게 논할 수 없는 사정이다.

그러므로 대략적인 어업노동요의 개요만을 제시하고자 한다. 내포제의 진정한 국면은 이러한 각도에서 확인된다. 어업노동요는 크게 네 가지 소리가 쓰인다. 직접 배를 저으면서 하는 소리인 〈노젓는소리〉가 있고, 그물을 드리고서 이를 당기면서 하는 〈그물당기는소리〉이고, 그물에 담긴 고기를 푸면서 하는 〈고기푸는소리〉가 있고, 만선에 돌아오면서 하는 소리인 〈배치기〉 등이 핵심적인 요소라고 하겠다.

서산군에 인접하고 있는 당진군, 태안군, 홍성군 등에서도 거의 동일한 면모가 확인되므로 이에 근거하여 개요만을 제시한다. 〈노젓는소리〉는 서해안 일대에서 노젓는 소리와 거의 유사하게 선후창으로 부르며 샛소리와 같은 것은 발견되지 않는다. 〈그물당기는소리〉 역시 역동적인 소리인 점을 널리 확인할 수가 있다. 일종의 가래소리나 바디소리와 유사하지만 일정한 장단을 넌출대면서 하는 점에서 소리로서의 면모를 발달시켰음이 확인된다.

〈고기푸는소리〉는 가장 특징적으로 발전시켰다. 그 소리는 바로 음악적으로 짜임새가 훌륭하게 되어 있다. 세 패가 선후창과 샛소리를 합쳐서 하는 특징이 있다. 어업노동요 특유의 역동성은 이 샛소리가 붙어서 발전하게 되고 음악적 완결성도 보인다. 세 패가 교묘하게 맛을 내는 점에서 인상적인 소리라고 할 수가 있겠다.

서해안 일대에 가장 두드러진 특징을 지니고 있는 소리가 바로 〈배치기〉이다. 이 소리는 전라남도 진도의 조도라는 남한계선에서 평안도 용유도에 이르기까지 널리 퍼져 있는 소리로 조기잡이와 깊은 관련이 있는 소리이다. 이 소리는 실제로 황해도 풍어제에서도 사용되는 것으로 이른바 만신들이 부르는 〈에밀량〉이라고도 한다. 이와 달리 풍어를 기원하거나 만선을 했을 때에 이 소리를 한다.

그러나 더욱 중요한 것은 이 〈배치기〉 소리를 할 때에 곁들여지는 배풍장이 더욱 긴요하다. 뭍에서 치는 논풍장은 고정되어 있으며, 가락이 넌출대는 맛이 덜하다. 그러나 배풍장에서는 이 소리가 긴밀한 맛을 지니고, 바다의 파도에 어울리는 것처럼 넌출넌출대는 특징이 있다.

배풍장에서 우러나는 맛은 긴밀하다고 하겠으며, 배풍장의 맛을 한껏 내는 가락과 어울리는 소리가 바로 〈배치기〉이다. 굿거리장단을 교묘하게 치면서 소리와 섞어서 부르면 이 배풍장의 맛이 나는 것 같다. 서해안에서 강화도의 배치기, 서산의 배치기, 태안의 배치기 등이 맛을 내는 가락으로 널리 알려져 있다. 그러한 소리의 특징을 기반으로 서산의 소리가 발전하고 있는 점을 알 수가 있다.

토박이소리는 위에서 서산만을 중심으로 하고 특히 그 가운데 논농사소리와 어업노동요만을 중심으로 살펴보았다. 서산에서 얻은 논농사소리의 결과를 중심으로 내포제 문화의 특징을 갈무리하면서 지역유형의 관계와 위계를 알아볼 필요가 있다. 다음과 같은 도표를 통해서

내포제의 소리가 지니는 지역유형적 특징을 구현할 수가 있다.24)

소리 지역	모내기		논매기						벼바심	
	모찌기	모심기	도살이	먼생이	얼카 뎅이야	어거리 넘차	에햐 오하	오호 홈쳐라	벼터는 소리	죽가래질 소리
서산	●	●	● (홈쳐라)	●	●	●		●		●
당진	●	● (방아)			●	●(아시 다듬이)	●			● (드림이호)
예산	●				●		●			
홍성	●	● (상사)	● (어기야하)	● (산여)	●	●	●		●	

● : 있음

〈충남 내포제 토박이소리의 지역유형과 분포〉

이 도표는 가로로 읽을 수도 있고, 세로로도 읽을 수 있다. 가로루 읽으면 한 지역의 특징이 어떻게 이루어져 있는가 잠정적으로 파악이 가능하다. 그런 점에서 이 토박이소리의 특징은 서산, 당진, 예산, 홍성 등이 협의의 지역유형과 광의의 지역유형적 특징을 공유하고 있는 점을 확인할 수가 있겠다. 다른 고장에서도 이러한 소리가 보편적으로 구현될 수 있으며, 다른 각도에서 이러한 소리는 인접지역과 관계 속에서 지속적으로 확인을 요하는 문제가 될 수가 있다.

모찌기의 소리는 일정한 공통점을 지니고 있다. 그것은 '한침 쪘네'라고 하는 공통된 후렴을 지닌 것으로 획일적으로 등장한다. 모심기의

---

24) 『한국민요대전』(충청남도편), 문화방송, 1995. 이 자료에 입각한 대체적인 윤곽일 따름이고 실제적인 조사에 의해서 이러한 도표의 부족하거나 부정확한 대목을 분명하게 확인할 수가 있을 것으로 기대된다. 이러한 점에서 이 자료의 운용은 한계를 지니고 있다고 하겠다.

소리는 헤아리는 소리와 방아소리, 그리고 상사소리 등이 쓰이고 있으나, 특정하게 소리가 발달하는 지역에서만 이 소리가 나오는 것을 볼 수가 있다.

이와 달리 공통된 소리의 특질은 바로 〈논매는소리〉에서 발견된다. 이 소리는 단일하지 않지만 논매기 과정의 용어 일치가 두드러지게 확인되며, 세부적인 소리에 있어서도 뚜렷한 공통점이 확인된다. 그러한 소리의 이면에서 이 지역의 지리적 유형학에 입각한 지역유형의 소리가 발견된다. 게다가 벼바심에 해당하는 소리가 있는 점도 뚜렷한 공통점이라고 할 수가 있겠다.

서산은 소리의 가지 수가 풍부하고 다양한 소리가 나타난다고 하는 점에서 주목할 만한 내포제 토박이소리를 가지고 있다. 동시에 이 소리들은 인접하고 있는 다른 지역의 소리와 뚜렷한 공통점이 부각된다. 특히 홍성의 소리와 견줄 수 있는 것이므로 이 점이 강조되어야 한다. 홍성에서는 〈벼터는소리〉가 훌륭하게 소리를 체계적으로 발전시켰다면, 이와 달리 〈죽가래질소리〉와 같은 것이 있어서 홍성군의 소리와 함께 비교된다.

(2) 내포제시조

내포제시조(內浦制時調)는 간명하게 정의할 수 있다. 내포제시조는 충청남도 서북부지역의 시조창을 일컫는 말로 그 계보 구성에서 남다른 특색을 가지고 있는 특징을 하고 있다. 가령 소동규-김원실로 이르는 주요한 내포제 계보를 구성하고 있으며, 이러한 점을 내세워서 이 소리맥을 중심으로 이른 바 충남지방 문화재 제17호로 1992년에 지정된 바 있다. 내포라는 말은 충청남도에서 서산·당진·예산·홍성을 가리키기 때문에 붙여진 이름으로 추정된다.

내포제시조는 시조의 지역명칭이고, 달리 지역유형의 면모를 튼실하게 보여주고 있는 사례이다.[25] 시조는 여러 가지가 있지만 이 시조가 세속화되면서 이 소리의 근본적 양상이 달라지고 여러 가지 소리의 지역적 유형이 생성되어 전승이 이루어졌다. 그렇게 해서 京制·內浦制·完制·嶺制 등의 지역 유파가 생성되는 것은 지극히 당연한 현상이다.

京制 : 서울과 경기지방
內浦制 : 충청도 지방
完制 : 전라도 지방
嶺制 : 경상도 지방

지역유형의 분포와 변이가 시조의 경우에 분명하고 이 지역적 분포에 의해서 시조창의 기본적 성격이 확인되는 점을 알 수가 있겠다. 지역유형의 성립이 시조의 발전이자 생성의 원천이 되고, 이 점에 입각해서 지역유형의 자료는 깊은 공통점을 가지고 전개되는 것을 알 수가 있겠다. 이러한 점에서 지역유형의 근간을 새롭게 이해할 수가 있다. 그런데 문제는 이러한 지역유형을 학문적으로 엄격하게 정리하는 것이

---

25) 이에 대한 연구는 다음과 같은 선행 논문에 의존하기로 한다.
　　서한범, 「내포제 시조와 경제 시조의 비교 연구」, 『국악통론』, 태림출판사, 1996, 190~192면; 서한범, 「내포제 시조의 현황과 확산의 과제」, 『시조음악론』, 한국전통음악학회, 2004; 김연소, 「내포제 시조」, 『한국전통음악학』 창간호, 한국전통음악학회, 2000, 23~37면.

필요하다는 것이다.

역사적으로 볼 때에도 시조단을 중심으로 하는 여러 가지 가단이 생성되었던 것도 이러한 각도에서 이해할 수 있는 지역적 유형에 의한 가단 형성이라고 할 수가 있다. 시조 역시 이러한 각도에서 지역유형을 형성하였을 것으로 보인다.

내포제시조를 중심으로 하는 대표적인 면모를 보면 이러한 특징은 선명하게 연구한 것은 아니라고 본다. 가령 일반적 견해만을 말했을 따름이고, 엄격한 학문적 논의가 필요한데 이 점에 대한 논의가 온전하게 된 것은 아니라고 생각한다. 가령 일반적 소개로 말하는 것과 다른 견해가 요청된다.

음계는 3음의 계면조(슬프고 처절한 느낌을 주는 음조)와 5음의 우조(맑고 씩씩한 느낌을 주는 음조)로 되어 있다. 중간에는 가락을 올리지 않아 안정감을 유지히고, 끝에는 떨어뜨려서 여운을 남기며, 가성을 쓰지 않고, 꾸밈음을 많이 사용하고 있다. 악기 없이 장구나 무릎장단으로 일시적 연주를 하기 때문에 초장과 중장 끝장단에서 5박자가 줄어들기도 한다.

내포제시조는 서한범 교수의 견해에 의해서 분명하게 예시된 바 있다. 내포제시조는 근간이 되는 지역유형의 특징이 요체이다. 실제 이 소리를 전승하고 있는 전승자의 관점을 일단 먼저 들어보고 이에 대한 특징이 무엇인지 규명하기로 한다.

서한범 : 내포제 시조가 충남문화재 제17호로 지정이 되어있고, 소동규 선생에 이어 현재는 김원실 선생께서 예능보유자로 계시지요. 다른 지방의 시조와 다른 점이 있다면 어떤 점인가요. 간략하게 짚어

주시지요.

김원실 : 서 교수님이 우리 〈내포제시조〉에 연구가 많으시기 때문에 잘 아시잖아요! 각 지방의 말이 강세나, 억양이 다른 것처럼 시조의 격식 또한 다르다고 할 수 있지요. 저희 내포제는 빤듯한 작대기 시조가 아니라, 꼭 괭이가 붙어 있듯이 가락에 변화를 주고 있지요. 대체적인 골격은 비슷하나 부분적으로 차이를 보입니다. 예를 들어 초장 셋째각 끝을 들고 올라가지 않는다거나, 시김새를 만들어 가는 것에 차이가 있지요. 초장, 중장의 끝 박의 위치나 말 붙이는 박이 부분적으로 다르고, 속소리로 부르는 창법은 피합니다. 특히 모음을 잡고 나가는 창법은 독특하다고 할 수 있어요.[26]

김원실에 의하면 일단 경제와의 비교를 전제로 하는 것으로 이해된다. 첫째, 반듯하지 않게 부른다는 전제를 하고 있다. 반듯한 작대기가 아니라, 마치 곡괭이가 붙어 있는 듯한 특징을 가지고 있다고 전제하고 있다. 그러한 특징을 정리하자면 경제처럼 단아하고 바르게 부르지 않고 여기에 일정한 강세와 굴곡에 의해서 달리 부른다는 말을 하고 있다. 가락의 변화를 강조하는 점이 이러한 말로 요약된다.

둘째, 속소리를 하지 않는다고 하는 점을 강조하고 있다. 가곡이나 시조에서 일정한 가성을 사용하게 되는데 이를 쓰지 않는다고 말하고 있다. 가성을 속소리라고 하는데 이 속소리는 가곡이나 시조에서 시원한 소리를 내는데 긴요한 구실을 하는 것으로 평가된다. 이 점에서 속소리를 사용하지 않으므로 투박한 맛을 내는데 내포제의 특징을 구현

---

26) 인터넷에서 이 대담을 찾았으나 다시 찾기 어려워서 인터넷판의 잡지를 이용했음을 명기한다.

하고 있다는 점을 확인할 수가 있겠다.

셋째, 실제 대목에서 어떻게 다른 소리를 구현하는지 말하고 있다. 가령 초장의 셋째 각을 들고 올라가지 않거나, 시김새를 만드는 방식에서 이러한 특징이 구현된다고 말하고 있다. 실제적인 특징을 말하는 것이 아주 주요한 지침이 되는데, 이러한 소리를 중심으로 하는 일정한 소리의 골격을 형성하는 점을 이로써 알 수가 있겠다. 내포제시조의 특징을 간단하게 말했지만 무엇이 핵심인지 정확하게 짚어낸 발언이라고 할 수가 있다.

연구자들의 견해 역시 이에 집중된다. 연구자들은 정확하게 일치하는 시조장단의 장과 각, 그리고 사설을 통해서 이러한 문화의 다양성을 특징적으로 해명하는 점이 확인되고, 그러한 점에서 시조장단의 근간을 검토할 필요가 있겠다. 가령 경제시조와 내포제시조를 비교한 논의도 여기에 집중되어 있다.

    초장 : 5·8·8·5·8
         동창이|밝았느냐|노고지리|우지진|다---||
    중장 : 5·8·8·5·8
         소치는|아희놈은|상기아니|일었느|냐||
    종장 : 5·8·5·5(사실은 한박)
         재넘어|사래긴밭을|언제갈|려||||(하느니)||||[27]

전반적인 특징을 서술하면서 경제와 내포제의 특징을 요약하여 서술

---

27) 김연소, 「내포제 시조」, 『한국전통음악학』 창간호, 한국전통음악학회, 2000, 23~37면. 김소연의 연구 결과를 이용해서 서술한다.

한 견해를 가져와서 논의를 한다. 전반적으로 내포제시조는 장식음의 처리, 강약조절, 모음의 처리 등에 있어서 경제에 견주어서 적극적인 표현법을 구사하게 된다고 하였다. 다음으로 세부적인 장의 각에 있어서도 몇 가지 주요한 특징을 지적하였다. 중요한 것으로 초장 3각의 제8박이나 종장 2각의 8박의 경우에 경제에서는 5도 이상의 상행 진행이 있으나, 내포제에는 그러한 면모가 발견되지 않는다고 하였다. 또한 중장의 제1각 종장의 제1-2각에서는 글자를 놓는 방법이 다르다고 하였으니 '소치는', '재넘어' 등에서 글자를 분리시켜 발음하지 않으므로 가사의 전달이 명확하다고 하였다.

이러한 사실의 해석은 다각도로 이루어졌지만 필자의 관점에서 이를 다시 해석하고자 한다. 시조는 사설이 분명하고 이를 창으로 부르는데 있어서 필요한 시조창의 방식에 있어서 음악적 제의 차이는 사설의 공통점에도 불구하고 다면적이고 역동적인 차이를 드러내는 것이라고 하겠다. 구비로 전달하는 과정에서 지역적 특색이 가미되고, 환경에 걸맞는 특징을 구현하는 점이 이 자료의 기본적 면모라고 하겠다.

지역유형은 상층의 문화인데도 불구하고 동일한 면모를 노래로 전달하는 과정에서 이러한 차별성을 구현하는 점을 주목해야 한다. 지역유형이 구비전달에서 특징을 형성한다고 하는 점은 이러한 각도에서 이 지역의 문화적 특색과 환경을 반성하게 하는 요소이다. 이러한 점에서 이 자료의 근간을 중심으로 하는 면모를 다시금 확인하게 한다. 지역유형은 이러한 각도에서 매우 중요한 의미를 가지고 있다고 하지 않을 수 없다.

기록시와 구비시의 양면을 지니고 있는 시조가 기록작시(written composition)에서 구비전달(oral presentation)이라고 하는 2차적 방법으

로 구현하는 과정에서 일정한 특징과 의의를 가지고 있으면서 달라지
는 점을 이러한 각도에서 다시금 논란을 할 수가 있다. 소리문화의 경
계면에서 상층과 하층의 전달자 노릇을 하면서 특징적인 내포제시조의
면모를 구현하였다고 하겠다.

(3) 내포제 - 중고제판소리

서산은 내포제 - 중고제의 판소리가 존재하는 특징적인 고장이라고
할 수가 있겠다.[28] 내포제 - 중고제라는 개념은 생소한 개념이 아니다.
특히 중고제는 우리 판소리사의 전통 속에서 그 명맥이 선명하게 확인
되는 판소리의 지역유형 가운데 하나이다. 기왕의 연구에서 이러한 논
의는 산발적으로 존재했다. 특히 고음반을 중시하는 학문적 자료를 근
거로 하는 배연형과 이보형에 의해서 이 개념은 어느 정도 공질성을
확보한 개념이다. 이들 논의의 요체는 비교적 간명하다.

중고제의 대체적 함의는 세 가지로 요약된다. 첫째, 일정하게 지역
적 유파로 이른 전라도의 판소리로 대가닥이 잡힌 동편제와 서편제의
우세 속에서 잊혀지기를 강요당했던 특정한 지역적 유파라고 하는 것
이 이 논의에서 새삼스러이 주장되었다. 그 근거도 명확하려니와 이

---

28) 배연형, 「판소리 중고제론」, 『판소리연구』 제5집, 판소리학회, 1994, 149~195면; 배연
형, 「심정순 일가의 음반」, 『한국음악사학보』, 한국음악사학회, 2002, 5~28면; 서종문
· 김석배, 「판소리 '중고제'의 역사적 이해」, 『국어교육연구』 제24집, 경북대국어교육연구
회, 1992, 33~63면; 신은주, 『판소리 중고제 심정순家의 소리』, 민속원, 2009; 이보형,
「심정순의 생애와 예술」, 『심정순 가계와 한국음악』, 한국음악프로젝트2000 제1회 전국
대회 심정순 가계와 한국음악 자료집, 1996; 『한국음악사학보』 제18집, 한국음악사학회,
1997, 9~16면에 복간; 이보형, 「유파개념 중고제와 악조 개념 중고제」, 『판소리연구』 제
23집, 판소리학회, 2007, 337~371면.

논의는 새로운 지평을 연 개념이라고 할 수가 있다. 중고제는 따라서 지역적 유파라고 하는 점에서 이의가 없을 것이며, 타당한 근거를 지닌 것이다. 그렇게 해서 적어도 판소리의 유파나 대가닥은 중고제·동편제·서편제 등의 삼분 구조로 되어 있었음을 강조하고 있다.

둘째, 중고제는 원바탕이 적어도 온전하게 존재하지 않거나 존재하더라도 특정한 악조의 개념으로 확인될 수밖에 없다고 하는 것이 중고제의 화석과 같은 상태임을 환기하고 있다. 다시 말해서 중고제는 특정한 유파이지만 증거는 희박하여 특정한 창조로 존재한다고 하는 것이 이들 주장의 요점이다. 가령 더늠으로 남은 것이 이 때문으로 권삼득의 설렁제, 염계달의 경드름·추천목, 모흥갑의 강산조, 고수관의 추천목, 신만엽·김제철의 석화제 등이 중고제의 구체적 예증이라고 하는 것이다. 동편제와 서편제의 약진으로 말미암아서 이 때문에 남도창제의 부분으로 자리 잡을 수밖에 없는 형편임을 강조하고 있다.

셋째, 중고제는 또한 시대적 개념이기도 하다. 판소리의 전체적 역사 속에서 이 중고제는 단일한 개념으로 존재할 수 없었으며, 시대적 지속과 변화의 굴곡을 그릴 수밖에 없었다. 판소리는 이러한 시대적 개념 속에서 중고제의 성격을 다양하고 다면적으로 연출할 수 있었다. 그런 점에서 중고제는 경기도 남부와 충청도 판소리로 특별하게 주목되는 특징을 구현했다고 보는 것이 적절하다고 할 수 있다. 이 점에서 중고제는 매우 주목할 만한 의의를 가진다.

그 점을 인정하면서 이보형, 서종문, 김석배 등은 배연형의 논의를 중심으로 하는 것을 보완하거나 일련의 수정을 가함으로써 중고제의 개념을 확립하는데 기여한 것으로 이해된다. 그러한 이해의 전통 속에서 내포제-중고제라고 하는 개념은 판소리의 중고제의 산실이 바로 내포제에 있음을 강조하는 특별한 개념이다. 특히 이 논의에서 김창룡·이동백·심정순·심상건·심매향·방만춘·방진관·심화영 등을 중심으로 하는 서산 내포의 심씨 가문의 중요성을 특별하게 강조해도 지나치지 않는다고 할 수가 있겠다. 이동백과 부여별신굿의 이어린년, 서산의 심씨 일가는 특히 시사적인 부분을 가지고 있다고 해도 지나치지 않는다.[29]

내포제의 전통 속에서 중고제의 전통과 명맥이 우러나왔으며 이 점은 다른 고수관과 같은 가문에서도 시사하는 바가 매우 크다고 할 수가 있겠다. 이 점을 강조하면서 판소리의 전통을 내포제 속에서 다시 반추하는 논의의 진전이 요구된다. 이 논의를 진전하는데 기왕의 논의는 다시금 수정되거나 보완되면서 논의를 할 여지를 넓힐 필요가 있겠다. 이 점에서 이 논의는 의의를 지닌다고 하겠다.

중고제의 존재는 판소리사의 대국면을 다시 반성하게 한다. 중고제의 소리가 수리성을 쓰지 않으면서 광대 자신의 독창적인 기량에 의존하는 개념이었다고 하는 것이 적확한 사실이라면, 우리는 판소리사에서 이러한 환경을 가능하게 한 판소리의 성장을 다시금 반추해 볼 필요가 있겠다.

대국면에서 중고제의 인식은 일단 육자배기토리라고 하는 문화적 심층구조를 다시 반추하게 한다. 경기도 남부 이하의 충청도와 전라도의 판소리는 분명하게 수심가토리와 변별되는 지역적 동질성을 가지고 있다. 구비서사시인 점에서 동일하지만 음악적 기반과 환경이 다른 점을 든다면, 판소리의 수용 기반이 같은 점을 대국면에서 지적해야 할 것이

---

29) 장주근, 『한국의 향토신앙』, 을유문화사, 1998, 175면.

다. 아직까지도 많은 의문이 남아 있지만 민요·무가·판소리 등에 있어
서 동질성이 있는 육자배기토리의 공질성은 판소리의 유통과 전파성에
있어서 뚜렷한 공통점을 시사한다. 대국면에서 판소리의 전통이 서로
유지되는 것은 이러한 것과 깊은 관련이 있을 것으로 추정된다.

그러나 중국면에서 중고제는 다른 한편에서 중고제·동편제·서편제
등의 관련을 다시금 논의하지 않을 수 없다. 중고제는 판소리의 유파와
시대적 개념인 것이 분명하지만, 이 중고제를 인정하면서 우리는 다른
각도에서 이러한 중고제가 판소리의 역사에서 어떠한 의의를 가지는가
하는 점을 반문하지 않을 수 없다.

중국면에서 판소리의 중심이 중고제에서 동편제와 서편제로 이동하
는 것은 근대 판소리사의 약진이 이루어진 결과이다. 달리 더욱 중요한
중고제의 두드러짐이 있는 것을 알 수가 있겠는데, 이러한 점을 통해서
중국면의 판소리사에 존재하는 중요한 특징과 의의를 가지고 있다고
하는 점을 다시금 생각하지 않을 수 없다. 중고제의 존재가 개인기나
악조적인 성격도 있지만 더욱 중요한 것은 판소리의 레퍼토리를 장식
하고 주도적인 구실을 한 중고제의 소리가 있었을 것이라는 점을 간과
해서는 안 된다.

중고제의 특성을 악조와 판소리의 레퍼토리로 이동하면서 우리는 중
부지역의 판소리로 〈무숙이타령〉〈장끼타령〉 그리고 〈적벽가〉 등이
진실로 소중한 개념인 점을 다시 지적하지 않을 수 없으며, 특히 판소
리의 중요한 악조 가운데 하나인 평조의 존재 사례가 중고제의 중국면
에서 발견되는 긴요한 예증이라고 할 수 있을 것이라고 판단된다. 중고
제의 존재가 이렇게 되면 다시 부각되지 않을 수 없다.

소국면에서 중고제 내의 지역적 차별성을 다시금 언급할 수가 있겠

다. 소국면에서 동일한 중고제의 권역과 판도 아래에서 지역적 차별성
을 논의할 필요가 있다. 경기소리와 충청소리는 일정하게 같으면서 다
른 것을 지적하지 않을 수 없다. 경기도 남부에서 출발하여 충청도에
이르게 되면 소리의 동질성이 많지만 미세한 대목에서 소리가 조금씩
달라지는 지점을 거듭 확인하게 된다.

내포제라고 하는 동일한 소리문화의 권역 내에서도 일정하게 차별
성을 가지게 되는데, 그러한 것으로 우리는 내포제의 성격이 중고제에
서도 유다른 점이 있을 수 있다는 점을 확인하게 된다. 그러한 성격을
명확하게 확인하기 위해서는 실증적인 사례를 더욱 풍부하게 넓히면
서 이러한 소리의 전통이 본질적으로 논의되어야 한다. 최근의 연구에
서 이러한 가문의 소리가 확인되는 것은 매우 중요한 진척이다. 가령
심정순 일가의 학문적 진척은 이러한 점에서 평가할 만한 것이라고 하
겠나.[30]

서산의 내포제와 중고제의 관련은 역사적으로, 실제적으로 중요한
것이라고 평가하지 않을 수 없다. 내포제의 진전과 의의를 기록하면서
여러 각도에서 이 점을 검토하고 논의의 여지가 남아 있었음을 다시금
생각하지 않을 수 없다. 이러한 전통에 대한 자각이 때늦은 감이 있지
만 이에 대한 연구를 중요하게 생각하면서 판소리사의 진정한 복원을
이룩해야 한다고 하는 것이 막중한 사명감으로 다가오게 된다.

판소리사에서 중고제의 특징을 핵심적으로 요약하면 중고제 판소리
의 특징을 몇 가지로 요약된다. 그 점을 세 가지 측면에서 해명할 수가

---

30) 신은주, 『판소리 중고제 심정순家의 소리』, 민속원, 2009. 장차 심정순·심상건·심매향
·심화영 등의 가문에 대한 탐구는 그러한 점에서 매우 주목할 만한 가치를 지닌다.

있겠는데, 창과 아니리의 미분화 현상, 평조와 판패개제 성음의 일치, 개인 기량 위주의 악조 구성 등으로 갈라서 말할 수가 있겠다.

첫째, 창과 아니리의 미분화 전라도 중심의 전기 8명창과 후기 8명 창의 소리와 다르게 일정한 면모가 있는데, 아니리와 창의 확실한 구분이 불분명하다. 명확한 소리와 아니리의 미분화 이유는 여러 가지로 추론할 수 있는 단서들이 있지만, 이는 여러 제약에도 불구하고 중고제 소리의 특징이라고 할 수가 있다. 아니리와 창의 미분화는 아주 본질적인 측면이라고 할 수가 있는데 이에 대한 원인은 차츰 해명될 가능성이 있다.

그 해명의 단서는 중고제의 전반적인 이유 때문에 그러한 것으로 본다. 가능한 단서 가운데 하나는 판소리이 레파토리(repertoire)가 굳어지기 전에 초창기 판소리의 면모가 이러한 것으로 굳어질 가능성이 있다고 하는 점이다. 소리를 자유롭게 하므로 긴장된 목을 사용하지 않고 개인 기량에 의한 평조 중심으로 중고제의 성음으로 부르기 때문에 아니리와 창의 분간이 온전하게 이루어지지 않음을 간취할 수가 있다. 사설에 대한 전량을 찾을 수 없지만 개인적인 해석과 표현에 치중하는 면모를 구현하므로 창과 아니리의 분간이 잘 이루어지지 않음을 알 수가 있다.

둘째, 유성기 음반을 중심으로 연구하는 학자들에 의해서 지적된 바 있지만 판소리의 악조적 특징을 중심으로 하는 면모가 발견된다. 동편제와 서편제의 역사적 표현 방식으로 악조를 동편제에서는 우조 중심으로 이끌었다면, 서편제에서는 계면조 중심으로 판소리의 전반을 해석하는 특징이 존재했다. 그러나 이와 달리 중고제에서는 비동비서의 평조 중심의 해석을 하는 것이 전반적인 특징이다.

 그런데 이 중고제의 특징을 어떻게 증명할 수 있는지, 과연 이러한 소리는 있기나 한 것인지 의문이 있을 개연성이 있다. 이 의문은 정당하다고 하겠으며, 이 의문을 해소하면서 이를 증명하는 것이 바람직하다고 하겠다. 이 개연성에 대한 보완적인 자료가 무엇인지 필자는 다른 가능성을 제기하고자 한다.

 경기도 도당굿판에서 특정한 창자인 이용우의 가창을 보면 이 점을 알 수가 있겠다. 바로 굿판의 〈제석본풀이〉〈군웅노정기〉〈손님노정기〉나 〈뒷전〉의 성음이 초지일관하여 판패개제 성음으로 일관하는데 그것이 바로 중고제의 성음이 될 개연성이 있다고 하는 점이다. 구체적으로 판패개제 성음이 중고제의 소리와 동일한 것은 우연한 일이 아니다. 따라서 조심스러운 추론이기는 한데, 평조 중심의 악조, 판패개제 성음과 일정한 관련이 있을 것이다.

 셋째, 중고제의 전반적인 소리는 철저하게 개인적인 특장과 관련이 있다. 이 현상은 판소리사에서 전반적인 해석을 기다려야 하는 측면이 있는 것이기는 하지만 현재의 남아 있는 자료들을 재구성하면 이 중고제의 특징에서 몇 가지 공통점이 추려진다. 그것은 여러 가지의 현상에서 일치점을 보이는 것으로 염계달의 추천목, 권삼득의 설렁제 또는 덜렁제 등을 비롯한 더늠 위주의 발전은 중고제의 운명을 결정한 것이기도 하다.

 전체적인 소리 구성을 공통적인 전승의 기반으로 하면서도 개인기 위주의 악조 구성은 남다른 면모를 가지게 된다. 그 소리들이 결과적으로 판소리의 전승 속에 오롯하게 살아남아서 현재의 판소리로 화석화된 편린을 보여주게 되었다고 해도 지나치지 않는다. 판소리의 화석을 통해서 우리는 다시금 중고제 전체의 역사를 재구하는 방법을 사용할 수밖에 없다고 하겠다. 중고제 중심의 판소리에서 역사적인 여러 가지 소리를 재구하는 것은 매우 유의미한 것이라고 하지 않을 수 없다.

중고제 판소리의 특장을 가장 강력하게 증거 하는 간접적 방증이 바로 경기도와 충청도의 굿 자료이다. 우리는 두 가지 구체적인 자료를 가지고 있다. 일단 심증적이기는 하지만 경기도와 충청도의 자료가 이러한 면모를 가지고 있다. 〈경기무악〉과 〈은산별신굿〉의 자료들이 이러한 구성에 긴요한 특징을 가지고 있는 간접적인 자료들이다.[31] 단순한 굿판의 자료가 아니라 이들의 본풀이와 음악을 듣고 있노라면 중고제 소리의 면면을 짐작할 수 있는 특징을 알 수가 있겠다. 따라서 이에 대한 정확한 자료 해석이 필요하다.

내포제의 중고제를 중심으로 하는 자료들은 이미 심도 있는 해석이 더해지고 있는 형편이다. 특히 신은주의 연구에 의해서 일반적인 중고제의 해석이 집약되고 한층 세련된 결론을 도출하고 있음이 확실하다.[32] 그러한 과정에서 긴요한 방증 자료를 새롭게 해석해야 마땅하다. 새로운 자료를 보완하고 정합적인 연구를 한다면 내포제와 중고제의 소리에 대한 일반적 결론을 새삼스러이 도출할 수도 있을 것이다.

---

31) 『경기무악』, 국립문화재연구소, 2000; 『은산별신굿』, 국립문화재연구소, 2002; 『경기 시나위와 남도시나위』, 국립문화재연구소, 2003. 세 가지 음반이 경기충청권의 굿 음악을 모두 말해주는 것은 아니나, 여러 가지 특징을 간접적으로 이해할 수가 있는 소중한 자료이다. 우리는 이들의 상관성에 대한 음원을 중심으로 논의를 해야 하는 면모가 있다.

32) 신은주, 『판소리 중고제 심정순가의 소리』, 민속원, 2009. 이 논의에서 중고제의 시대적 위상과 지역적 특징에 대한 전반적인 논의를 하였다. 경기도 도당굿과의 관련을 말하고 있음에 주목하면서도 이 소리들의 구체적 실상에 대한 비교가 없어서 아쉬움을 준다. 게다가 토박이 소리인 민요와의 관련을 논의하고 있음에 주목할 수 있으나 얻은 결론이 설득력이 있는가 의문이다.

3) 내포제소리문화의 역사적 의미

우리는 위에서 서산지역 내포제의 소리문화가 가지는 지역적 특징을 중심으로 상세한 논의를 한 바 있다. 이제 이에 대한 결론을 내리는 순서가 되었다. 일단 사실을 정리해보자. 서산지역의 소리문화 가운데 토박이소리는 크고 작은 것의 상관성을 가지는 것 가운데 논농사소리를 중심으로 하는 일련의 검토를 통해서 민요의 토리권역이 내포제의 지역을 중심으로 뚜렷하게 존재하는 점을 확인하였다. 인접하고 있는 당진군·예산군·홍성군 등을 중심으로 하면서 심지어 태안군까지도 민요의 뚜렷한 공통점이 드러났다. 이로써 우리는 토박이소리 문화권 내에서 일정한 지역유형을 설정하는 것이 무의미하지 않음을 알 수가 있었다. 논매는소리에서의 논매는 과정과 소리의 일치점이 다양한 소리의 발단과 관련이 있다고 하는 점은 매우 중요한 것이었다.

또한 내포제시조의 존재 역시 이러한 각도에서 이해할 수가 있는 것이다. 시조의 표준화는 언어적이고 시형식의 표준화에 불과했다는 점을 우리는 다시금 깨닫게 된다. 기록시의 형식적 일치점에도 불구하고 이 기록시를 구비작시와 더불어서 구비전달에 의한 관점에서 독자적인 지역적 특색을 갖추게 되는데 이로 말미암아서 경제·내포제·완제·영제 등의 지역유형적 개념에 준하는 독자적인 시조제가 있었음이 뚜렷하게 확인된다. 소리의 전통을 통해서 법제가 시조창에서도 이루어졌다고 하는 것은 진실로 중요한 사안이 아닐 수 없다. 내포제시조의 특징을 여러 국면에서 지적한 연구도 많이 나왔지만 문제의 핵심은 내포제의 말씨와 억양, 소리의 가치관 등에 의해서 이러한 것들을 다시금 현실화하면서 새롭게 구성하고 있는 내포제시조의 소리이다.

내포제와 판소리의 중고제가 연결되는 것은 판소리의 시대적 전환 속에서 미아 신세로 전락한 중고제 소리의 복원이자 복권이라고 하는 점에서 매우 긴요한 것이라고 하겠다. 내포제와 중고제의 연결은 판소리사의 중요한 국면이고, 새로운 소리의 전통을 완전하게 할 수 있는 의의를 지닌다고 하겠다. 소리의 전통을 통해서 판소리사의 의의를 부여해도 좋을 것으로 생각된다. 이 소리의 전통을 복구하는 것이야말로 진정한 것이라고 할 수가 있겠다. 내포제―중고제의 전통을 통해서 판소리사의 인식을 전환하면서도 판소리의 지역유형 가운데 내포제의 중고제를 형성하는 것은 긴요한 문제이다.

세 가지 사실을 통해서 우리는 내포제의 소리문화가 일정한 지역의 권역 내에서 이루어지는 지역유형의 개념을 형성한다는 점을 인정할 수가 있겠다. 지역유형은 민속학갈래 내의 일반적 현상이고 다른 갈래에도 확대·적용할 수 있는 요긴한 개념이다. 지역유형이라고 하는 개념이 단일하고 균질감이 있는 것은 아니지만, 적어도 위에서 살펴본 지역유형의 대표적 개념 속에서 이루어지는 소중한 것이 아닐 수 없다. 다차원적이고 다면적인 지역유형이 내포제 소리문화에 동질적으로 등장하는 점은 소중한 성과일 것이다.

하층문화인 토박이소리는 지역적 정체성을 중심으로 지역유형의 근간을 뚜렷하게 유지하고 있다. 그에 견주어서 내포제시조는 상층문화여서 전국적으로 획일화될 법도 한데, 실제로 보면 이들 문화의 공질성에 근거한 이질성이 더욱 두드러지는 내포제시조의 전통을 수립했다. 또한 판소리는 상층과 하층의 합작품인데, 독자적인 지역유형의 유파개념을 구성하고 있으면서 악조적인 근간을 수립한 것을 볼 수가 있겠다.

우리는 서울·경기남부의 소리문화와 호남의 소리문화에 중간적 점이지대의 영향과 작용을 입는 지역이면서도 뚜렷하게 자신만의 고유한 정체성과 특징을 지니고 있는 점을 인정하지 않을 수 없다. 매개적인 면모와 독자적인 면모를 가지고 있다고 하는 점이 이 소리의 전통이라는 것을 인정하게 된다. 중심과 주변의 개념 속에서 주변부와 중심부가 역동적으로 바뀌면서 서산지역의 내포제 소리문화는 슬그머니 자신의 지위를 잃어버린 문화적 불운을 겪게 되었다.

과거에 중심부의 조명을 받지 않았으나 강렬한 생명력의 열망을 구현하고 있는 내포제 문화의 진정성을 확인하게 되었다. 이러한 문화적 브릿지 구실을 하는 이유가 무엇인지 장차 커다란 연구가 필요하게 된다. 확정적으로 말하기는 어렵지만 해로를 중심으로 하는 서해안의 문화적 의사소통이 이러한 결과를 낳았을 개연성이 매우 높다. 조운제도니 내포제의 물화가 번성하면서 움직이는 소인 역시 무시할 수 없는 것이라고 생각된다.

그러나 이는 추정일 따름이고 더욱 다채로운 소인에 의해서 내포제 문화가 형성되고 발전되었을 개연성이 있다. 내포제 문화의 형성 이면에 뚜렷하게 존재하는 판소리의 전통을 일깨우고 이를 통해서 잠정적으로 다양한 내포제 문화의 가치를 부각하는 일이 긴요하다. 내포제의 다양성은 소리문화에 있으며, 이 소리문화의 전통을 통해서 혁신을 하는 것이 소리문화의 전통을 이어가는 길일 것이다. 잊혀진 문화, 잊혀진 소리의 역사 등을 재구하면서 내포제 소리문화의 전통을 발굴할 필요가 있겠다.

논산두레풍장 관련 자료

1. 이색(李穡, 1328~1396)「관촉사」,『목은고(牧隱藁)』권24

　　僧有辦來壬戌歲灌足寺彌勒石像龍華會者　求緣化文　旣筆以與之
因記舊日陪慈堂自鎭浦浮舟而上　獲與是寺法會　癸卯冬　降香作法
皆如夢中　作短歌以記之

　　임술년에 있을 관족사(灌足寺) 미륵 석상(彌勒石像)의 용화회(龍華會)
를 주선해 온 한 스님이 나에게 연화문(緣化文)을 지어 달라고 요구하여
이미 그 글을 지어 주고, 인하여 옛날에 내가 자당(慈堂)을 모시고 진포
(鎭浦)에서 배를 타고 올라오다가 이 절의 법회(法會)에 참여하게 되었
던 일과 계묘년 겨울에 향(香)을 내려 법회를 열게 했던 일이 모두 꿈결
처럼 기억이 나므로, 단가(短歌)를 지어서 그 사실을 기록하는 바이다.

馬邑之東百餘里	한산의 동쪽으로 백여 리쯤 되는 곳에
市津縣中灌足寺	은진현이라 그 안에 관족사가 있고요
有大石像彌勒尊	여기엔 크나큰 석상 미륵존이 있으니
我出我出湧從地	내 나간다 나간다며 땅속에서 솟았다네
巍然雪色臨大野	눈처럼 하얗게 우뚝이 큰 들을 임하니
農夫刈稻充檀施	농부들은 벼를 베어 보시를 하거니와

時時流汗警君㐫　　　때로는 땀 흘려 군신을 경계도 시키는데
不獨口傳藏國史　　　구전만이 아니라 국사에도 실렸고 말고
癸卯仲冬邊報急　　　계묘년 동짓달엔 변방의 경보가 급하여
我又降香馳汲汲　　　내가 또 향을 받아서 급히 달려가면서
一張白紙上所署　　　한 장의 흰 종이에 상께서 서명한 것을
掛向指間吾感泣　　　내 손가락 새에 쥐고 매우 감읍했는데
㐫人敗走朝著清　　　흉인들이 패주하고 조정이 청명해지니
至今歌詠先王明　　　지금도 선왕의 명철함을 다 노래한다네
回思少也侍慈顔　　　회상하건대 내 젊어서 어머니를 모시고
目瞻頂禮浮舟還　　　우러러 예배하고 배를 타고 돌아오다가
龍華樹下人天會　　　용화수 아래에 중생이 가득 모였을 제
已擬篦跡於其班　　　이미 그 반열에 자취를 나란히 했었으니
況又把筆廣邀詰　　　더구나 지금 글을 지어 널리 초대한다면
傾心施財誰復慳　　　성심껏 보시하기를 누가 다시 아끼리오
直截根原只一念　　　근원을 밝히는 데 다만 일념을 갖는다면
三世分明方寸間　　　삼세가 한 치의 마음 사이에 분명해지리
南望雲山幾千疊　　　남으로 바라보니 운산이 그 몇천 겹인고
恨殺我今腰脚頑　　　내 지금 허리 다리 뻣뻣한 게 한스러워라

2. 관촉사사적비(灌燭寺事蹟銘)

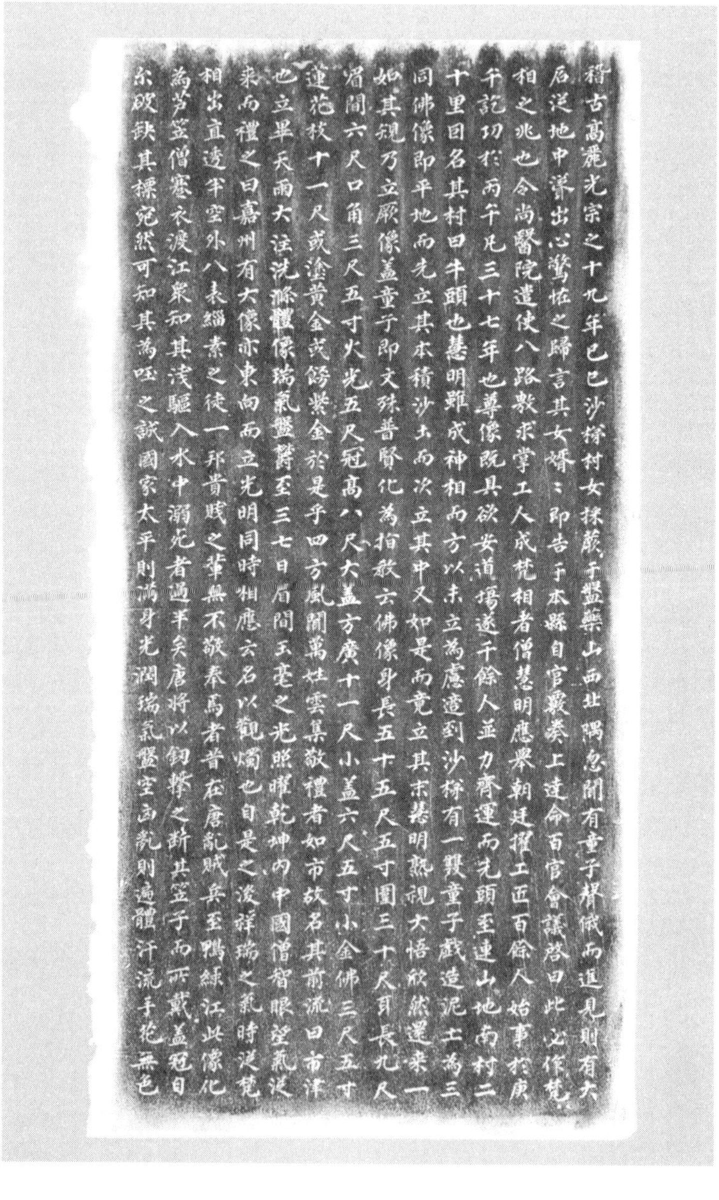

稽古高麗光宗之十九年己巳沙梯村女採蕨于盤藥山西北隅忽聞有童子聲㦸而進見則有大石從地中湧出心驚怪之歸言其女婿婿即告于本縣自官聞奏上達命百官會議啓曰此必作梵相之兆也令尚醫院遣使八路求掌工人成梵相者僧慧明應擧朝廷擢工匠百餘人始事於庚午訖功於丙午凡三十七年也尊像既具欲安道場遂千餘人並力齊運而光頭至連山地南村二十里因名其村曰牛頭也慧明雖成神相而力以未立爲慮遂到沙梯有一雙童子戲造泥土爲三同佛像即平地而先立其本積沙土而次立其中又如是而竟立其末慧明熟視大悟欣然還來一如其規乃立厥像蓋童子即文殊普賢化爲指教云佛像身長五十五尺五寸圍三十尺耳長九尺眉間六尺口角三尺五寸火光五尺冠高八尺大蓋方廣十一尺小蓋六尺五寸小金佛三尺五寸蓮花枝十一尺或塗黄金或餙紫金於是乎四方風聞萬姓雲集敬禮者如市故名其前流曰市津也立畢天雨大注洗滌體像瑞氣盤鬱至三七日眉間玉毫之光照曜乾坤內中國僧智眼望氣從來而禮之曰嘉州有大像亦東向而立光明同時相應云名以觀燭也自是之後祥瑞之氣時從梵相出直透半空外八表緇素之徒一邦貴賤之輩無不敬奉焉者昔在唐亂賊兵至鴨綠江此像化爲笋笠僧褰衣渡江衆知其淺驅入水中溺死者過半矣唐將以劒擊之斷其笠子而所戴蓋冠自尔破缺其標宛然可知其爲咥之誠國家太平則滿身光潤瑞氣盤空而亂則通體汗流手花無色

朝廷遣官祝辭曰敬設消災旺泰民安云：自古風俗盡歆尊崇無不陰隲禱其萬事則各適其願

此亦報應之明效也古讖所記多有破落難以悉解正門法堂初設於洪武十九年丙寅重修於萬

曆九年辛巳居士白只康熙十三年甲寅僧智能改修羅正十三至乙卯僧性詠便作葺積之平邑處

玆遂鐵網去則佛像塗灰則僧信摠在前城等難以大石自為頹落至明道塲便作葺積之平邑處

老人慨然於破壞之樂為化主乾隆庚申改等石煤煮於床草亦皆一新云尔　銘曰長身屹ヽ方

冠歲ヽ曆三而連丈六之加千佛之宗萬像之持靈歆丕著冥應龍或有衛英違無願不造潜運化

我邦家恫武愚袭傑然之姿草尔之谷司巫風閭萬柱雲頃時破産蹋誠弹力燈燭輝煌紙錢堆積惠

權黙翰工日月明益天地合四方風閭萬柱雲頃時破産蹋誠弹力燈燭輝煌紙錢堆積惠

安東權倫書佛報契負韓忠信方以光唯有於佈尊像與世同久　崇謙淩再終亥

尚詞全義英其尚寛金泰得尹青敏盧慶謙徐斗柳朴泰亨金斗歆曹轍相徐有昌全德碩金倫山吳

李夏榮鄭尚妃孔汝養金慶天千戴老方灰炬徐就逹李賓蕃鄭厚冯李夏淩出身

韓世逹李得新韓泰菩鄭時戴豪韓氏梁龍起方漢岭金海滿成無作金寬聖梁引公曹萬尚城卓

主論執事折衝韓忠信前役曹懿相引勸曹漢相閘良方炬曹應昌

方成雅僧斗性僧泰日化主金錫哲僧慧薰大施主嘉善金斗歆金儉山副護軍韓後信嘉義大夫

灌燭寺事蹟銘

鄭光碩折衝林震珠折衝鄭尚紀其妻梁氏折衝朴承業折衝成壽萬折衝曹漢佑折衝李廷郁朝奉大夫別提裵以載折衝裵硯載折衝姜尚文朴恭恬柳春起高萬秋開刊僧覺慧徐相健羅山絳石手李乙山金山碩別京居校書館唱准李東蕃座僧妙輝

灌燭寺事蹟銘

稽古高麗光宗之十九年己巳沙梯村女採蕨于盤藥山西北隅忽聞
有童子聲俄而進見則有大/ 石從地中聳出心驚怪之之歸言其女壻壻卽
告于本縣自官覈奏上達命百官會議啓曰此必作梵/ 相之兆也令尙醫
院遣使入路敷求掌工人成梵相者僧慧明應擧朝廷擢工匠百餘人始
事於庚/ 午訖功於丙午凡三十七年也尊像旣具欲安道場遂千餘人並
力齊運而先頭至連山地南村二/ 十里因名其村曰牛頭也慧明雖成神
相而方以未立爲慮適到沙梯有一雙童子戲造泥土爲三/ 同佛像卽平
地而先立其本積沙土而次立其中又如是而竟立其末慧明熟視大悟
欣然還來一/ 如其規乃立厥像盖童子卽文殊普賢化爲指敎云佛像身
長五十五尺五寸圍三十尺耳長九尺/ 眉間六尺口角三尺五寸火光五
尺冠高八尺大盖方廣十一尺小盖六尺五寸小金佛三尺五寸/ 蓮花枚
十一尺或塗黃金或餙紫金於是乎四方風聞萬姓雲集敬禮者如市故
名其前流曰市津/ 也立畢天雨大注洗滌體像瑞氣盤鬱至三七日眉間
玉毫之光照曜乾坤內中國僧智眼望氣從/ 來而禮之曰嘉州有大像亦
東向而立光明同時相應云名以觀燭也自是之後祥瑞之氣時從梵/ 相
出直透半空外八表緇素之徒一邦貴賤之輩無不敬奉焉者昔在唐亂
賊兵至鴨綠江此像化/ 爲蘆笠僧蹇衣渡江衆知其淺驅入水中溺死者
過半矣唐將以釖擊之斷其笠子而所戴盖冠自/ 爾破缺其標宛然可知
其爲國之誠國家太平則滿身光潤瑞氣盤空凶亂則遍體汗流手花無
色/ 朝廷遣官祝辭曰敬設消災國泰民安云云自古風俗盡誠尊崇無不
陰隲禱其萬事則各隨其願/ 此亦報應之明效也古蹟所記多有破落難
以悉解正門法堂初設於洪武十九年丙寅重修於萬/ 曆九年辛巳居土
白只康熙十三年甲寅僧智能改修雍正十三年乙卯僧性能改修徐潭

朴信等/ 所造鐵網云耳佛像塗灰則僧信摠在前城築雜以土石自爲積
落至明道場便作糞穢之所邑底/ 老人慨然於破壞之獘爲化主乾隆庚
申改築石堞兼於床卓亦皆一新云爾 銘曰長身屹屹方/ 冠峨峨層三
而連丈六之加千佛之宗萬像之特靈效所著冥應靡弍有禱莫違無願
不從潛運化/ 權默輸神工日月明竝天地德合四方風聞萬姓雲集傾財
破産竭誠殫力燈燭輝煌紙錢堆積惠/ 我邦家恤我愚蒙傑然之姿卓爾
之容前古所無後今唯有於休尊像與世同久 崇禎後再癸亥/ 安東權
倫書 佛粮契員韓忠信方以光朴泰亨金斗發曹懿相徐有昌全億碩金
漢億金儉出吳/ 尙均全義英吳尙寬金泰得尹貴敏廉處謙徐斗七柳春
起姜渭三柳以龍宋世謙金聖臣韓翼信/ 李夏榮鄭尙紀孔汝義金夢慶
金德臣文應天千載老方成矩徐就達李震蕃鄭厚必李夏茂出身/ 韓世
逸李得新韓泰善鄭時載寡韓氏梁龍起方漢齡金海滿成無作金寬聖
梁引公曹萬鼎城卓/ 主論執事折衝韓忠信看役曹懿相引勸曹漢相朴
泰亨全億碩中軍曹燕相閑良方世矩曹應昌/ 方成矩僧斗性僧泰日化
主金錫哲僧慧兼大施主嘉善金斗發金儉山副護軍韓後信嘉義大夫/
鄭光碩折衝林震釆折衝鄭尙紀其妻梁氏折衝朴承業折衝成壽萬折
衝曹漢佑折衝李廷郁朝/ 奉大夫別提裵以載折衝裵弼載折衝姜尙文
朴泰柳春起高萬秋 開刊僧覺慧徐相健羅必/ 京居校書舘唱准李東
蕃綌石手李乙山金山碩別/ 座僧妙輝

灌燭寺事蹟銘

[1면] 稽古高麗光宗之十九年己巳沙梯村 女採蕨于盤藥山西北隅
忽聞有童子聲 俄而進見則有大/ 石從地中聳出 心驚怪之 歸言其女

婿婿 卽告于本縣 自官覈奏上達 命百官會議 啓曰此必作梵/ 相之兆
也 令尙醫院 遺使八路 敷求掌工人 成梵相者 僧慧明應擧 朝廷擇工
匠百餘人 始事於庚/ 午 訖功於丙午 凡三十七年也 尊像旣具 欲安
道場 遂千餘人 並力齊運而先頭 至連山地南村二/ 十里 曰名其村曰
牛頭也 慧明 雖成神相而方以未立爲慮 邊到沙梯 有一雙童子戲造
泥土 爲三/ 同佛像 卽平地而先立其本 積沙土而次立其中 又如是而
竟立其末 慧明熟視大悟 欣然還來 一/ 如其規 乃立厥像 盖童子 卽
文殊普賢 化爲指敎云 佛像 身長五十五尺五寸 圍三十尺 耳長九尺/
眉間六尺 口角三尺五寸 火光五尺 冠高八尺 大盖 方廣十一尺 小盖
六尺五寸 小金佛三尺五寸/ 蓮花枝 十一尺 或塗黃金 或飾紫金 於
是乎 四方風聞 萬姓雲集 敬禮者如市故 名其前流曰市津/ 也 立畢
天雨大注 洗滌體像 瑞氣盤鬱 至三七日 眉間玉毫之光 照曜乾坤 內
中國僧智眼 望氣從/ 來而禮之曰嘉州 有大像 亦東向而立 光明同時
相應云 名以觀燭也 自是之後 祥瑞之氣 時從梵/ 相出 直透半空外
八表緇素之徒 一邦貴賤之輩 無不敬奉焉者 昔在唐亂 賊兵至鴨綠
江 此像 化/ 爲芦笠 僧騫衣渡江 衆知其淺 驅入水中 溺死者過半矣
唐將 以釰擊之 斷其笠子而所戴盖冠自/ 尒 破缺其標 宛然可知其爲
旺之誠 國家太平則滿身光潤 瑞氣盤空 凶亂則遍體汗流 手花無色

[2면] 朝廷遣官祝辭曰敬設消灾旺泰民安云云 自古風俗 盡誠尊崇
無不陰隲 禱其萬事則各隨其願/ 此亦報應之明效也 古蹟所記 多有
破落 難以悉觧 正門法堂 初設於洪武十九年丙寅 重修於萬/ 曆九年
辛巳 居士白只 康熙十三年甲寅 僧智能 改修雍正十三年乙卯 僧性
能改修 徐潭朴信等/ 所造鐵網云耳 佛像塗灰則僧信揚 在前城築 雜

以土石 自爲頹落 至明道場 便作糞穢之所 邑底/ 老人 慨然於破壞
之弊 爲化主 乾隆庚申 改築石堞 兼於床卓 亦皆一新云尒 銘曰

長身屹屹　方冠峩峩　層三而連　丈六之加
千佛之宗　萬像之特　靈效所著　冥應靡忒
有禱莫違　無願不從　潛運化權　默輸神工
日月明並　天地德合　四方風聞　萬姓雲集
傾財破産　竭誠殫力　燈燭輝煌　紙錢堆積
惠我邦家　恤我遇蒙　傑然之姿　卓尒之容
前古所無　後今唯有　於休尊像　與世同久

崇禎後 再癸亥 安東 權倫 書

　　佛粮契員 韓忠信 方以光 朴泰亨 金斗發 曹懿相 徐有昌 全億
碩 金漢億 金儉山 吳尙均 全義英 吳尙寬 金泰得 尹貴敏 廉處謙
徐斗七 柳春起 姜渭三 柳以龍 宋世謙 金聖臣 韓翼信/ 李夏榮
鄭尙紀 孔汝義 金夢慶 金德臣 文應天 千載老 方成矩 徐就達 李
震蕃 鄭厚必 李夏茂 出身/ 韓世逸 李得新 韓泰善 鄭時載 寡韓
氏 梁龍起 方漢岭 金海滿 成無作 金寬聖 梁引公 曹萬鼎 城卓/
主論執事折衝 韓忠信 看役 曹懿相 引勸 曹漢相 朴泰亨 全億碩
中軍 曹燕相 閑良方▨矩 曹應昌/ 方成矩 僧斗性 僧泰日 化主
金錫哲 僧慧兼 大施主嘉善 金斗發 金儉山 副護軍 韓後信 嘉義
大夫
　　[3면] 鄭光碩 折衝 林震琛 折衝 鄭尙紀 其妻梁氏 折衝 朴承業

折衝 成壽萬 折衝 曹漢佑 折衝 李廷郁 朝/ 奉大夫別提 裵以載
折衝 裵弼載 折衝 姜尙文 朴泰怕 柳春起 高萬秋 開刊 僧覺慧
徐相健 羅必/ 京居校書舘唱准 李東蕃 縡石手 李乙山 金山碩
別　座 僧妙輝/ 灌燭寺事蹟銘

관촉사사적명

옛날을 상고하니 고려 광종(光宗) 19년 기사년(969)에 사제촌(沙梯村)
의 여인이 반약산(盤藥山) 서북쪽 골짜기에서 고사리를 캐는데 홀연히
어린아이의 소리가 들려서 이윽고 나아가 보니 땅속에서 커다란 바위
가 솟아 나오는 것이었다. 마음에 놀라고 괴이하게 여겨 돌아와서 그
사위에게 말을 하니 사위가 곧바로 관아에 고하고 관아는 조사하여 조
정에 보고하였다. 백관에게 명하니 회의를 하니 아뢰기를 "이는 필시
불상을 만들라는 징조입니다."라고 하였다. 상의원(尙醫院)에 명하여
팔도에 사신을 보내 널리 불상을 만드는 장인을 구하게 하였다. 승 혜
명(慧明)이 추천에 응하고 조정은 장인 백여 명을 골라서 경오년(970)에
일을 시작하여 병오년(1006)에 일을 끝마치니 무릇 37년이 걸렸다.

불상이 이미 완공된 후 도량(道場)에 모시려고 하여 마침내 천여 명
이 힘을 합쳐 옮겼는데 머리 부분이 연산(連山)땅 남촌 이십 리에 도착
하자 그로 인해 마을의 이름을 우두(牛頭)라고 하였다. 혜명(慧明)스님
이 비록 불상은 완성하였으나 세우지를 못하여 걱정하고 있었다. 마침
사제(沙梯)마을에 도착하자 두 명의 동자가 진흙으로 삼동불상(三同佛
像)을 만들며 놀고 있었는데 평지에 먼저 그 몸체를 세우고 모래흙을
쌓은 뒤 그 가운데에 다음을 세워 다시 이처럼 하니 마침내 그 마지막

부분도 세우는 것이었다. 혜명이 주의 깊게 보고는 크게 깨닫고 기뻐하였다. 돌아와서 그 규칙과 같이 하여 이에 그 불상을 세웠으니 동자는 바로 문수(文殊)보살과 보현(普賢)보살이 현신(現身)하여 가르침을 준 것이라고 한다.

불상의 신장은 55척 5촌, 둘레는 30척이고 귀의 길이가 9척, 눈썹사이가 6척이며 입의 지름은 3척 5촌, 화광(火光)이 5척이다. 관의 높이는 8척이니 큰 덮개는 넓이가 11척이고 작은 덮개는 6척 5촌이다. 작은 금불은 3척 5촌이고 연화(蓮花)의 가지는 11척인데 혹은 황금을 칠하고 혹은 붉은 구리로 장식하였다.

이에 사방에 풍문이 퍼져 만백성이 구름처럼 모여들어 공경히 예불하는 사람이 마치 시장과도 같았으므로 그 앞에 흐르는 냇물을 이름하여 시진(市津 : 시장나루터)라고 하였다. 세우기를 마친 뒤에 하늘에서 큰비가 쏟아져 불상을 씻어 주었고 상서로운 기운이 가득하게 서려 100일을 지속하였다.

미간에 있는 옥호(玉毫 : 부처의 미간에 있는 흰 털)의 광채는 온 천지를 환하게 비추었으니 중국의 스님 지안(智眼)이 하늘의 기운을 살피고는 그 빛을 따라와서 예를 올리고는 "가주(嘉州)에 큰 불상이 있어 역시 동쪽을 향해 서 있는데 광명이 같은 때에 서로 응하였다."라고 하여 관촉(灌燭)이라고 이름 지었다. 이 이후로 상서로운 기운이 때때로 불상에서 나와 곧바로 허공을 꿰뚫어 온 세상 밖으로 가니 승려의 무리나 온나라의 귀하고 천한 무리들이나 공경하여 받들지 않는 자가 없었다.

옛날 당나라에 난리가 나서 적병들이 압록강에 이르렀는데 이 불상이 갈개 삿갓을 쓴 스님으로 변하여 옷을 걷고 강을 건너자 사람들이 수심이 얕은 것으로 알고 물속에 뛰어들었다가 빠져 죽은 자가 반이 넘었다. 당나라 장수가 칼로 그 삿갓을 내려쳐 잘랐는데 불상위의 관도 저절로 부서져 그 표식이 완연하니 그 국가를 위하는 성심을 알 수 있다. 국가가 태평하면 온 몸이 빛나고 윤택하며 상서로운 기운이 서리고 재앙과 난리가 있으면 온 몸에서 땀을 흘리고 손에 쥔 꽃에 색이 없어지는데 조정에서 관리를 파견하여 축문을 올려 재앙을 없애고 나라와 백성이 편안하기를 공경히 도모했다고 한다. 예로부터 풍속은 정성을 다하여 존경하여 높이면 하늘의 음덕이 없을 수 없어 만 가지 일을 기도드리면 그 원하는 바에 각각 부응하니 이 또한 보응(報應 : 하늘과 사람이 서로 감응하는 것. 선악의 인과관계)하는 밝은 효험인 것이다.

고적에 대한 기록이 많이 없어져서 다 알기는 어려우나 정문(正門)과 법당은 처음에 홍무(洪武) 19년 병인년(1386)에 지어졌고 만력(萬曆) 9년 신사년(1581)에 거사(居士) 백지(白只)에 의해 중수되었으며 강희(康熙) 13년 갑인년(1674)에 지능(智能)스님이 개수하였고 옹정(雍正) 13년 을묘년(1735)에 성능(性能)스님이 개수하였는데 서담(徐潭)과 박신(朴信) 등이 철망을 세웠다고 한다.

불상의 회칠은 신충(信摠)스님이 전에 축대를 쌓았는데 흙과 돌이 섞여 있는 까닭에 저절로 무너져서 지극히 밝아야 할 도량이 곧 더러운 장소가 되어 버리니 고을의 노인들이 그 파괴되는 것을 개탄하며 화주(化主 : 인가에 다니면서 법연을 맺어주는 스님)가 되어 건륭(乾隆) 경신년(1740)에 석축을 고쳐 세우고 겸하여 상과 탁자도 또한 모두 새롭게 했다고 한다. 이에 명(銘)한다.

그 높이 우뚝하며, 네모난 관 위엄 있구나.
삼층으로 연결되고 여섯 장(丈)을 더하였네.

모든 부처의 종주요, 만 가지 불상 중의 특이함이라.

신령스러운 효험이 드러나 은밀히 감응하여 어긋나지 않네.

기도를 드리면 틀림이 없고 원하는 대로 따르지 않음이 없도다.

조용히 조화의 힘을 도모하여 묵묵히 신령스러운 힘을 다하는구나.

해와 달이 함께 밝고 천지의 덕이 합하니

사방에서 소식을 듣고 만백성 구름처럼 모이네.

온 재산을 기울여 정성을 다하고 힘을 다하니

촛불과 등잔은 휘황찬란하고 지전(紙錢)이 쌓였구나.

우리나라에 은혜를 베풀고 우리 어리석은 백성을 돌보아 주시네.

웅장한 자태, 빼어난 모습.

옛날에도 없었고 이후로도 유일하리.

아! 아름답도다, 불상이여, 세상과 함께 영원 하라.

숭정기원후 두 번째 계해년(영조 19, 1743)에 안동 권륜(權倫)은 글을 쓰노라.

불량계원(佛粮契員) 한충신(韓忠信) · 방이광(方以光) · 박태형(朴泰亨) · 김두발(金斗發) · 조의상(曺懿相) · 서유창(徐有昌) · 전억두(全億頭) · 김한억(金漢億) · 김검출(金儉出) · 오상균(吳尙均) · 전의영(全義英) · 오상관(吳尙寬) · 김태득(金泰得) · 윤귀민(尹貴敏) · 염처겸(廉處謙) · 서두칠(徐斗七) · 유춘기(柳春起) · 강위삼(姜渭三) · 유이룡(柳以龍) · 송세겸(宋世謙) · 김성신(金聖臣) · 한익신(韓翼信) · 이하영(李夏榮) · 정상기(鄭尙紀) · 공여의(孔汝義) · 김몽경(金夢慶) · 김덕신(金德臣) · 문응천(文應天) · 천재로(千載老) · 방성구(方成矩) · 서취달(徐就

達)·이진번(李震蕃)·정후필(鄭厚必)·이하무(李夏茂), 출신(出身) 한세일(韓世逸)·이득신(李得新)·한태선(韓泰善)·정시재(鄭時載), 과부 한씨(韓氏), 양용기(梁龍起)·방한령(方漢齡)·김해만(金海滿)·성무작(成無作)·김관성(金寬聖)·양인공(梁引公)·조만정(曹萬鼎), 성탁주론집사(城卓主論執事) 절충(折衝) 한충신(韓忠信)·간역(看役) 조의상(曹懿相)·인권(引勸) 조한상(曹漢相)·박태형(朴泰亨)·전억석(全億碩)·중군 조연상(曹燕相)·한량 방세구(方世矩)·조응창(曹應昌)·방성구(方成矩)·승(僧) 두성(斗性)·승 태일(泰日)·화주(化主) 김석철(金錫哲)·승 혜겸(慧兼)·대시주(大施主) 가선(嘉善) 김두발(金斗發)·김검산(金儉山)·부호군(副護軍) 한후신(韓後信)·가의대부(嘉義大夫) 정광석(鄭光碩)·절충 임진채(林震琛)·절충 정상기(鄭尙紀)·그 부인 양씨·절충 박승업(朴承業)·절충 성수만(成壽萬)·절충 조한우(曹漢佑)·절충 이정욱(李廷郁)·조봉대부(朝奉大夫)별제 배이재(別提 裵以載)·절충 배필재(裵弼載)·절충 강상문(姜尙文)·박태항(朴泰恒)·류춘기(柳春起)·고만추(高萬秋)

　　개간(開刊) 승각혜(覺慧)·서상건(徐相健)·나필재(羅必緯)

　　서울에 거주하는 교서관창준(校書舘唱准) 이동번(李東蕃)

　　일을 맡은 석수(石手) 이을산(李乙山)·김산석(金山碩)

　　별좌(別座) 승묘휘(妙輝)

참고문헌

1. 역대문헌 및 자료

『三國志』「魏志」"東夷伝"

『世宗實錄』

崔漢綺, 『氣學』

村山智順, 『部落祭』, 朝鮮總督府, 1936.

村山智順, 『朝鮮の鄕土娛樂』, 朝鮮總督府, 1937.

지곡면지 간행위원회, 『지곡면지』, 지곡면, 2008.

『경기무악』, 국립문화재연구소, 2000.

『은산별신굿』, 국립문화재연구소, 2002.

『경기시나위와 남도시나위』, 국립문화재연구소, 2003.

『한국민요대전』(충청남도편), 문화방송, 1995.

2. 연구 논저 및 보고서

강성복·이걸재, 『세도 두레풍장·공주 선학리 지게놀이』, 민속원, 2011.

姜鋌澤(박동성 역), 「조선의 공동노동조직과 사적 변천」, 『식민지 조선의 농촌사
회와 농업경제』, YBM Si-sa, pp.271~308. [(원본 초간)1941;「朝鮮に於
ける共同勞動の組織とその史的變遷」, 『農業經濟硏究』, 農業經濟學
會, 525~575], 2008.

김성식·유장영, 『성포 별신제 조사보고서』, 익산문화원, 1997.

김연소, 「내포제 시조」, 『한국전통음악학』 창간호, 한국전통음악학회, 2000.

김헌선, 「내포제 굿과 중고제 판소리의 표리 관계」, 『제34회 '서산의 인문학' 연구
발표회』, 서산문화발전연구원, 2016년 3월 31일.

김헌선, 내포제 굿과 중고제 판소리의 표리 관계, 『제34회 '서산의 인문학' 연구발
표회』, 서산문화발전연구원, 2016년 3월 31일.

김헌선, 『한국농악의 다양성과 통일성』, 민속원, 2014.

김헌선·김은희·시지은, 『부여추양리 두레풍장』, 부여문화원, 2014.

김헌선·김은희·시지은, 『세도두레풍장』, 부여문화원, 2016.

김헌선·김은희·시지은·정서은, 『경상남도 김해시 삼정걸립치기』, 보고사, 2017.

李炳燾, 「古代南堂考－原始集會所와 南堂」, 『서울대논문집』 1집, 1954.

박순자, 『성포마을 별신제』, 익산문화원, 1993.

박흥주, 「전라남도 해안·섬 지역 풍물굿 군고 연구」, 경희대학교 대학원 박사학위 논문, 2012.

배연형, 「심정순 일가의 음반」, 『한국음악사학보』, 한국음악사학학회, 2002.

배연형, 「판소리 중고제론」, 『판소리연구』 제5집, 판소리학회, 1994.

서종문·김석배, 「판소리 '중고제'의 역사적 이해」, 『국어교육연구』 제24집, 경북 대국어교육연구회, 1992.

서한범, 「내포제 시조와 경제 시조의 비교 연구」, 『국악통론』, 태림출판사, 1996.

서한범, 「내포제 시조의 현황과 확산의 과제」, 『시조음악론』, 한국전통음악학회, 2004.

송기태, 「두레풍장」, 『한국민속예술사전』, 국립민속박물관, 2015.

신용하, 두레공동체와 농악의 사회사, 『한국사회연구』 2, 1984.

신은주, 『판소리 중고제 심정순家의 소리』, 민속원, 2009.

오영교 외, 「매지농악을 조명하다」, 『원주 회촌마을』, 원주문화원, 2009.

유장영, 『익산농악』, 익산문화원, 1995.

이보형 외, 『한국민속종합조사보고서－농악·풍어제·민요편』, 문화공보부 문화 재관리국, 1982.

이보형, 「마을굿과 두레굿의 의식구성(儀式構成)」, 『民族音樂學』 Vol.4 No.1, 서울대학교 동양음악연구소, 1981.

이보형, 「신대와 농기」, 『韓國文化人類學』, 한국문화인류학회, 1976.

이보형, 「심정순의 생애와 예술」, 『심정순 가계와 한국음악』, 한국음악프로젝트 2000 제1회 전국대회 심정순 가계와 한국음악 자료집, 1996; 『한국음악 사학보』 제18집, 한국음악사학회, 1997에 복간.

이보형, 「유파개념 중고제와 악조 개념 중고제」, 『판소리연구』 제23집, 판소리학 회, 2007.

이재정, 「호남 좌도농악에 관한 연구: 익산 성포농악을 중심으로」, 원광대학교 대학원 국악과 석사학위논문, 2014.

印貞植, 「두레와 호미씻이」, 『朝鮮農村記』, 東都書籍, 1943.

장주근, 『한국의 향토신앙』, 을유문화사, 1998.

전장석, 「두레에 관하여」, 『문화유산』, 1957년 2호.

전장석, 「조선원시사연구에서 제기되는 몇 가지 문제」, 『북한민속학자료집』, 1975.

정병호, 『농악』, 열화당, 1986.

정병호·이보형·강혜숙·김정녀, 『한국민속종합조사보고서 제13책 – 한국민속종 합조사보고서 – 농악·풍어제·민요편』, 문화공보부 문화재관리국, 1982.

조대일, 「과거 우리나라 공동로동의 형태와 그 특성」, 『고고민속론문집』, 197면.

조운, 「농악놀이」, 『조선의 민속놀이』, 군중문화출판사, 1964.5.30.

曺雲·都宥浩·洪起文·金順男·鄭魯湜 외, 「農樂에 關하여」, 『문화유물』 제2 호, 문화유물출판사, 1950.

주강현, 『농민의 역사 두레』, 들녘, 2006.

주강현, 『두레, 농민의 역사』, 들녘, 2006.

주강현, 『한국의 두레』 1·2, 집문당, 1997~8.

허정주, 「금강좌도 성당포농악의 지역적 전파와 변이」, 『한국풍물굿학회 제10차 학술대회』, 전북대학교박물관, 2016.2.25.

Lucien Malson, *Histoire du jazz et de la musique afro-américaine*, Le Seuil, 1976; 루시엥 말송, 이재룡(역), 김진묵(감수), 『재즈의 역사』, 중앙일보 사, 1995.

Carl Wilhelm von Sydow, Geography and Folktale Oicotypes, *International Folkloristics*, Rawman & Littlefield, 1999.

http://encykorea.aks.ac.kr/Contents/Index?contents_id=E0006659 『한국 민족문화대백과사전』

http://www.kculture.or.kr/korean/symbol/symbolView.jsp?kcs_seq=44

김헌선

전라북도 남원 출생
경기대학교 휴먼인재융합대학 국어국문학과 교수

『한국의 창세신화』
『설화연구방법의 통일성과 다양성』
『옛이야기의 발견』
『한국농악의 다양성과 통일성』 외 다수

논산두레풍장의 고갱이와 테두리

2018년 8월 14일 초판 1쇄 펴냄

지은이 김헌선
발행인 김흥국
발행처 보고사

책임편집 황효은
표지디자인 손정자

등록 1990년 12월 13일 제6-0429호
주소 경기도 파주시 회동길 337-15 보고사 2층
전화 031-955-9797(대표), 02-922-5120~1(편집), 02-922-2246(영업)
팩스 02-922-6990
메일 kanapub3@naver.com / bogosabooks@naver.com
http://www.bogosabooks.co.kr

ISBN 979-11-5516-816-5 93380
ⓒ 김헌선, 2018

정가 20,000원